내 손으로 만드는

PHP 쇼핑몰

윤형태 · 강미경 지음

공감북스

머리말

컴퓨터의 발전은 하루가 다르게 발전하고 있다. 얼마 전에 신제품이 나오는 가 싶으면, 얼마 되지 않아 새로운 컴퓨터 모델이 나오는 실정이다. 소프트웨어도 하드웨어 못지않게 급속도로 발전하고 있다. 또한 1G급 초고속망은 물론이고, 고속 무선통신망까지 우리의 일상 구석구석 스며들어 wifi를 이용하여 인터넷을 어디서든지 마음대로 사용하고 있다. 이러한 변화는 우리의 경제생활 패턴도 변화시켰으며, 전자상거래 및 업무관리의 전산화를 가져왔다. 많은 사람들이 인터넷 온라인시장을 이용하여 물건들을 구매하고 있으며, 많은 사람들이 회사나 기관에서 컴퓨터를 이용하여 업무 및 각종 서비스를 처리하고 있다. 이러한 인터넷을 이용한 전자상거래 및 전산 업무서비스는 일상생활이 되었다. 이미 초등학교부터 전자상거래 구축의 기초라 할 수 있는 홈페이지 제작에 대한 기본 교육과 언어에 대한 교육을 하고 있으며, 다양한 전산분야를 배울 수 있도록 하고 있다. 그러나 전자상거래와 전산업무서비스와 같은 Front & Back-End 작업들은 Html만으로는 만들 수가 없다. Html은 물론이고, Javascript, Database, Web Server, CGI 언어, 그래픽 등 다양한 분야의 전문적인 지식들이 필요하며, 최근에는 모바일을 위한 서비스를 위해 Bootstrap, Framework, JQuery 등 다양한 신기술이 나왔고 이미 활용중이다. 앞으로 이러한 지식들을 토대로 실무적인 작업을 해야 한다. 국내에 대형 서점을 가면, 쇼핑몰을 구축에 관련된 다양한 책들을 볼 수 있다. 그러나 대부분의 책들은 간단한 예제 프로그램만 소개한 책들이 많다. 쇼핑몰의 실제 제작과정을 시작부터 마지막 작업까지 단계적으로 내용을 다룬 책은 매우 드문 것 같다. 따라서 필자는 쇼핑몰 구축을 하는 방법을 배우기 원하는 사람들을 위해 실무적인 내용을 빠르게 배울 수 있는 교재의 필요성을 느꼈다. 이 책은 초보자를 위한 책이 아니다. 앞서 언급했듯이 이 책은 이미 전산분야에 대하여 기초 공부를 한 사람들이 Front & Back-End에 대한 제작 과정을 경험하고 배울 수 있도록 구성된 책이다. 이 책에서 나오는 모든 화면과 테크닉은 독자가 만들려는 전산업무의 웹서비스 프로그램의 기본모델과 방향을 제시해주리라 생각되며, 이를 원하는 사람들에게 좋은 지침서가 되었으면 한다. 이 책이 나오기까지 도움을 준 많은 분들에게 감사함을 전한다.

윤형태, 강미경

차례

Chapter 01 쇼핑몰 시작

Chapter 02 Bootstrap 디자인

Chapter 07 주문 관리

Chapter 08 게시판

Chapter 01

쇼핑몰 시작

1.1 책 구성에 대하여

1.1.1 시작에 앞서

책 특징

먼저 이 책을 진행하기 전에 이 책의 구성과 주요 특징에 대해 설명하도록 하겠다.

① **실무위주의 Back-End 교재** : 이 책의 첫 번째 특징은 실무위주의 Back-End 개발을 경험할 수 있는 교재이다. 이론적인 내용보다는 웹서버 환경에서 PHP와 Bootstrap을 이용하여 쇼핑몰을 만드는 과정을 소개한 책이다. 쇼핑몰에 필요한 디자인 html소스에 PHP 언어를 이용하여 Back-End작업을 함으로써, PHP언어 사용법과 쇼핑몰을 만드는 과정을 배울 수 있도록 구성하였다.

② **대학 실무교재로 활용** : 이 책은 PHP, Bootstrap 등에 관한 모든 이론과 내용을 깊숙이 다른 전문적인 책은 아니다. 그렇지만 짧은 시간을 공부하여 이런 분야의 실무적인 프로그램에 빠르게 응용을 원한다면, 많은 도움을 줄 수 있다. 따라서 이 분야의 전문가보다는 웹을 공부하는 학생들을 위한 실무교재로 쓴 책이다.

③ **PHP 소스 최소화** : 이 책은 대학 교재로 활용하기 위하여 작성된 책으로서, 학생들이 스스로 이해하여 문제를 해결해갈 수 있도록 프로그램의 소스를 최소화하였다. 대신에 프로그램 작성에 필요한 기본 프로그램과 이론을 제공하여 나머지 프로그램을 작성할 수 있도록 구성하였다. 모든 프로그램이 없는 점, 독자들에게는 죄송하다는 말을 드리고 싶다. 하다보면 막히는 부분이 있겠지만, 이 책은 학생들이 스스로 문제를 해결할 수 있는 힘을 키우는데 목적이 있다. 따라서 모든 프로그램을 제공하지 못하는 점 죄송하게 생각한다.

④ **PHP 개발환경 (Window)** : 웹서버 컴퓨터가 없는 독자를 위하여 최신 Window용 Apache, PHP, Mysql, phpMyAdmin를 자신의 PC에 설치하는 과정을 소개하여 실제 Linux 서버 환경에서의 작업과 동일한 경험을 할 수 있도록 구성하였다.

⑤ **Bootstrap을 이용한 화면 디자인 실습** : Bootstrap을 배우기 위해서 웹 기본화면을 Bootstrap 홈페이지에서 제공하는 소스를 이용하여 화면 디자인하는 과정을 공부할 수 있도록 구성하였다.

⑥ **작업지시서 구조** : 이 책의 각 장은 실험실습 책처럼 작업지시서와 같은 구조로 구성되어 있다. 쇼핑몰 프로그램을 만드는 전체 과정이 단계별로 진행이 되며, 각 과정은 1) 실습목표, 2) 실습이론, 3) 실습순서 형식으로 진행되도록 구성되어 있다.

⑦ **초보자용 책이 아님** : 이 책은 처음 프로그램을 배우는 사람을 위한 책이 아니다. HTML, Javascript, jquery, CSS, Bootstrap, PHP, SQL, 그리고 데이터베이스와 웹서버 개념 등을 어느 정도 배운 프로그래머를 위한 실습교재다.

⑧ **버전 및 PHP 프로그램 힌트** : 이 책에서 사용한 프로그램들의 버전은 다음과 같으며, 책 실습에서 필요한 디자인 html 소스 및 데이터 부록 파일들은 blog.naver.com/yht415 에서 다운 받을 수 있다. 그리고 쇼핑몰 PHP 작업에 도움이 되는 프로그램 내용도 있으니, 참고하길 바란다.

부록파일 : blog.naver.com/yht415

Apache : 2.4.58
PHP : 8.3.0
MariaDB : 11.2.2
phpMyAdmin : 5.2.1
Bootstrap : 5.2.3
Jquery : 3.7.1

이 책의 특징들에 대해 이해하였다면, 이제는 각 장에서 어떤 내용들을 배우고 작업하는지 알아보겠다.

제1장 : APM 설치

1장은 쇼핑몰 작업을 PC에서 하기 위해 필요한 윈도우용 Apache Web Server, PHP, Mysql, phpMyAdmin을 설치하는 방법에 대해 소개한다.

① **Apache 2.4 설치** : 최신 버전의 윈도우용 Apache Web Server를 다운받아 설치하는 방법에 대해 설명한다.

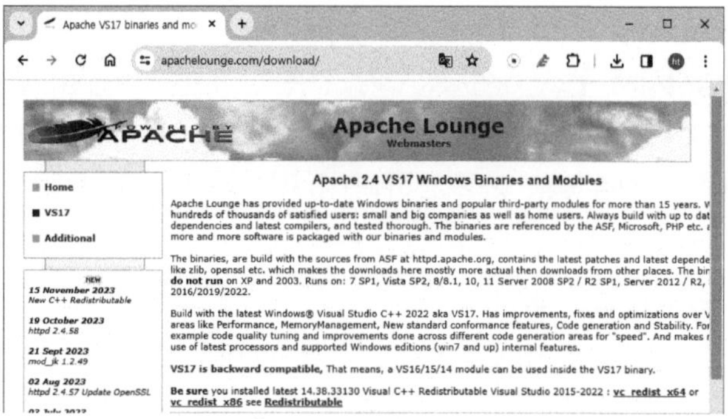

② **PHP 8 설치** : 최신 버전의 윈도우용 PHP 8을 다운받아 설치하는 방법에 대해 설명한다.

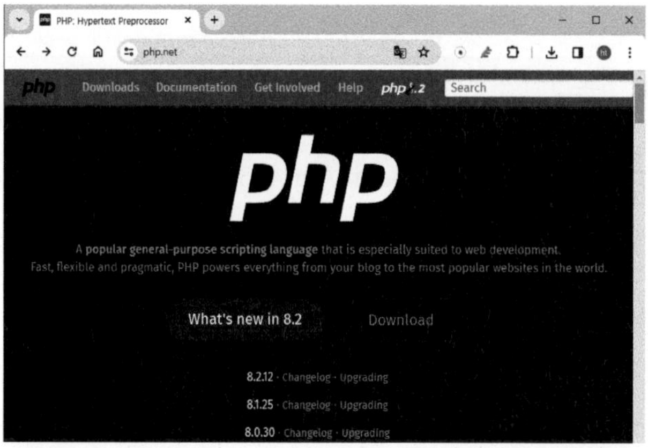

③ **mariadb 설치** : 최신 버전의 윈도우용 mariadb를 다운 받아 설치하는 방법에 대해 설명한다.

④ **phpmyadmin 설치** : 최신 버전의 phpmyadmin을 다운 받아 설치하는 방법에 대해 설명한다.

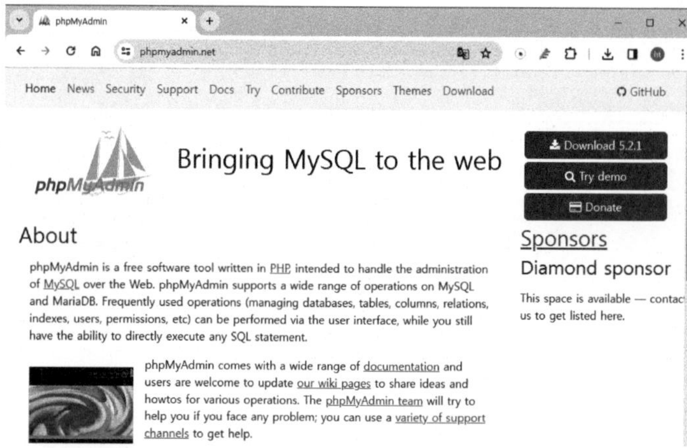

www.phpmyadmin.net

제2장 : Bootstrap 디자인

2장은, Bootstrap과 jquery를 다운 받아 설치하고, Bootstrap을 이용하여 회원관리를 할 수 있는 목록화면과 단일폼 형식화면을 디자인한다.

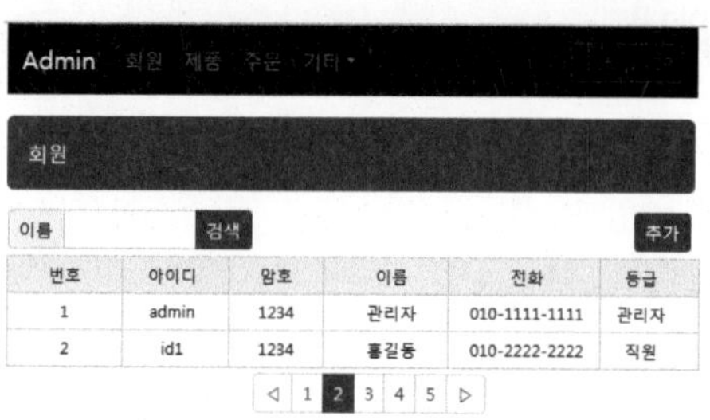

사용자 목록화면(test_list.html)

사용자 수정화면(test_row.html)

제3장 : 성적 프로그램

3장은 PHP 언어를 이용하여 MariaDB 데이터베이스와 연동하는 기초 프로그램에 대해 소개하고 있다. 이 프로그램은 추가, 삭제, 수정 그리고 검색, 페이지 기능이 있는 간단한 성적

프로그램을 통해 정형화된 구조의 PHP 프로그램에 대해 공부한다.

성적 목록화면(sj_list.html)

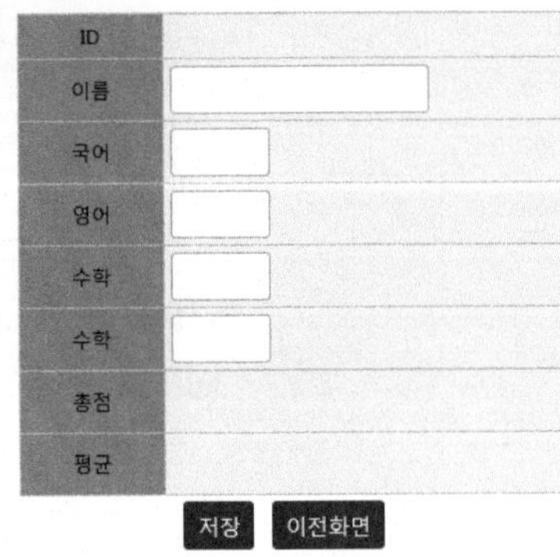

추가화면(sj_new.html)

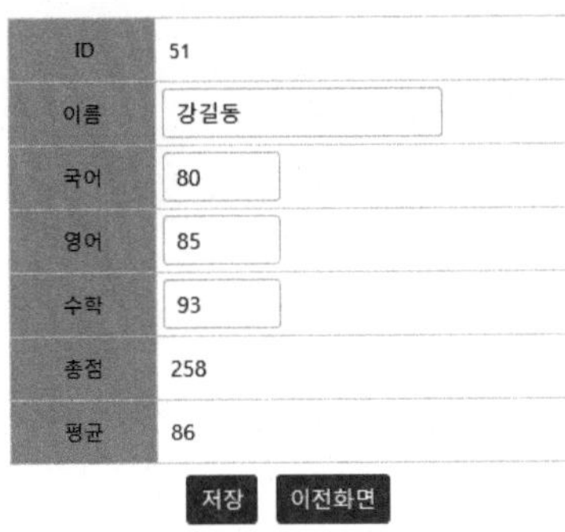

수정화면(sj_edit.html)

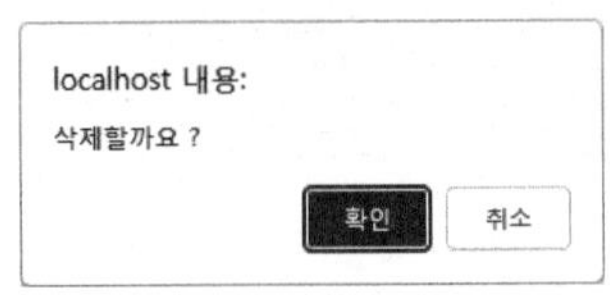

삭제 메시지박스

제4장 : 주소록 프로그램

성적프로그램과 거의 동일한 화면구성을 갖는 주소록프로그램을 만드는 과정을 소개한다. 이 과정의 작업은 주소록 프로그램의 소스를 최대한 이용하여 작업하도록 구성되어 있으며, 성적프로그램의 내용에 대한 복습이라 할 수 있다.

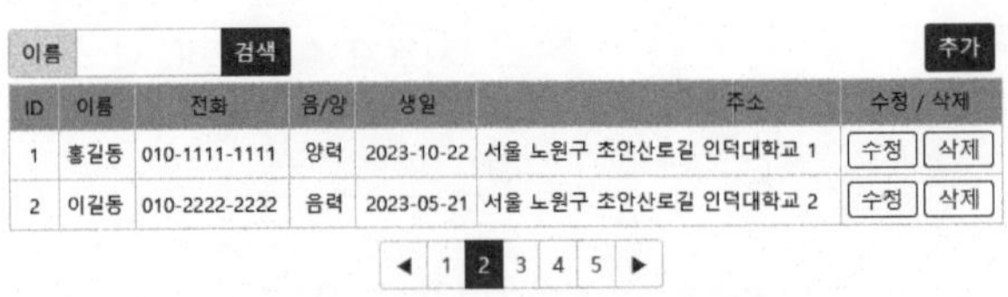

주소록 목록화면(juso_list.html)

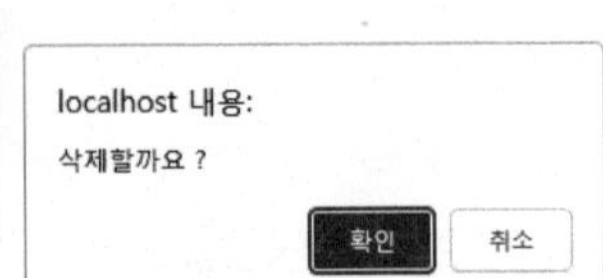

삭제 메시지박스

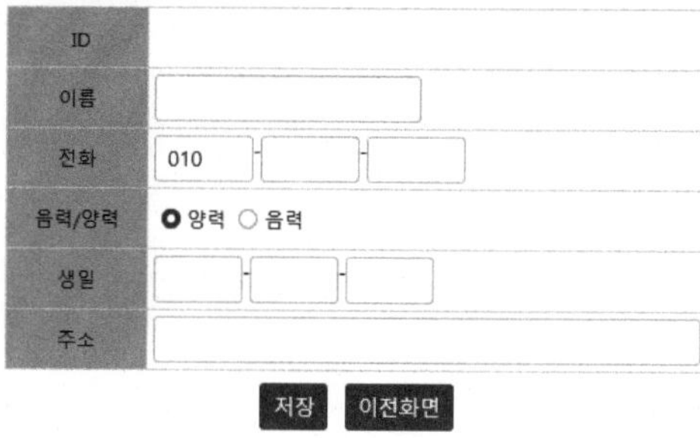

추가화면(juso new.html)

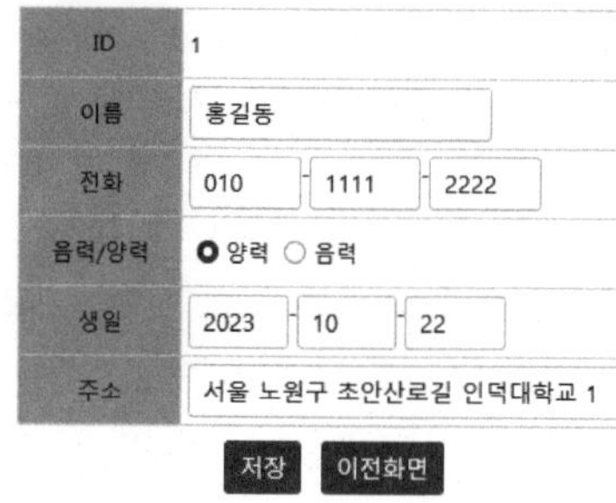

수정화면(juso_edit.html)

제5장 : 회원관리

5장부터는 본격적인 쇼핑몰 작업을 시작한다. 회원가입, 회원정보수정, 로그인, ID암호분실 처리, 우편번호 검색처리, 관리자용 회원관리 등 쇼핑몰에서 필요한 회원관리에 관련된 모든 내용과 작업에 대해 소개한다. 다음 그림은 앞으로 작업할 쇼핑몰의 주요 화면들이다.

로그인 화면

회원가입 화면

회원목록 화면

회원정보 상세화면

제6장 : 제품관리

제품에 관련된 화면들로서, 메인화면, 상품 상세정보화면, 그리고 관리자용 상품관리 화면들이다.

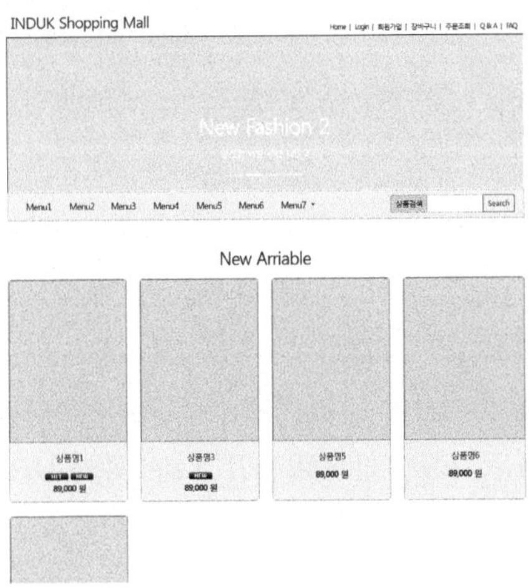

메인 화면

상품정보 상세 화면

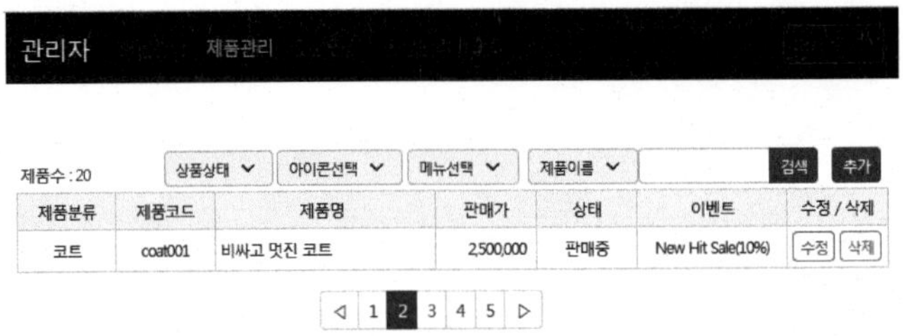

제품목록 화면(product.html)

새 제품등록 화면(product_new.html)

제품수정 화면(product_edit.html)

제7장 : 주문관리

주문에 관련된 화면들로서, 장바구니에 담은 상품을 주문정보를 입력하고 온라인상에서 카드나 무통장 입금으로 주문할 수 있는 화면, 그리고 주문한 상품의 주문내역을 확인할 수 있는 화면들과 관리자용 주문관리 화면들로 구성되어 있다.

장바구니 (cart.html)

주문지/배송지 정보입력화면 (order.html)

결제정보 입력화면 (order_pay.html)

주문 목록화면(jumun.html)

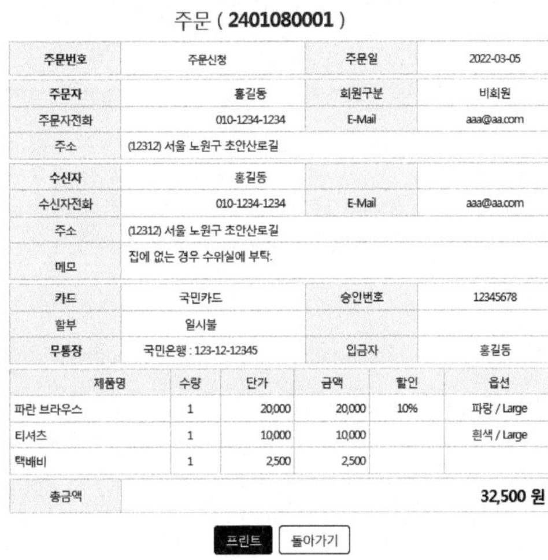

주문 상세정보 화면(jumun_info.html)

제8장 : 게시판

관리자에게 문의를 위한 응답형 Q&A 게시판과 자주 묻는 FAQ 게시판에 관련된 내용에 대해 소개하고 있다.

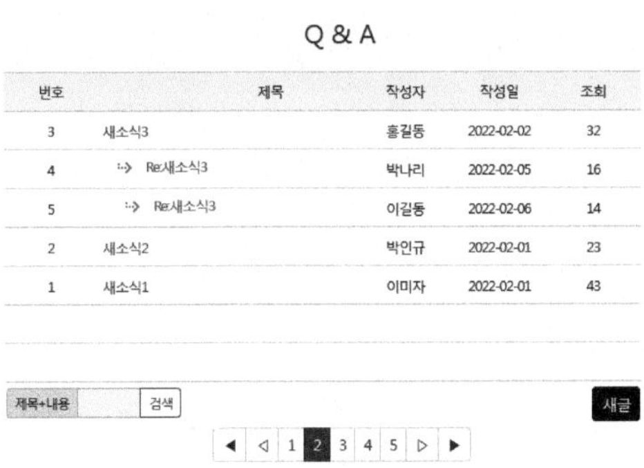

게시판 목록화면(qa.html)

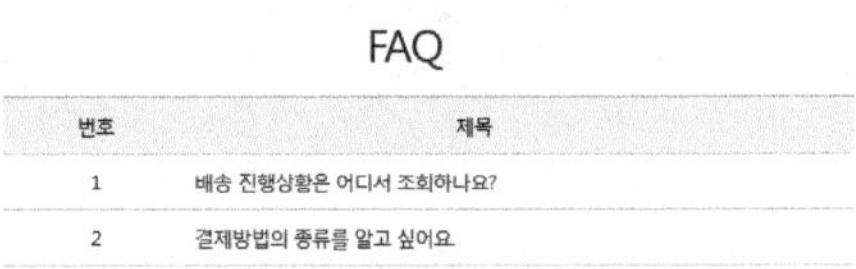

쇼핑몰용 FAQ 화면 (faq.html)

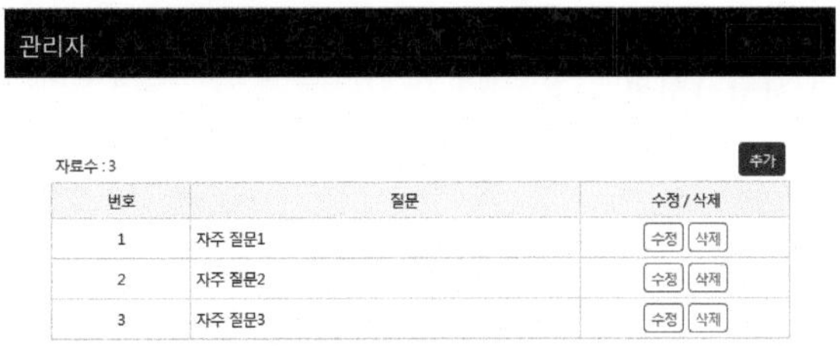

관리자용 FAQ 목록화면 (faq.html)

1.2 Window용 APM

1.2.1 APM 개발환경

웹서버를 이용한 응용프로그램을 만들기 위해서는 먼저 어떤 컴퓨터 환경에서 만들 것인지 결정해야 한다. 결정해야 할 사항은 사용할 운영체제와 해당 운영체제에서 사용할 수 있는 데이터베이스 프로그램, 그리고 개발 언어 및 도구일 것이다.

1) 운영체제 (Unix, Linux, Window Server, …)
2) 데이터베이스 (MariaDB, MySQL, MS-SQL, Oracle, …)
3) 개발언어 (PHP, ASP, JSP, JAVA, …)

사실 개발자 입장에서 개발 환경이 달라도 프로그램을 만드는 과정과 내용은 거의 동일하다. 달라지는 점은 앞서 설명한 개발 언어나 데이터베이스에 따라 프로그램이 달라진다는 점일 것이다. 그러나 개발비용을 부담할 회사 입장에서는 이야기가 달라질 수 있다. 회사 입장에서는 적은 비용에 문제를 해결하기를 원할 것이고, 이 경우 리눅스 운영체제와 프로그램 환경이 적합할 것이다. Linux 운영체제에서 많이 사용하고 있는 데이터베이스와 개발 언어 중 하나는 아마 mariadb(혹은 mysql)과 PHP 일 것이다. 이전에는 mysql과 PHP 언어는 Linux OS에서만 사용 가능하지만, 윈도우 버전이 출시되면서 mysql과 PHP를 공부하고자 하는 사람에게 매우 편리해졌다. 그러므로 이 책에서는 Linux서버가 없어도 실습이 가능하도록 윈도우 환경에서 Apache, PHP, mysql을 설치하는 과정부터 소개하도록 하겠다.

1.2.2 Apache Web Server 설치

실습목적

window용 Apache Web Server 프로그램을 www.apachelounge.com에서 다운 받아 자신의 PC에 설치하여라.

실습이론

1 **Window용 Apache Web Server** : 앞서 언급했지만, mysql 데이터베이스와 PHP 언어는 Linux와 윈도우, 양쪽 운영체제에서 모두 사용할 수 있다. 게다가 윈도우용

mysql과 PHP도 나와 이제는 윈도우에서도 마찬가지로 모든 작업이 가능하다. 이 3가지 소프트웨어 Apache Web Server, mysql 데이터베이스, PHP 언어를 APM(Apache, PHP, mysql)이라 한다. 따라서 독자는 자신이 원하는 최신 버전의 소프트웨어를 다운 받아 설치하길 바란다. 이 프로그램들은 기능 제한이나 사용 제한이 없는 무료 프로그램으로 누구나 사용할 수 있다. 이 책에서는 모든 프로그램을 64비트 버전과 문자 인코딩은 UTF-8을 기준으로 설치하였다. 설치할 때 주의할 점은 계속해서 새 버전의 프로그램이 나오므로, 이 책의 설치 방법과 다를 수 있다는 점이다.

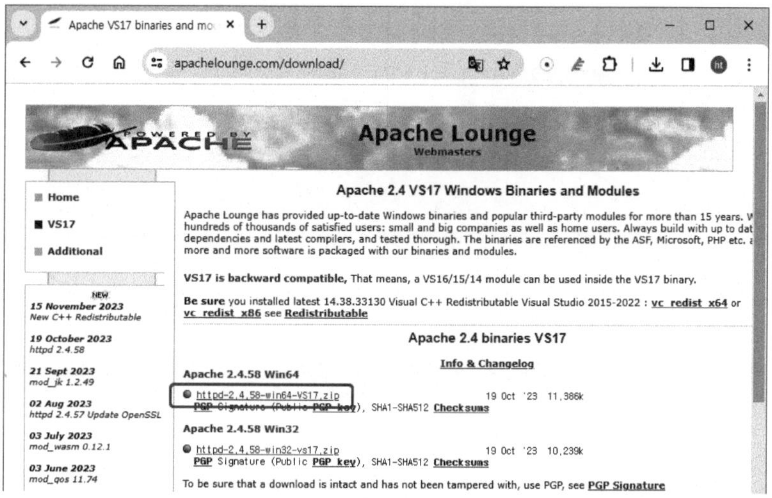

www.apachelounge.com

2 **Linux용 Apache Web Server** : Linux용 Apache Web Server는 보통 Fedora, 우분투, 데비안, CentOS, 민트와 같은 Linux 운영체제를 설치하고 Apache Web Server, PHP, MariaDB 프로그램을 설치한다. 원한다면 직접 VMWare를 이용하여 직접 APM을 설치 해보길 바란다. 자세한 내용은 다른 Linux 전문 서적들을 참고하길 바란다.

STEP 01 Apache 설치하기

① **c:₩에 Apache 압축풀기** : www.apachelounge.com에서 최신의 Apache 프로그램이나 httpd-2.4.58-win64-VS17.zip 파일을 다운받는다. 그리고 "c:₩"에 복사를 한 후, 압축을 푼다.

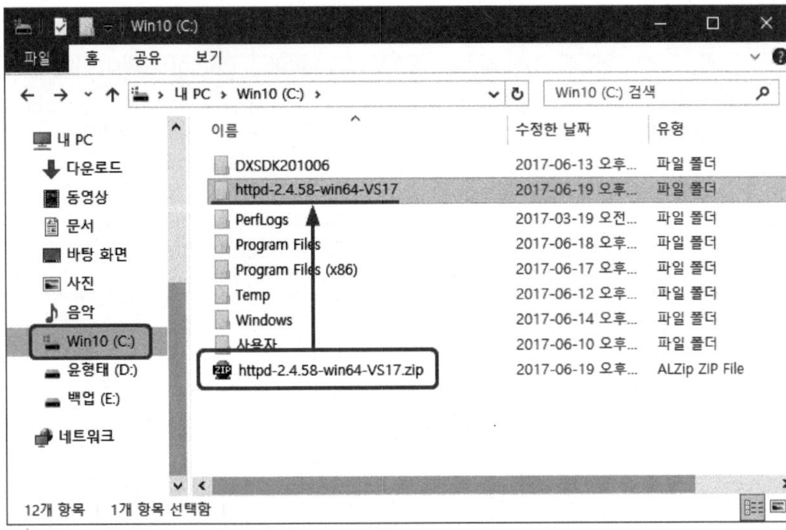

② **폴더이름 "APM"으로 변경** : 압축을 푼 폴더이름 httpd-2.4.58-win64-VS17을 "APM"으로 변경한다.

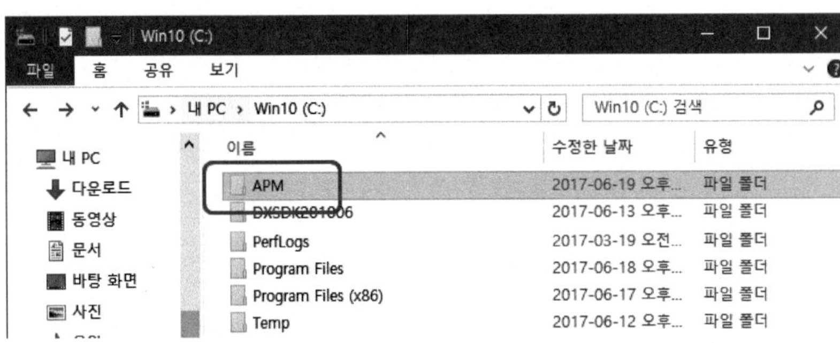

STEP 02 httpd 설정하기

① **httpd.conf 수정** : "c:₩APM₩Apache24₩conf"폴더에 있는 "httpd.conf" 파일을 편집한다. httpd.conf 파일은 웹서버 환경설정 파일이다.

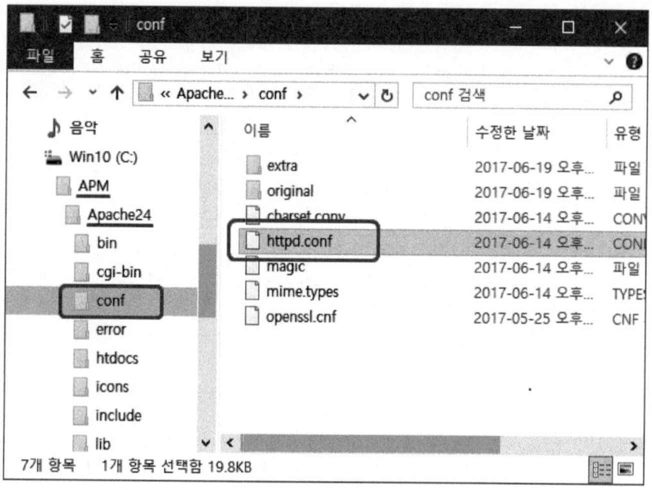

② **ServerRoot 수정** : ServerRoot를 압축을 푼 폴더로 변경한다.

1	Define SRVROOT	c:/APM/Apache24

```
# ServerRoot: The top of the directory tree under which the server's
# configuration, error, and log files are kept.
#
# Do not add a slash at the end of the directory path.  If you point
# ServerRoot at a non-local disk, be sure to specify a local disk on the
# Mutex directive, if file-based mutexes are used.  If you wish to share the
# same ServerRoot for multiple httpd daemons, you will need to change at
# least PidFile.
#
Define SRVROOT "c:/APM/Apache24"

ServerRoot "${SRVROOT}"

#
# Mutex: Allows you to set the mutex mechanism and mutex file directory
# for individual mutexes, or change the global defaults
```

③ **ServerName 수정하기** : 서버이름은 "localhost:80"으로 수정한다.

1	ServerName	localhost:80

```
#
# ServerName gives the name and port that the server uses to identify itself.
# This can often be determined automatically, but we recommend you specify
# it explicitly to prevent problems during startup.
#
# If your host doesn't have a registered DNS name, enter its IP address here.
#
ServerName localhost:80

#
# Deny access to the entirety of your server's filesystem. You must
# explicitly permit access to web content directories in other
# <Directory> blocks below.
```

STEP 03 httpd 설치 및 구동하기

① **명령 프롬프트 실행** : 다음 그림과 같이 "명령 프롬프트"를 반드시 "관리자 권한으로 실행"메뉴로 실행한다.

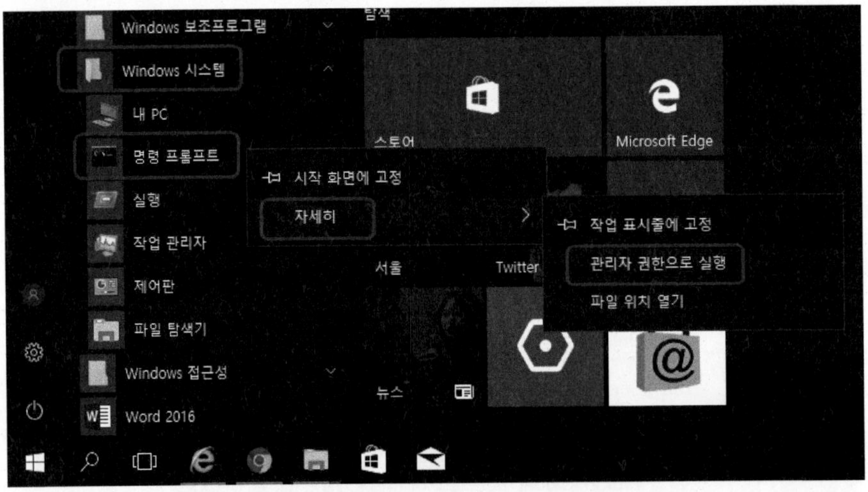

명령프롬프트를 권리자권한으로 실행.

② **서버 설치 및 시작** : 실행파일이 있는 bin 폴더로 경로를 변경한 후, Web Server를 설치 및 시작한다.

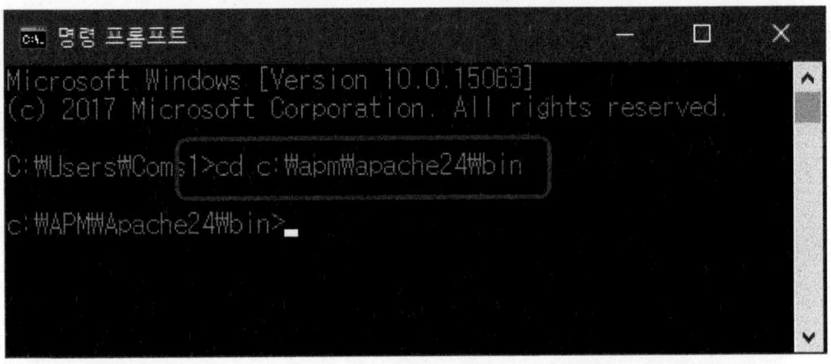

경로변경 : cd c:₩apm₩apache24₩bin

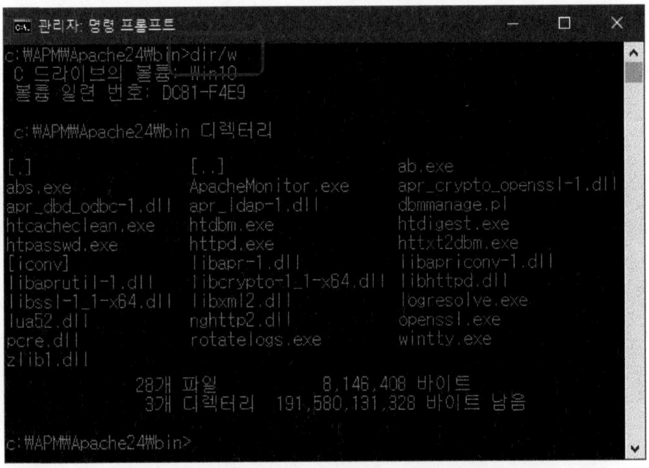

파일목록 확인 : dir/w

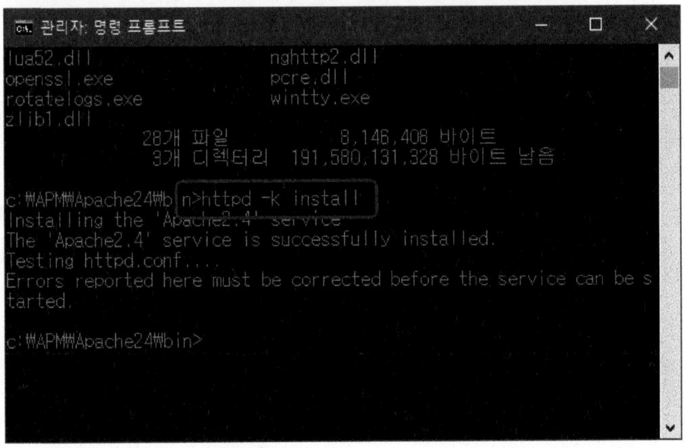

서버설치 : httpd -k install

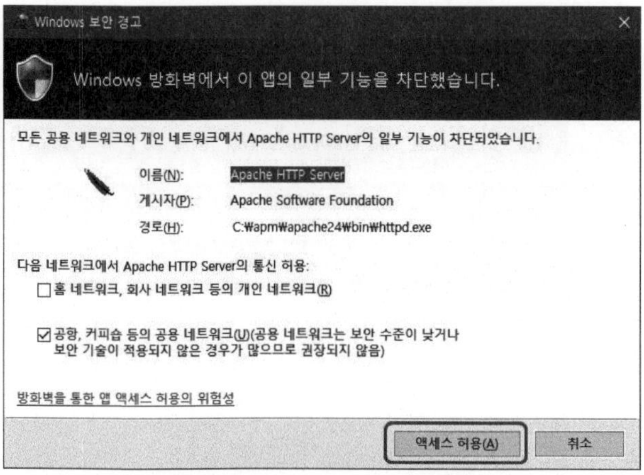

"억세스 허용" 버튼 클릭

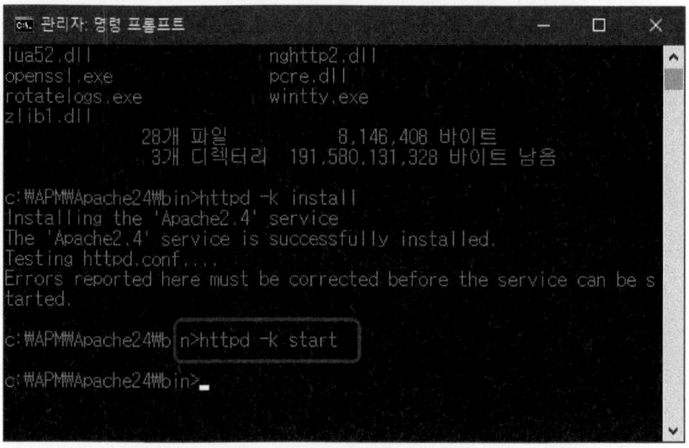

서버 시작 : httpd -k start

③ **서버 테스트** : 웹브라우저의 URL에 "localhost"나 "127.0.0.1"을 입력하여 확인한다.

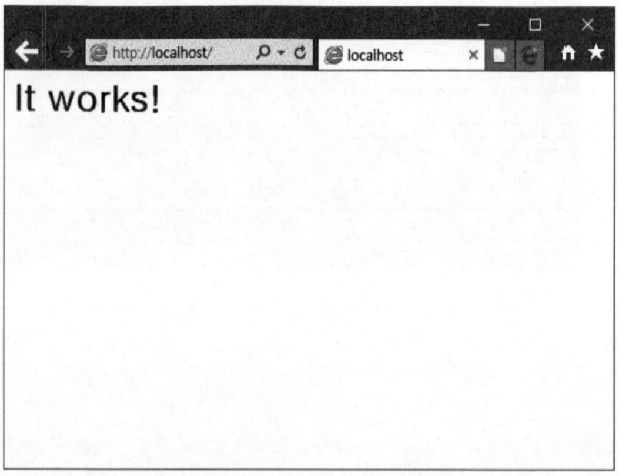

Apache Web Server의 홈페이지 주소 및 폴더
홈페이지 폴더 : c:₩APM₩Apache24₩htdocs 홈페이지 주소 : http://127.0.0.1 혹은 http://localhost

1.2.3 PHP 설치

실습목적

윈도우용 PHP 프로그램을 windows.php.net에서 다운받아 자신의 PC에 설치하여라.

실습이론

1 **Window용 PHP** : 최근 PHP 언어는 5.6x, 7.x 버전에서 버전 8.x로 버전 업하면서 빠른 실행속도와 많은 변화를 하였으며, 윈도우에서도 사용할 수 있도록 제공되고 있다. 최신 버전의 PHP 프로그램을 windows.php.net 에서 다운받아 설치하길 바란다.

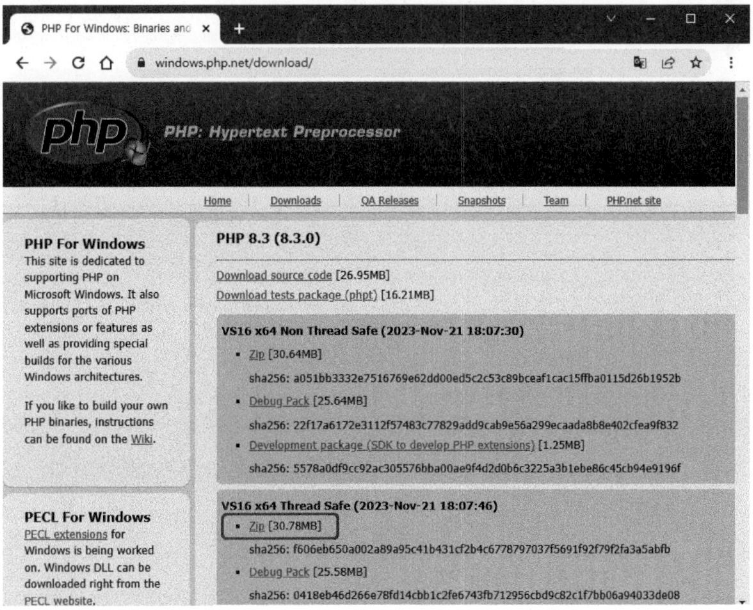

http://windows.php.net/download

STEP 01 PHP 설치하기

① **php프로그램 압축풀기** : windows.php.net에서 php-8.3.0-Win32-vs16-x64.zip 파일이나 최신 프로그램을 다운받아 c:₩APM 폴더에 복사를 한 후, 압축을 푼다.

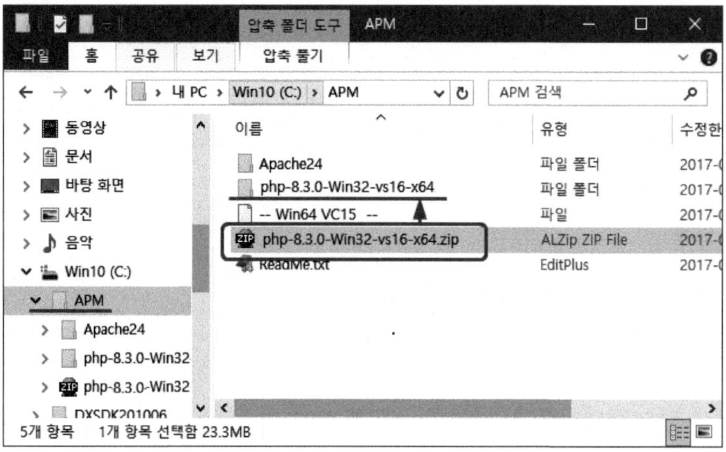

압축풀기 : APM폴더에 압축을 푼다.

② **폴더이름 PHP8 로 변경** : 압축을 푼 폴더이름을 "PHP8"로 변경한다.

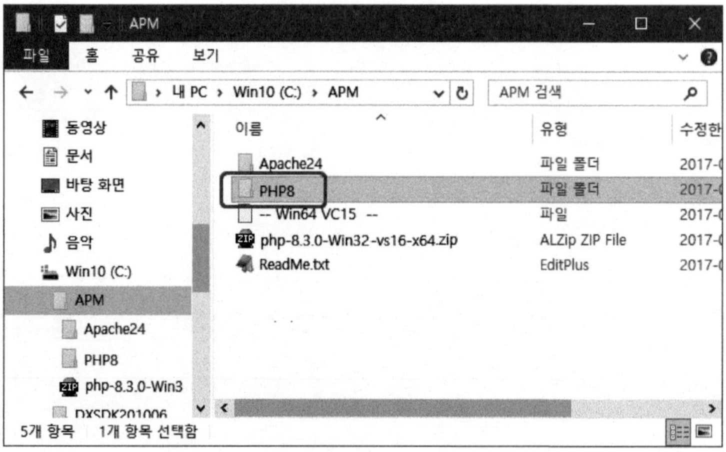

STEP 02 PHP 설정하기

① **php.ini 만들기** : php.ini-production이나 php.ini-development를 복사하여 php.ini 파일을 만든다.

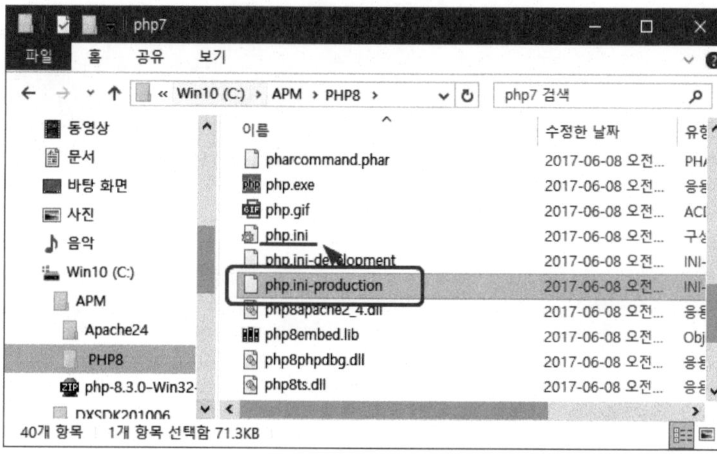

② **short_open_tag 속성 변경** : php.ini 설정 내용 중 short_open_tag 값을 "On"으로 수정한다. 이 옵션은 "<?php" 대신에 "<?"로 짧게 사용하게 해준다.

```
; Default Value: On
; Development Value: Off
; Production Value: Off
; https://php.net/short-open-tag
short_open_tag = On

; The number of significant digits displayed in floating point numbers.
; https://php.net/precision
precision = 14
```

③ **extension_dir 속성 변경** : 맨 앞의 세미콜론(;)을 삭제하고, extension_dir 속성을 다음과 같이 수정한다.

1	extension_dir	c:/APM/PHP8/ext

```
; https://php.net/user-dir
user_dir =

; Directory in which the loadable extensions (modules) reside.
; https://php.net/extension-dir
;extension_dir = "./"
; On windows:
extension_dir = "c:/apm/php8/ext"

; Directory where the temporary files should be placed.
; Defaults to the system default (see sys_get_temp_dir)
;sys_temp_dir = "/tmp"
```

④ **post_max_size와 upload_max_filesize 변경** : post 전송방식과 파일 업로드할 때 전송할 수 있는 파일의 최대크기를 200M로 수정한다. 더 큰 파일을 취급하려면 더 큰 값으로 수정하면 된다.

1	post_max_size	200M
2	upload_max_filesize	200M

```
; Maximum size of POST data that PHP will accept.
; Its value may be 0 to disable the limit. It is ignored if POST data reading
; is disabled through enable_post_data_reading.
; https://php.net/post-max-size
post_max_size = 200M

; Automatically add files before PHP document.
; https://php.net/auto-prepend-file
auto_prepend_file =

; https://php.net/upload-tmp-dir
;upload_tmp_dir =

; Maximum allowed size for uploaded files.
; https://php.net/upload-max-filesize
upload_max_filesize = 200M

; Maximum number of files that can be uploaded via a single request
max_file_uploads = 20
```

STEP 03 Httpd 설정 수정하기

① **httpd.conf 수정1** : c:₩APM₩Apache24폴더에 있는 httpd.conf 파일에서 다음과 같이 DirectoryIndex에 "index.php"를 추가한다. DirectoryIndex는 폴더이름만 쳐도 자동으로 실행되는 파일명을 등록하는 곳이다.

1	DirectoryIndex	index.html **index.php**

```
#
# DirectoryIndex: sets the file that Apache will serve if a directory
# is requested.
#
<IfModule dir_module>
    DirectoryIndex index.html index.php
</IfModule>

#
# The following lines prevent .htaccess and .htpasswd files from being
# viewed by Web clients.
```

② **httpd.conf 수정2** : httpd.conf 파일 맨 뒤에 다음과 같은 내용을 추가한다.

```
… … …
PHPIniDir "c:₩APM₩PHP8"
LoadModule php_module "c:₩APM₩PHP8₩php8apache2_4.dll"
AddType application/x-httpd-php  .html  .php
AddHandler application/x-httpd-php  .html  .php
```

```
<IfModule ssl_module>
SSLRandomSeed startup builtin
SSLRandomSeed connect builtin
</IfModule>


PHPIniDir "c:\APM\PHP8"
LoadModule php_module "c:\APM\PHP8\php8apache2_4.dll"
AddType application/x-httpd-php .html .php
AddHandler application/x-httpd-php .html .php
```

③ **Apache 재실행** : 아래 그림처럼 관리자권한으로 "명령 프롬프트"를 실행한 후, 경로를 "c:₩apm₩apache24₩bin"으로 변경한다. 그리고 Apache를 재실행한다.

1	경로변경	cd c:/apm/apache24/bin
2	Apache 재실행	httpd -k restart

STEP 04 PHP 테스트하기

① **test_phpinfo.php 새로 만들기** : c:₩apm₩apache24₩htdocs 폴더에 test_phpinfo.php 파일을 새로 만든다. 그리고 php 설치 정보를 알 수 있는 phpinfo 함수를 호출하는 프로그램을 입력한다.

```
<?
    phpinfo();
?>
```

② **결과확인** : 웹브라우저 주소란에 localhost/test_phpinfo.php를 입력하여 결과를 확인한다.

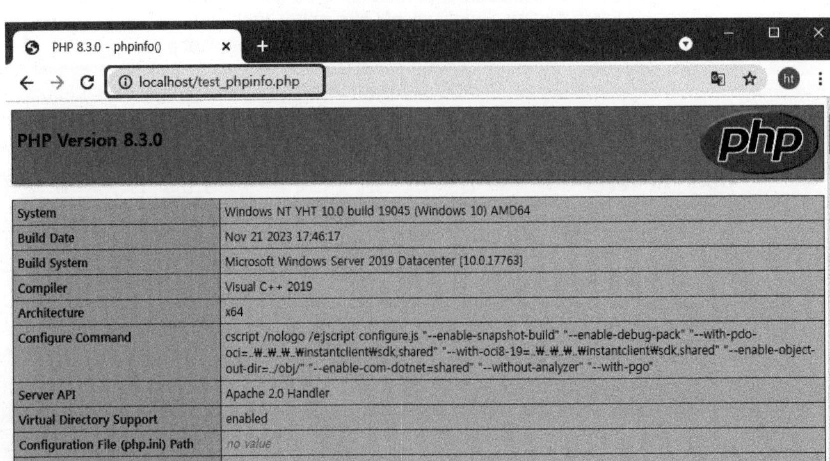

1.2.4 MariaDB 설치

실습목적

데이터베이스 서버 프로그램인 윈도우용 mariadb를 mariadb.org에서 다운받아 자신의 PC에 설치하여라.

실습이론

[1] **Window용 mariadb** : Linux에서 가장 많이 사용하는 데이터베이스 프로그램 중 하나는 아마 mysql이나 mariadb일 것이다. 그러나 최근에는 mysql 개발자가 다시 새로운 데이터베이스 프로그램 mariadb를 만들면서 많은 사람들이 이용하고 있으며, 이 책에서도 mysql 대신에 mariadb를 이용하겠다. mariadb는 mysql 프로그램과 거의 같은 프로그램이므로 사용법도 거의 동일하다. mariadb도 Linux뿐만 아니라 윈도우에서도 사용할 수 있도록 제공되고 있다. 이미 부록 파일에서 제공하는 mariadb 프로그램을 이용하여 설치를 하면 된다. 만약 최신 버전의 mariadb 프로그램을 원한다면, mariadb.org 에서 다운받아 설치하길 바란다.

http://mariadb.org

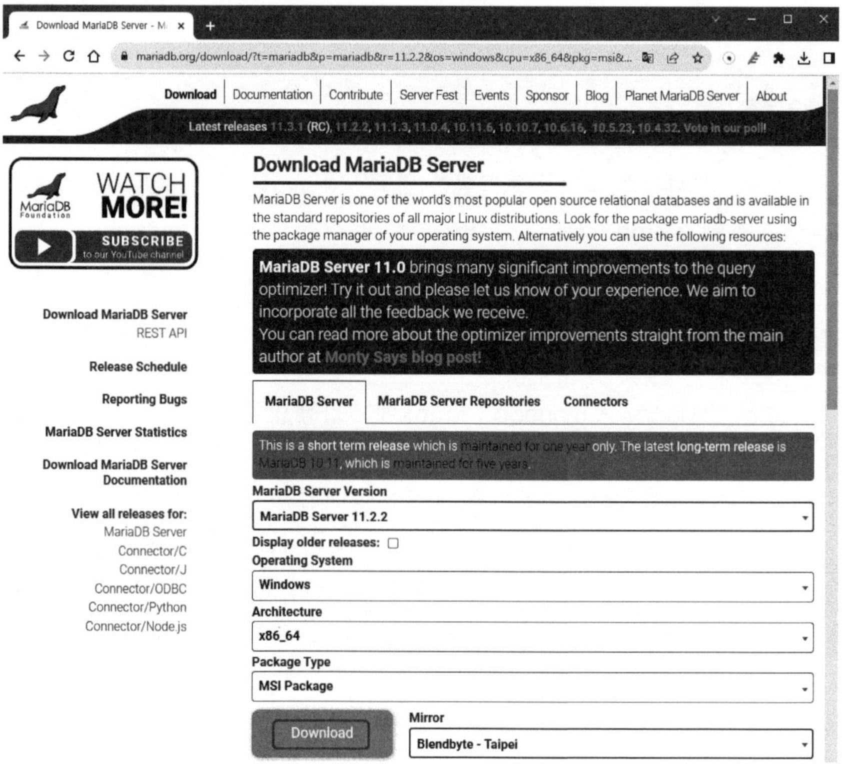

Download 버튼 클릭

STEP 01 mariadb 설치하기

① **mariadb 프로그램 실행하기** : mariadb-11.2.2-winx64.msi 파일을 더블클릭하여 실행한다.

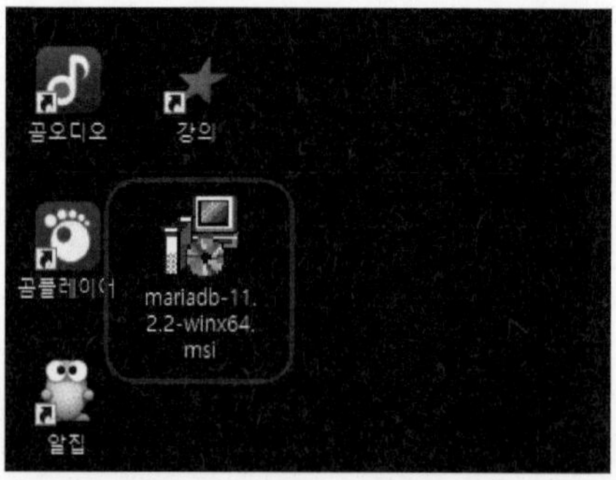

실행하기 : 더블클릭하여 실행.

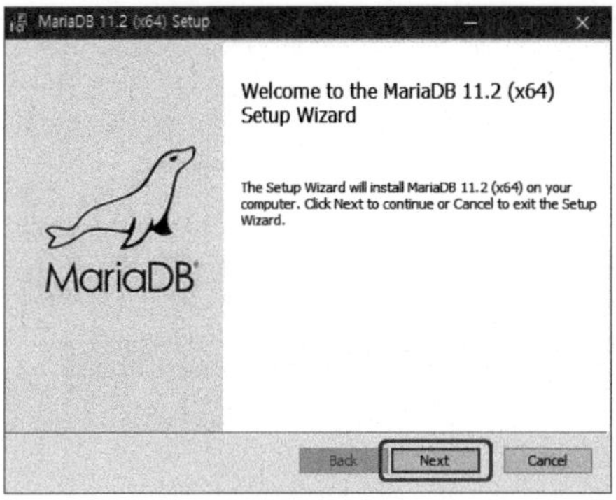

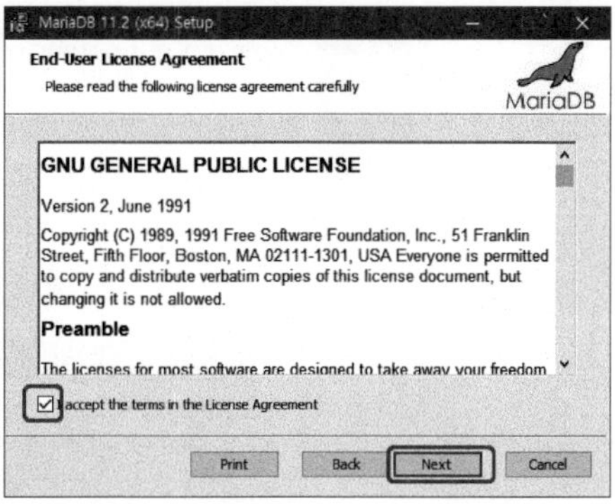

[Next]버튼 클릭　　　　체크 후, [Next]버튼 클릭

② **설치폴더 지정하기** : [Browse]버튼을 클릭한 후, 저장할 폴더위치를 "c:₩APM₩MariaDB11"로 지정한다.

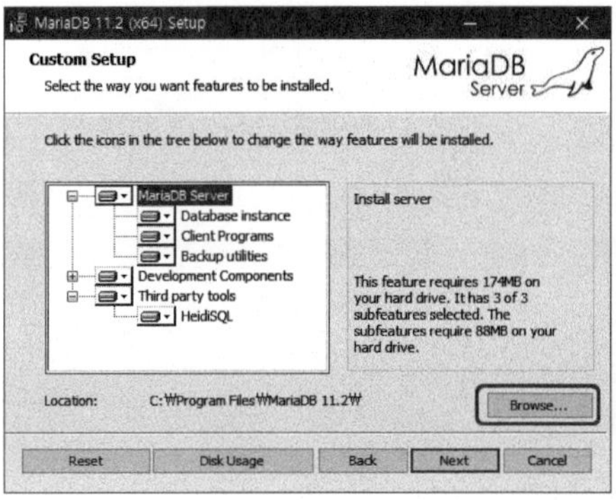

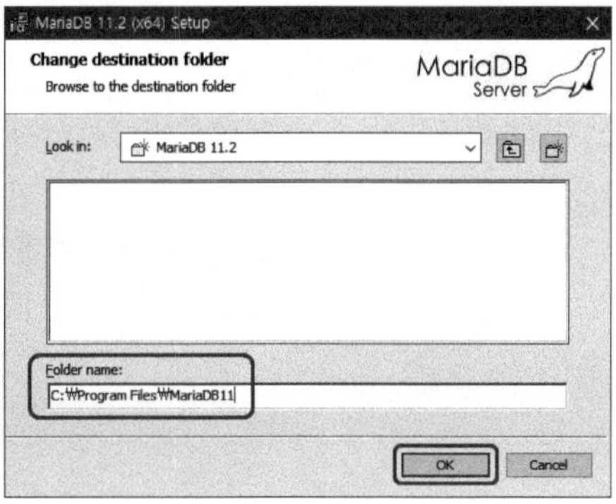

[Browse]버튼 클릭　　　　"c:₩APM₩MariaDB11" 입력

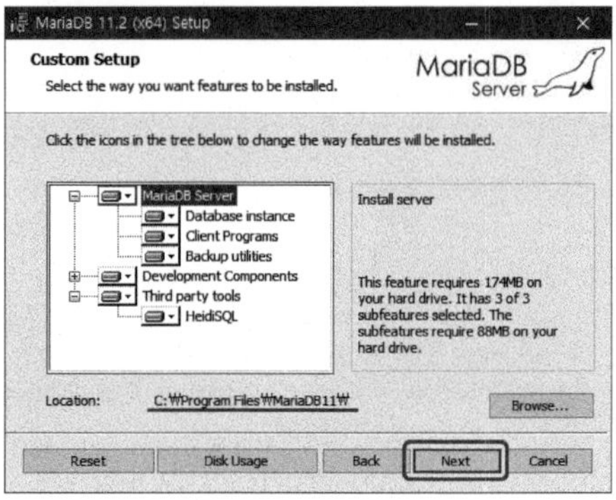

[Next]버튼 클릭

③ **root 암호 및 문자셋 지정하기** : root 암호를 "1234"로 지정하고, 문자셋을 "UTF8"이 되도록 체크한다.

1	New root password	1234
2	confirm	1234
3	use UTF8 as default server's character set	☑

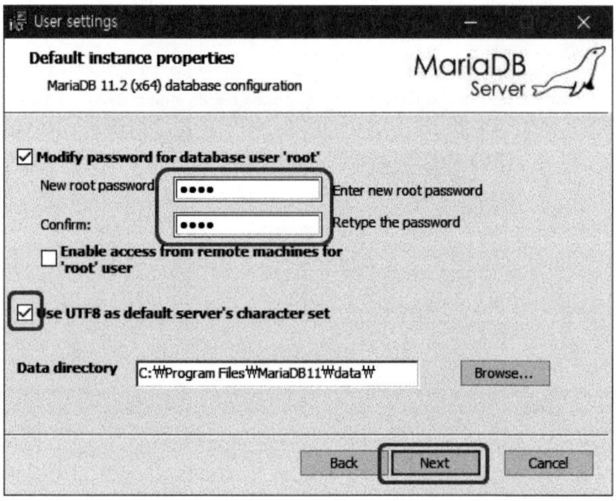

암호 "1234" 입력, UTF8 체크 한 후, [Next]버튼 클릭

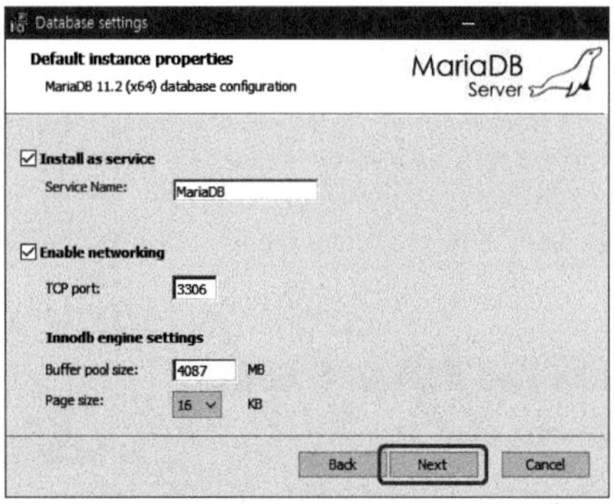

[Next]버튼 클릭

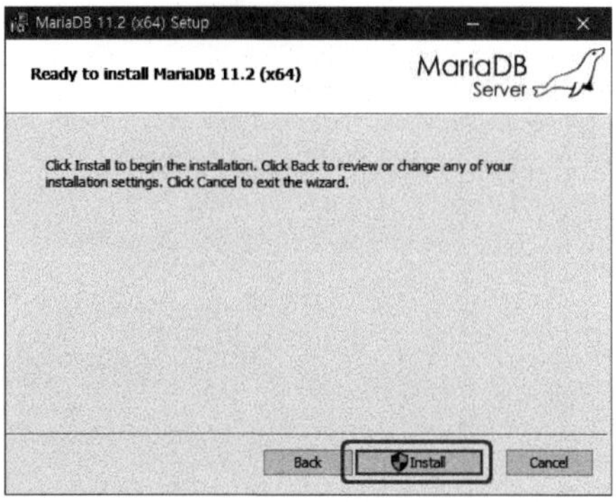

[Install]버튼 클릭

STEP 02 mariadb 환경설정하기

① **php.ini 수정하기** : C:₩APM₩PHP8 폴더에 있는 "php.ini" 파일을 열고 다음과 같이 4줄의 첫 글자 세미콜론(;)을 삭제한다.

```
... ... ...
;extension=ldap
extension=mbstring.
;extension=exif      ; Must be after mbstring as it depends on it
extension=mysqli
;extension=oci8_12c  ; Use with Oracle Database 12c Instant Client
extension=openssl
;extension=pdo_firebird
extension=pdo_mysql
;extension=pdo_oci
... ... ...
```

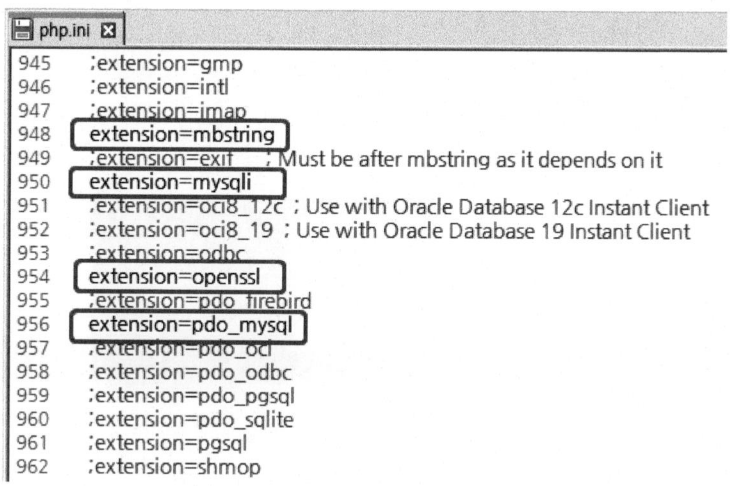

② **httpd 재시작** : 아래 그림과 같이 명령 프롬프트를 이용하여 Apache 프로그램을 재시작한다.

1	경로변경	cd c:/apm/apache24/bin
2	Apache 재시작	httpd -k restart

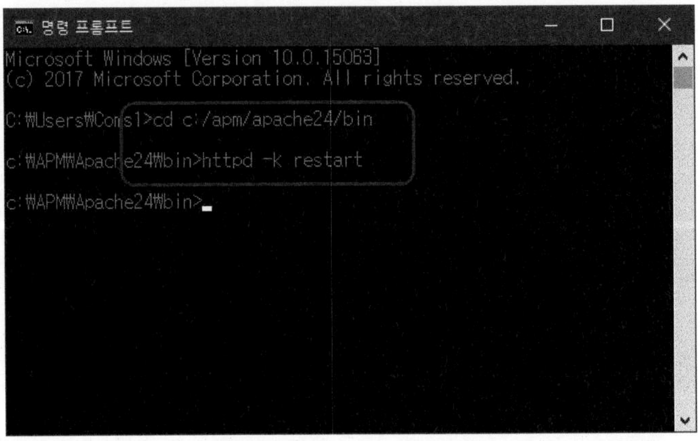

STEP 03 mariadb 테스트하기

① **HeidSQL 실행하기** : 바탕화면에 있는 HeidSQL 아이콘을 더블클릭하여 실행한다.

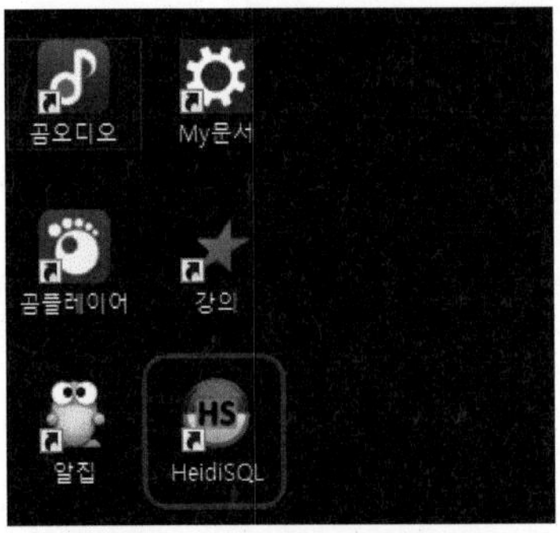

② **HeidSQL 실행하기** : [신규] 버튼을 클릭하여 세션 이름을 "Mariadb"로 변경한다. 그리고 root 암호로 설치할 때 등록한 암호 "1234"를 입력한 후, [열기] 버튼을 클릭하여 데이터베이스에 접속한다.

1	세션이름	mariadb
2	암호	1234

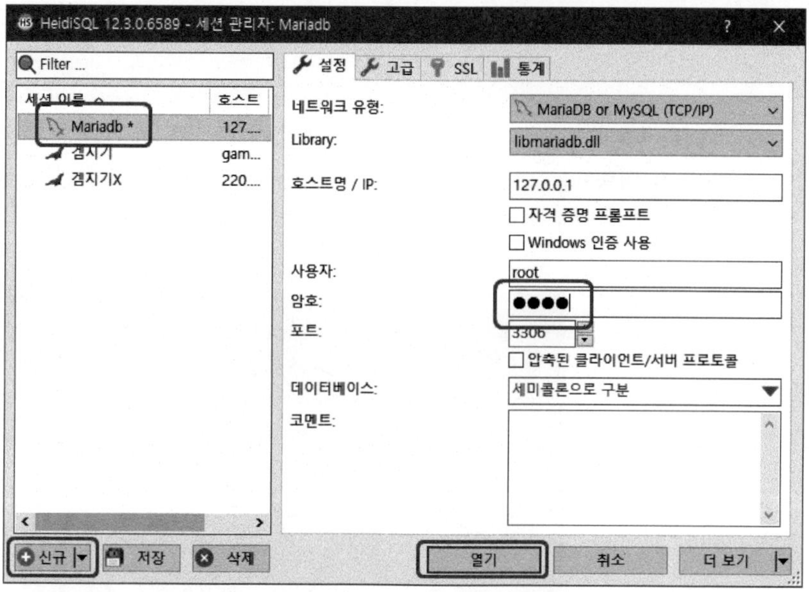

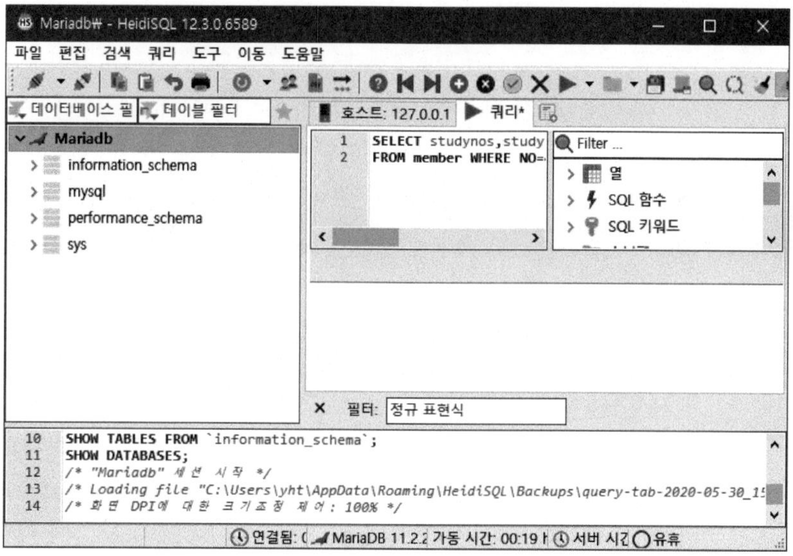

1.2.5 phpMyAdmin 설치

실습목적

데이터베이스 관리 유틸리티인 phpMyAdmin을 www.phpmyadmin.net에서 다운 받아 PC에 설치하여라.

실습이론

1 **phpMyAdmin** : mariadb를 이용하여 데이터베이스나 테이블을 만들려면, 아래 그림과 같이 명령프롬프트(도스)창이나 원격접속 프로그램을 이용하여 command방식의 작업을 해야 한다. 이러한 command방식의 mariadb 작업은 복잡하고 번거롭다.

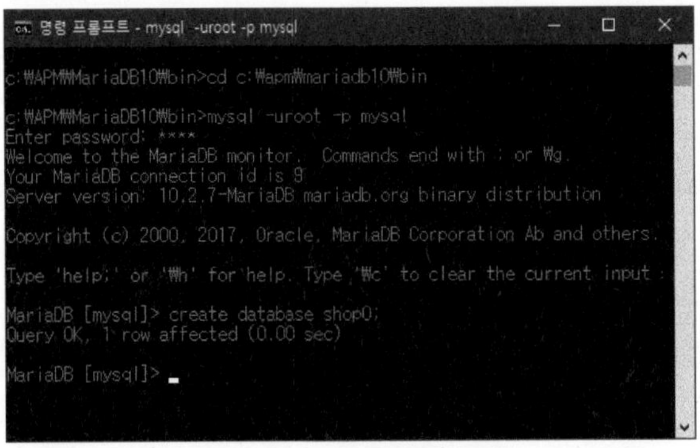

mariadb 작업화면

그러나 mariadb에서 제공하는 HeidiSQL 프로그램이나 php로 만들어진 phpMyAdmin 프로그램을 이용하면 mysql에 관련된 작업을 아주 쉽게 할 수 있다. 교재에서는 HeidiSQL 프로그램보다 웹브라우저를 이용해 사용하는 phpMyAdmin을 이용하여 설명하겠다.

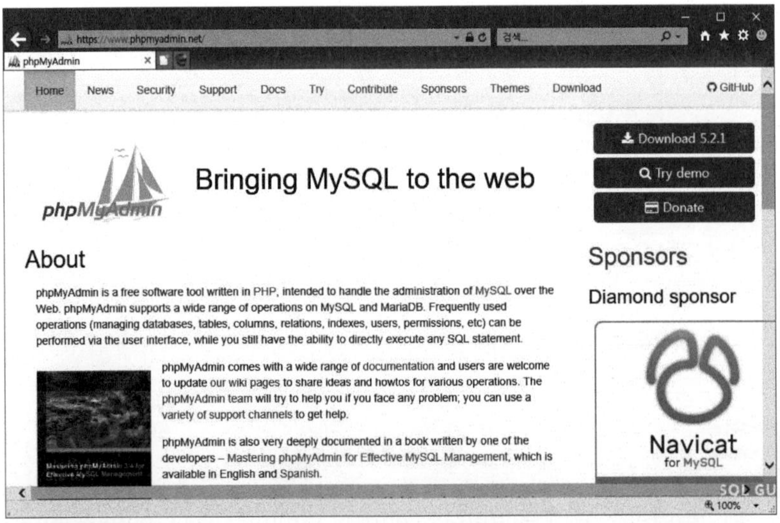

www.phpmyadmin.net

STEP 01 phpMyAdmin 설치하기

① **phpMyAdmin 압축풀기** : 부록에 있는 phpMyAdmin-5.2.1-all-languages.zip 프로그램을 바탕화면에 압축을 푼다. 그리고 폴더 이름을 phpmyadmin으로 변경한다.

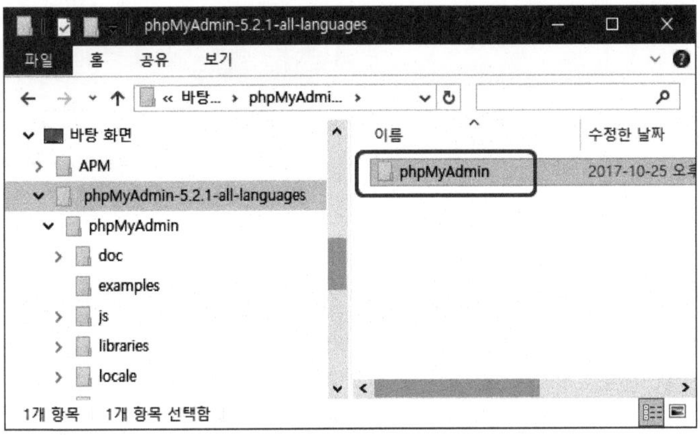

② **복사하기** : phpmyadmin폴더를 c:₩APM₩Apache24₩htdocs 폴더에 그림과 같이 복사를 한다.

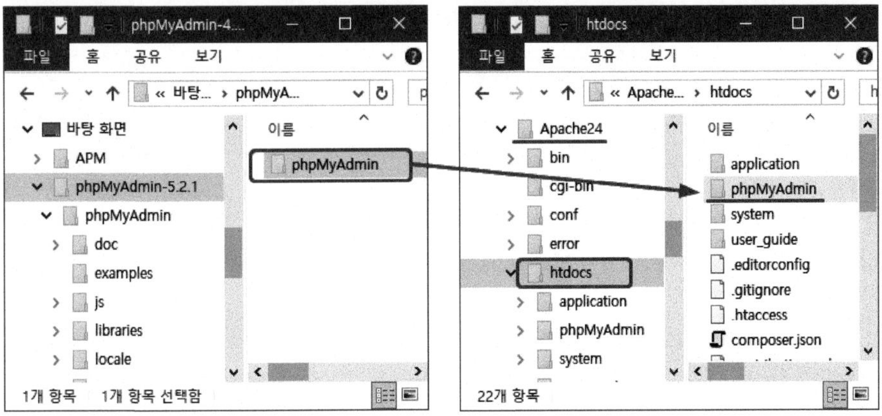

③ **config.inc.php 만들기** : phpmyadmin폴더안에 있는 config.sample.inc.php를 복사하여 config.inc.php로 이름을 변경한다.

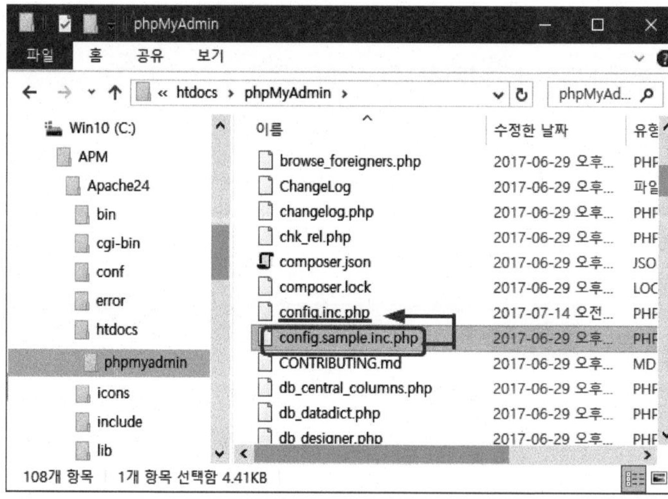

④ **config.inc.php 수정하기** : 내용중 $cfg["blowfish_secret"]값을 수정한다. 값은 길이 32인 임의의 문자열 값을 입력하면 된다.

```
… … …
$cfg['blowfish_secret'] = 'sda2yui345tbvn9012klr7890124ert9';
… … …
```

```
declare(strict_types=1);

/**
 * This is needed for cookie based authentication to encrypt the cookie.
 * Needs to be a 32-bytes long string of random bytes. See FAQ 2.10.
 */
$cfg['blowfish_secret'] = 'sda2yui345tbvn9012klr7890124ert9'; /* YOU MU

/**
 * Servers configuration
 */
$i = 0;
```

⑤ **phpMyAdmin 프로그램 실행하기** : 웹브라우저에서 다음 URL을 입력한다. phpMyAdmin 로그인 화면이 나오면 ,아이디는 "root", 암호는 "1234"를 입력한다. 로그인하여 phpMyAdmin과 mysql가 잘 동작하는지 확인한다.

1	URL	http://localhost/phpmyadmin			
2	사용자명	root	3	암호	1234

1.3 Notepad++

1.3.1 Notepad++ 설치 및 설정

실습목적

Notepad++ 프로그램을 notepad-plus-plus.org에서 다운받아 자신의 PC에 설치하고 환경설정을 한다.

실습이론

1 **Notepad++ 편집기** : 이번에는 프로그램을 작성할 때 이용할 원격편집기 프로그램을 설치해보자. Visual Code와 같은 프로그램이 있지만, 본 책에서는 Notepad++라는 편집기를 이용하도록 하겠다. 이 프로그램은 https://notepad-plus-plus.org에서 최신 버전의 프로그램을 받을 수 있다.

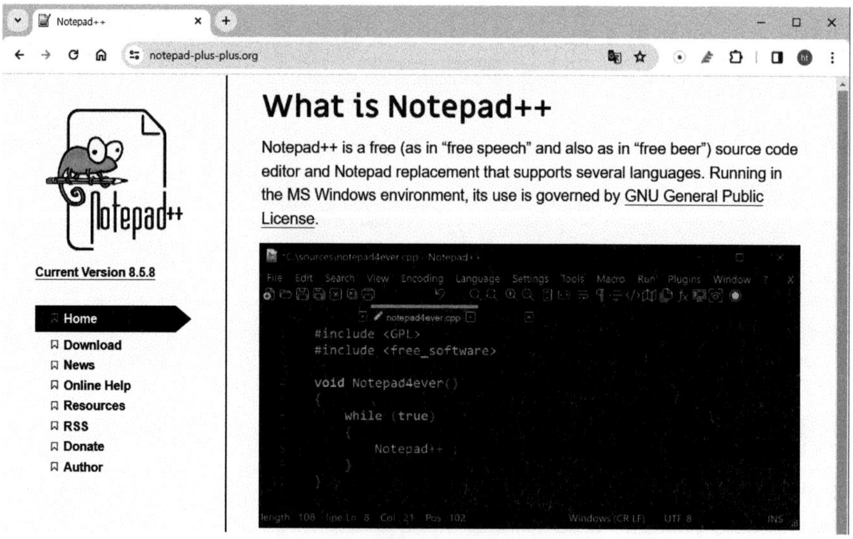

http://notepad-plus-plus.org

STEP 01 Notepad++ 설치 및 환경설정

① **Notepad++ 설치 시작** : 다운받은 npp.8.5.8.Installer.x64.exe를 실행하여 설치한다.

② **글꼴, 테마 설정** : 이 설정은 꼭 할 필요는 없지만, 선호하는 글꼴이 있다면 사용하길 바란다. [설정]➔[스타일 설정] 메뉴를 클릭하여 [스타일 설정]창을 연다. 그리고 〈글꼴이름〉, 〈크기〉를 자신에 맞게 수정한다. 편집기 전체 글꼴의 통일성을 주기 위하여 〈전역 글꼴 사용〉과 〈전역 글꼴 크기 사용〉을 체크한다. 마지막으로 〈테마 선택〉에서 마음에 드는 테마가 있다면 선택한다.

1	글꼴이름	굴림	3	전역 글꼴 사용	V
2	크기	10	4	전역 글꼴 크기 사용	V
5	테마 선택	자신이 원하는 테마 선택			

STEP 02 Expoler 플러그인 설치

① **Explorer 플러그인 설치** : 윈도우 탐색기와 같은 역할을 하는 프로그인 Expolere를 설치하기 위해 [플러그인]➔[플러그인 관리]메뉴를 클릭한다. 플러그인창에서 Explorer를 검색하여 설치를 한다.

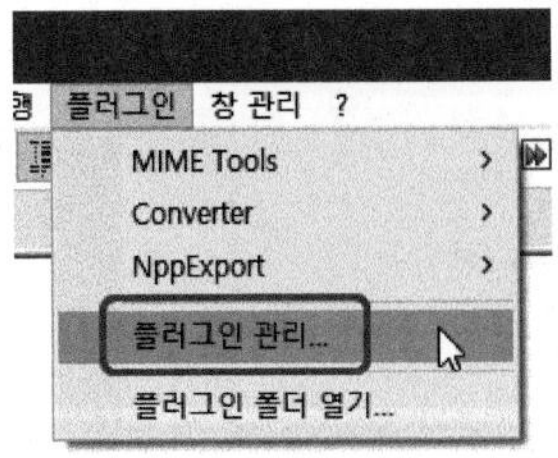

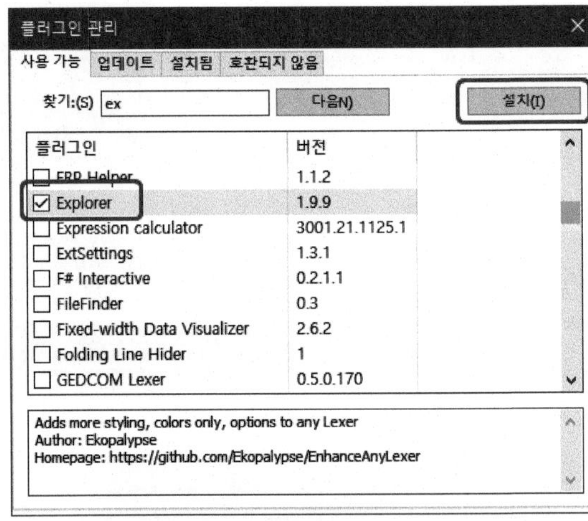

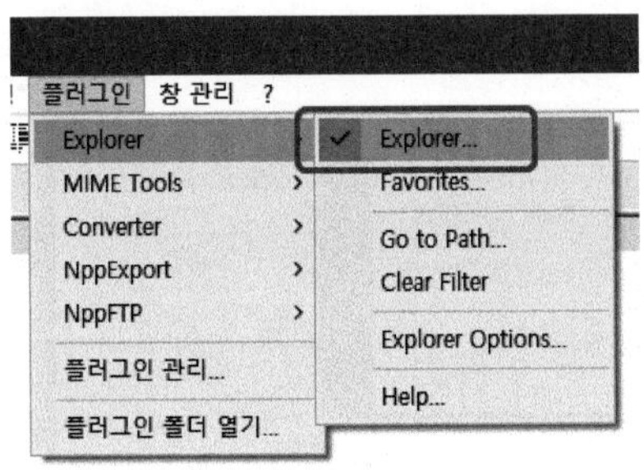

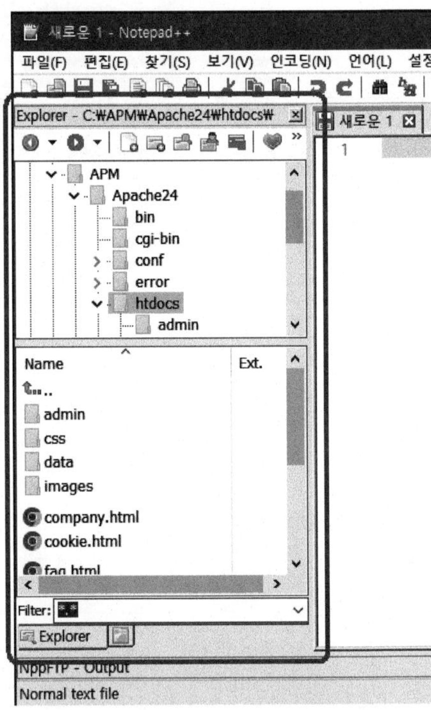

STEP 03 NppFTP 플러그인 설치 (원격서버 사용자인 경우)

① **NppFTP 플러그인 설치** : [플러그인]➔[플러그인 관리]메뉴를 클릭하여 플러그인 관리 창을 연다. 그리고 플러그인 NppFTP를 검색하여 설치를 한다. 원격서버를 이용하지 않는 독자는 NppFTP를 설치 할 필요가 없다.

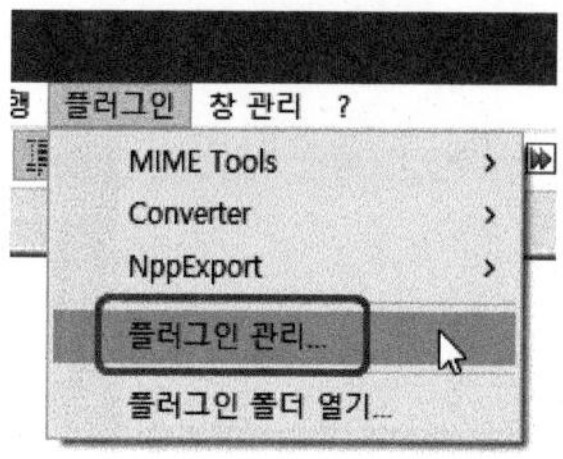

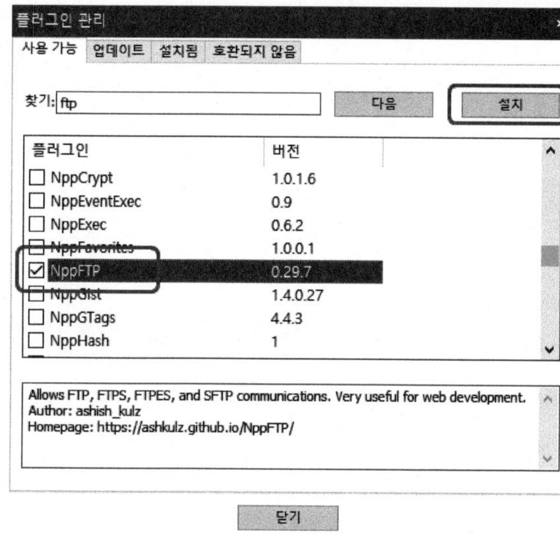

② **NppFTP 보이기 :** [플러그인]➜[NppFTP]➜[Show NppFTP Window]메뉴를 클릭하여 원격서버 관리창이 보이도록 한다.

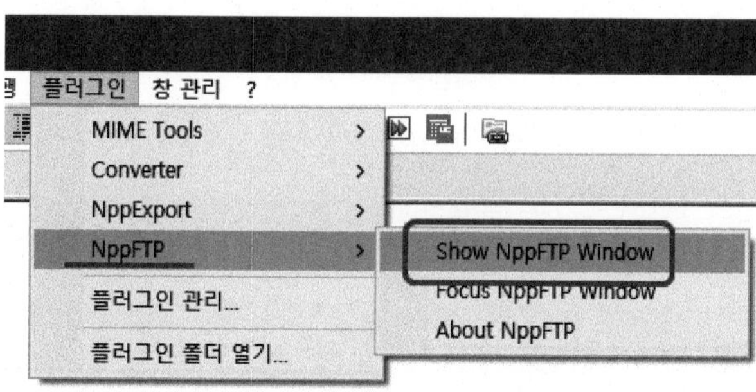

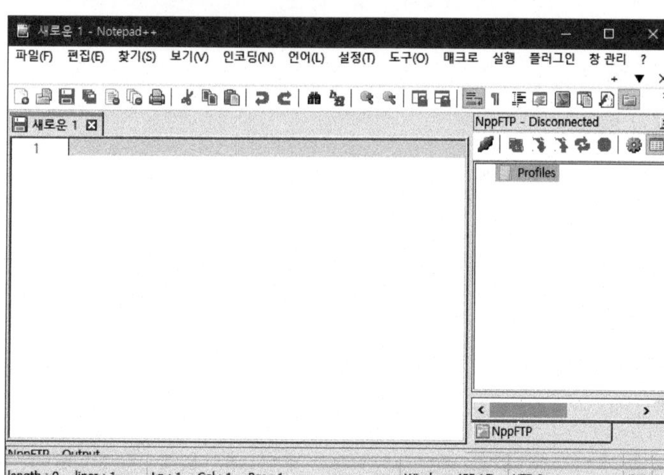

1.3.2 홈페이지 수정 (Window)

실습목적

Notepad를 이용하여 앞서 보여준 PHP 정보화면대신에 아래 그림과 같이 자신의 이름이 표시되는 PHP 프로그램을 작성하여라.

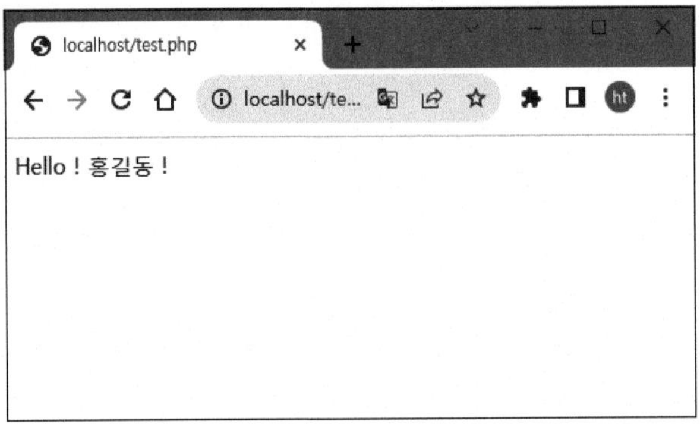

실습이론

1 **〈? php 프로그램 ?〉** : PHP 파일은 파일 확장자가 *.php이며, 프로그램 표시는 "〈?"로 시작하여 "?〉"로 끝난다.

[PHP] 〈? … ?〉

PHP 프로그램의 시작과 끝을 알리는 기호. 그리고 C언어처럼 맨 끝에 세미콜론(;)을 붙여 문장이 끝남을 알린다.

```
예〉 〈html〉
    〈?
        $a=100;
    ?〉
```

2 **echo 함수** : echo 함수는 웹브라우저로 html tag를 출력시키는 함수로서, echo 대신에 print를 사용해도 된다.

[PHP] echo("문자열") 혹은 echo "문자열"

지정된 문자열을 웹브라우저에 출력시킨다. 만약 문자열에 PHP변수나 함수가 있는 경우는 해당 값을 출력한다. echo 대신에 print 를 사용해도 되고 괄호는 생략할 수 있다.

예〉 echo("홍길동"); ➡ 홍길동
echo "〈b〉홍길동〈/b〉"; ➡ **홍길동**
$a="홍길동"; echo("$a"); ➡ 홍길동

3 **127.0.0.1 혹은 localhost** : 개인 IP가 없거나, 인터넷을 사용하지 않아도 모든 PC는 로컬(local)상태에서 기본적으로 127.0.0.1 이라는 내부 IP를 갖으며, 127.0.0.1 대신에 "localhost"라는 이름을 사용해도 된다. 따라서 Window용 APM을 이용하는 독자의 경우, 웹브라우저에 입력할 홈페이지 주소는 127.0.0.1 이나 localhost를 입력하여 실습을 하면 된다. 홈페이지 주소는 다음과 같다.

홈페이지 폴더 ➡ c:₩APM₩Apache24₩htdocs
홈페이지 주소 ➡ http://127.0.0.1 혹은 http://loccalhost

STEP 01 홈페이지 수정

① **test.php 수정하기** : htdocs폴더에 있는 "test.php"를 읽어 다음과 같이 수정한다.

```
〈?
  echo "Hello ! 홍길동 !" ;
?〉
```

② **실행** : 웹브라우저 주소란에 "http://localhost/test_hello.php" 라고 입력하여 실행시켜 결과를 확인한다.

1.3.3 홈페이지 수정 (Linux)

실습목적

Notepad를 이용하여 원격 Linux 서버에 접속하여 아래 그림과 같이 자신의 이름이 표시되는 PHP 프로그램을 작성하여라. (이 실습은 Linux 원격서버 환경을 이용할 수 있는 독자인 경우에만 해당된다. 아닌 경우에는 다음 절로 넘어가길 바란다.)

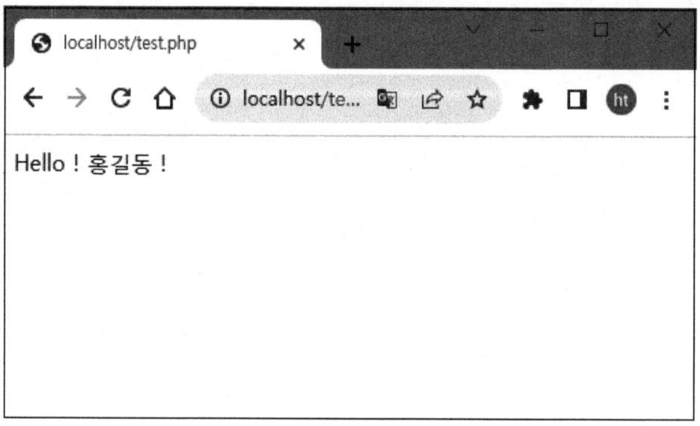

실습이론

1 **Notepad++ 편집기 원격접속 설정** : 실제 Linux 원격서버에 있는 계정 홈페이지의 프로그램을 편집하려면, Notepad를 이용하여 원격접속을 할 줄 알아야 한다. 원격서버에 접속하기 위해서는 웹서버의 도메인주소, 관리자로부터 부여받은 계정ID와 계정암호와 같은 3가지 정보가 필요하다.

1	도메인 주소(IP주소)	이용가능한 도메인
2	계정ID	shop0 (가상계정ID)
3	계정암호	1234 (가상계정암호)

이 책에서는 이 3가지 정보 중 계정ID는 shop0, 계정암호는 "1234"라는 가정 하에 설명을 하도록 하겠다.

STEP 01 원격서버 접속정보 설정하기

① **Profile shop0 만들기** : 아래 그림과 같이 Notepad에서 [settings]➔[Profile settings] 메뉴를 선택한다. 그리고 [Add New]버튼을 클릭한 후, Profile 이름을 "shop0"이라고 입력한다.

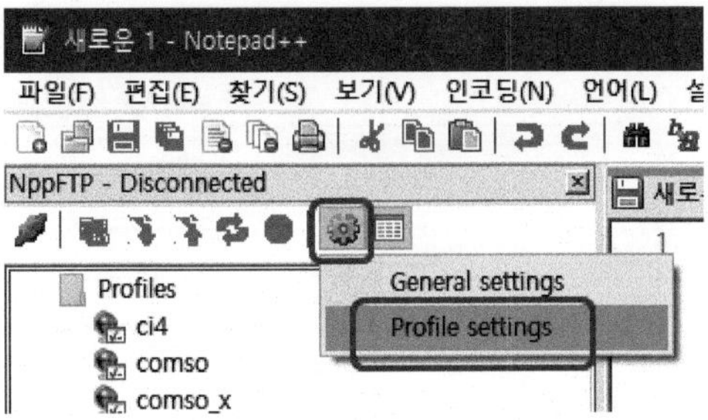

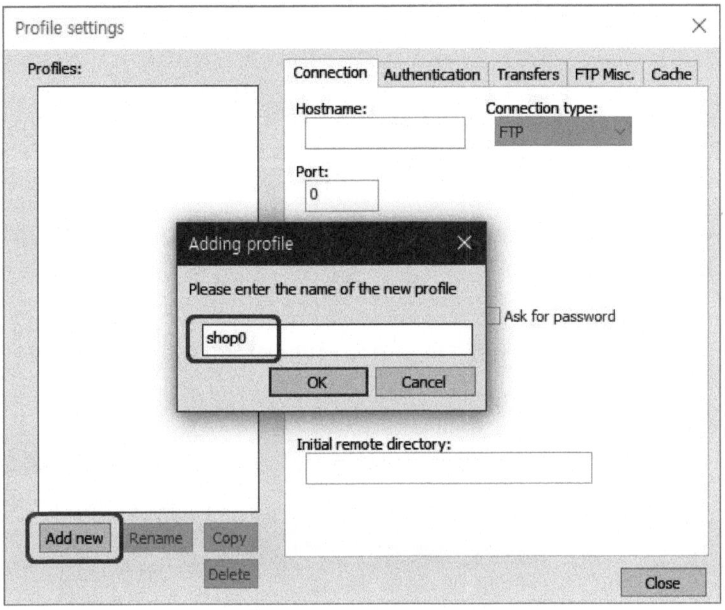

② **원격접속 정보 입력하기** : 〈Hostname〉는 접속할 서버의 도메인이름이나 IP주소를 입력하고, 〈Connection Type〉은 반드시 "SFTP"를 선택한다. 〈Username〉는 서버 계정의 사용자 ID를 입력하고, 〈Password〉는 보안을 위해 입력하지 않는다. 대신에 〈Ask for password〉의 확인란을 체크하면, 접속할 때 암호를 묻는 창이 열린다.

1	Hostname	도메인이름	2	Username	계정아이디
3	Connection Type	SFTP	4	Password	
5	Ask for Password	Ⓥ			

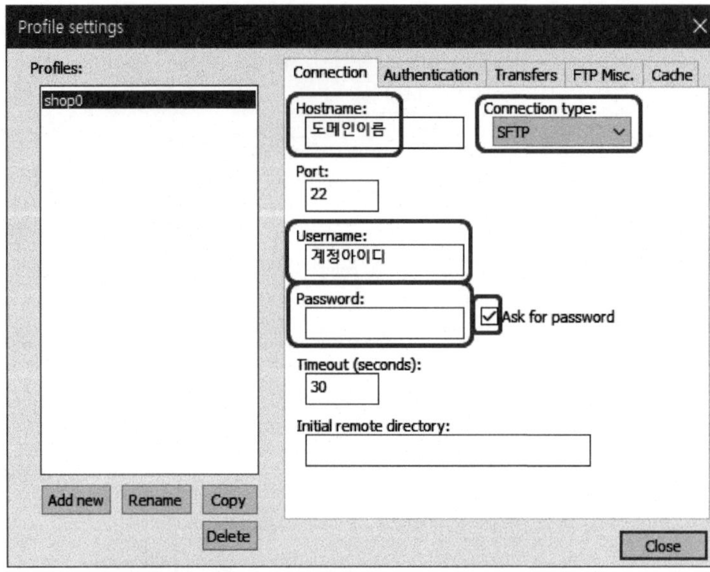

③ **원격접속하기** : 등록한 shop0를 더블클릭하면, 암호를 묻는 창이 열린다. 암호를 입력하면 host key 신뢰를 묻는 창이 열린다. "예"를 선택하면, 원격접속한 계정을 볼 수 있다.

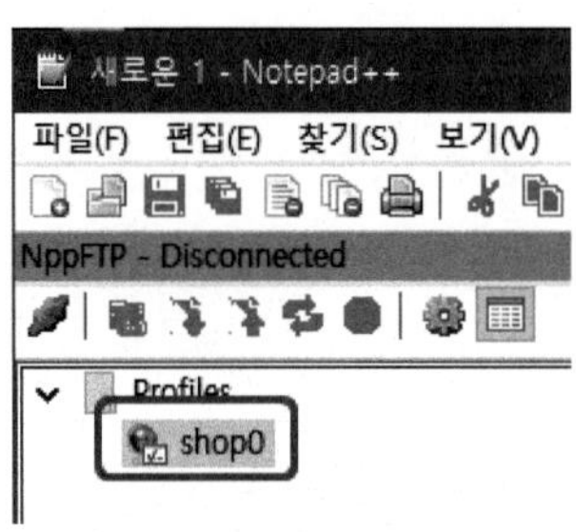

shop0 더블클릭

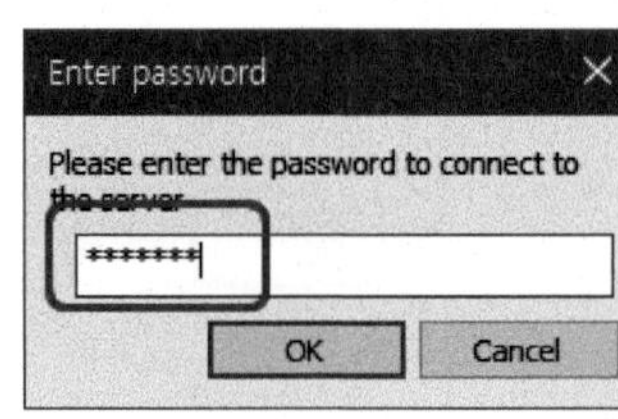

암호입력

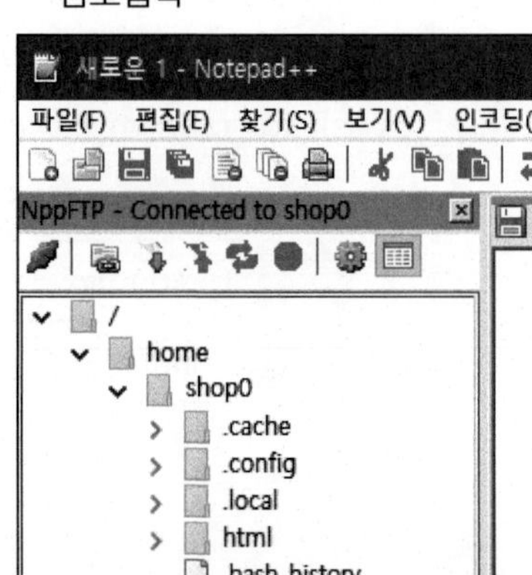

접속한 결과 화면

STEP 02 홈페이지수정

① **test_hello.php 만들기** : html폴더에 "test_hello.php"를 새로 만들고, 다음과 같이 입력한다.

```
<?
  echo "Hello ! 홍길동 !" ;
?>
```

Linux 서버인 경우, 일반적인 사용자계정의 홈페이지 폴더는 public_html이지만, 이 책에서는 html 폴더라고 가정하고 설명하겠다.

② **실행** : 웹브라우저 주소란에 서버 도메인 주소를 입력하여 결과를 확인한다.

http://서버 도메인 주소/test_hello.php

1.4 Kitty (Linux)

실습목적

원격서버를 접속하여 서버를 제어할 수 있는 telnet 프로그램을 이용하여 자신의 계정에 접속하여라. (이 유틸리티는 원격서버를 이용하는 경우에만 필요한 프로그램이다. Window용 APM을 이용하는 독자는 이 실습을 하지 않아도 된다.)

실습이론

1 **kitty 프로그램** : kitty 는 서버를 원격으로 접속하여 서버의 관리 및 운영 작업을 할 수 있게 도와주는 telnet 프로그램이며, 기능제한이나 사용제한이 없는 무료 프로그램이다. 만약 이 프로그램에 대한 최신 정보와 파일을 원한다면, 9bis.net/kitty 홈페이지에서 얻을 수 있다.

http://9bis.net/kitty

STEP 01 Kitty로 원격서버 접속하기

① **원격접속 서버정보 등록** : kitty 프로그램을 실행한다. 연결할 서버정보를 아래와 그림과 같이 등록을 한 후, [save]버튼을 이용하여 저장한다.

1	Host Name	연결할 도메인이름
2	Saved Sessions	shop0

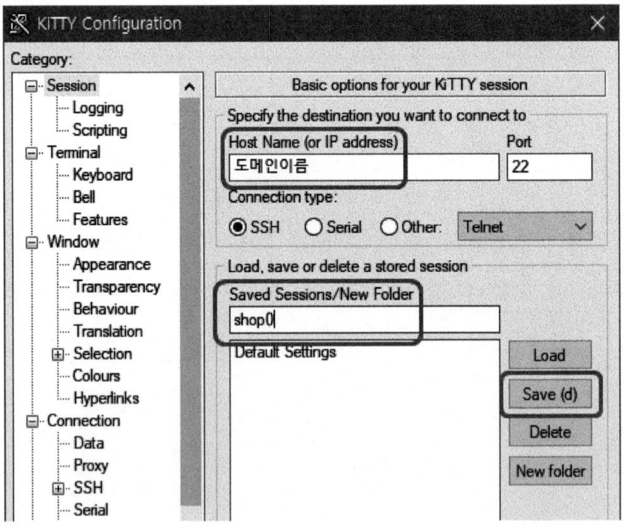

〈Host Name〉에 접속할 서버의 도메인이름이나 IP를 입력하고, 〈Saved Sessions〉는 입력한 정보를 kitty 프로그램에 등록할 저장이름이다. 만약 저장하지 않고 바로 연결을 하는 경우는 도메인이름을 입력한 후, 바로 엔터를 치면 된다.

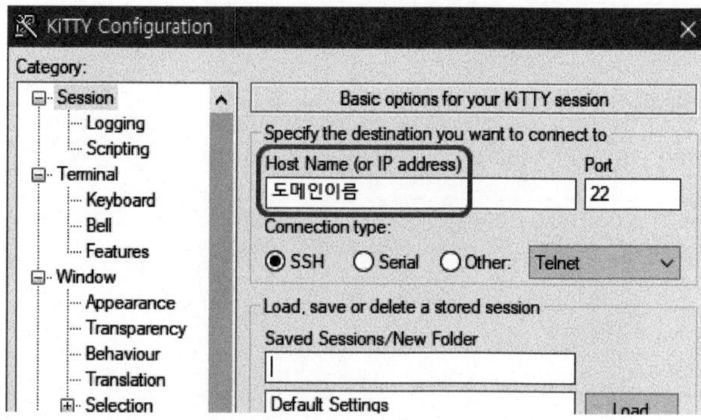

도메인이름만 입력하고 엔터.

② **접속** : "shop0"를 더블클릭하여 서버에 접속한다. 보안경고 관련창이 열리면 "예"버튼을 선택한다. 이 창은 처음 접속인 경우만 표시되며, 다음에는 표시되지 않는다.

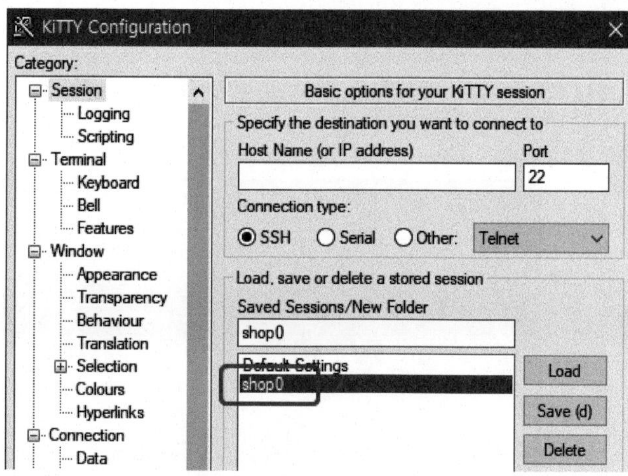

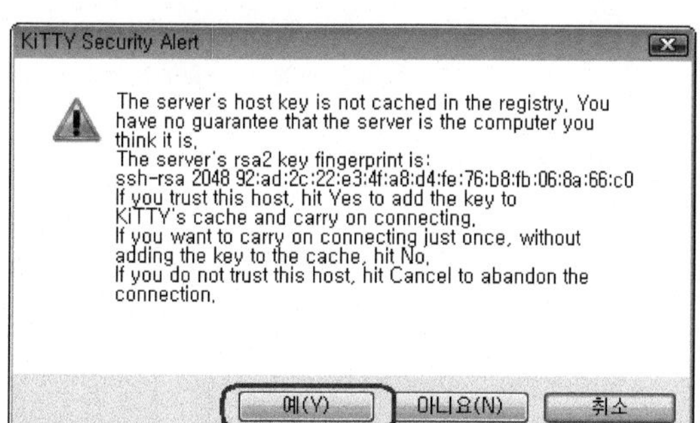

③ **Linux 계정ID와 암호 입력** : 계정ID와 계정암호를 입력하여 서버에 접속한다.

여기서 사용하는 계정ID와 암호는 Linux에서 관리자로부터 받은 계정ID와 암호로서, 이 책에서는 Linux계정 ID는 “shop0”, 계정암호는 “1234”라고 가정하여 설명하도록 하겠다.

④ **작업시작** : Linux 명령어로 원하는 작업을 한다.

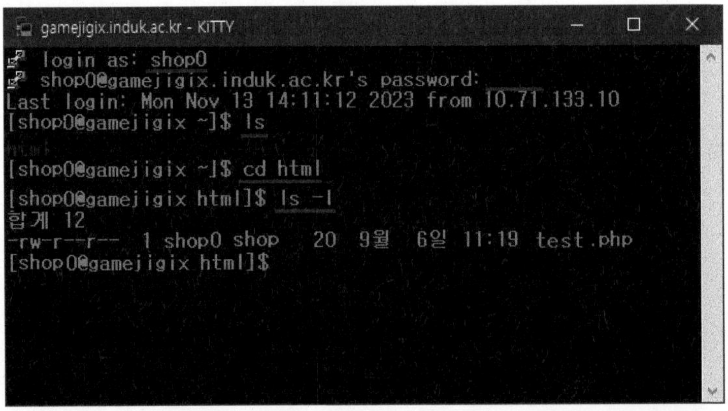

위 그림은 폴더 내용을 확인하기 위하여 Linux 명령어인 ls명령어를 실행한 후, cd 명령어를 이용하여 html 폴더로 들어간다. 그리고 html 폴더 내용을 자세히 보기 위해 ls -l 명령을 실행한 결과 그림이다. 당연한 이야기겠지만 Linux 환경에서 작업을 하려면 Linux에서 사용하는 기초 리눅스명령어는 공부를 해야 할 것이다. 다음 표는 자주 사용하는 Linux 명령어를 요약해 놓은 표이다. 각 명령어나 프로그램의 자세한 사용법은 다른 Linux 서적을 참고하길 바란다.

주요 명령어	설 명
ls	폴더내의 파일이름, 크기, 날짜, 권한 등 을 확인하는 명령어.
cd	지정된 폴더로 변경시키는 명령.
rm	파일을 삭제하는 명령어.
cat	텍스트 파일의 내용을 확인하는 명령어.
cp	파일을 복사하는 명령어.
mv	파일이나 폴더를 이동시키거나 이름을 변경하는 명령어.
chmod	폴더나 파일의 권한을 변경시키는 명령어.
chown	파일이나 폴더의 소유자나 그룹을 변경시키는 명령어.
mkdir	폴더를 생성하는 명령어.
rmdir	폴더를 삭제하는 명령어.
passwd	계정 암호를 변경시키는 명령어.
tar, gzip 프로그램	윈도우의 zip처럼 파일의 크기를 압축시켜주는 프로그램.
vi 에디터	간단한 편집기 프로그램.

Linux 명령어

1.5 쇼핑몰 사전 준비

1.5.1 디자인 html 파일 복사

실습목적

이 책에서 사용할 쇼핑몰 디자인 html 파일들 및 데이터 파일들을 자신의 Root인 htdocs 폴더로 모두 복사하여라.

실습이론

1 **실습용 파일 준비** : 다음부터 시작할 웹프로그래밍 작업을 위한 실습용 파일들을 홈페이지폴더에 복사하는 작업을 해보자. Window용 APM 사용자인 경우는 교재에서 제공

하는 shop_html.zip 파일을 홈페이지 폴더인 c:₩APM₩Apache24₩htdocs 폴더에 복사를 하고 압축을 풀면 된다. Linux 서버 사용자인 경우도 Notepad를 이용하여 자신의 계정 홈페이지의 html폴더에 복사를 하고 압축을 풀면 된다.

2 **쇼핑몰 폴더구조** : htdocs폴더의 쇼핑몰 폴더 구조는 다음과 같으며, 가급적 최대한 구조를 간단하게 구성하였다. css, js, webfont 폴더에는 bootstrap, jquery와 같은 제3자 라이브러리 관련 파일들이 있는 폴더이다. admin 폴더는 관지라용 프로그램 html 소스가 있으며, product폴더는 앞으로 등록할 제품 사진들을 저장하는 폴더이다. images 폴더는 회사로고와 같이 쇼핑몰 화면에 필요한 이미지들이 있는 폴더이다. 그리고 my.js와 my.css 파일은 쇼핑몰 디자인에 필요한 사용자용 파일이다.

```
/ (htdocs)    ──▶ admin (관리자용 프로그램)
사용자          ──▶ js (*.js, my.js)
프로그램        ──▶ css (*.css, my.css)
               ──▶ webfont (icon 파일)
               ──▶ images (쇼핑몰 구성 이미지)
               ──▶ product (제품 사진들)
```

STEP 01 Window용 APM 사용자인 경우

① **shop_html.zip 압축 풀기** : 교재에서 제공한 쇼핑몰 디자인 소스인 shop_html.zip 파일을 htdocs폴더에서 복사를 한 후, 압축을 푼다.

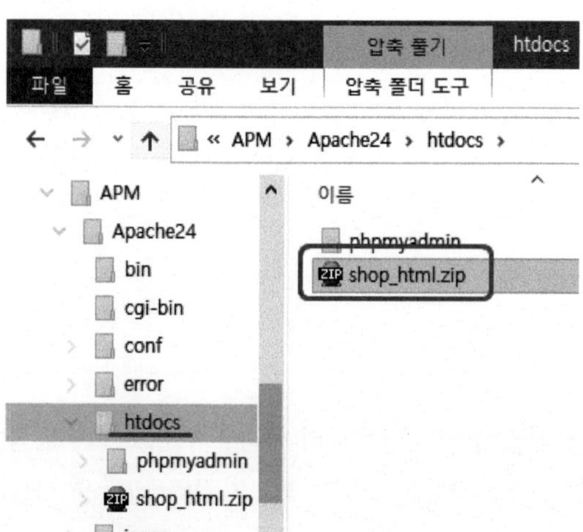

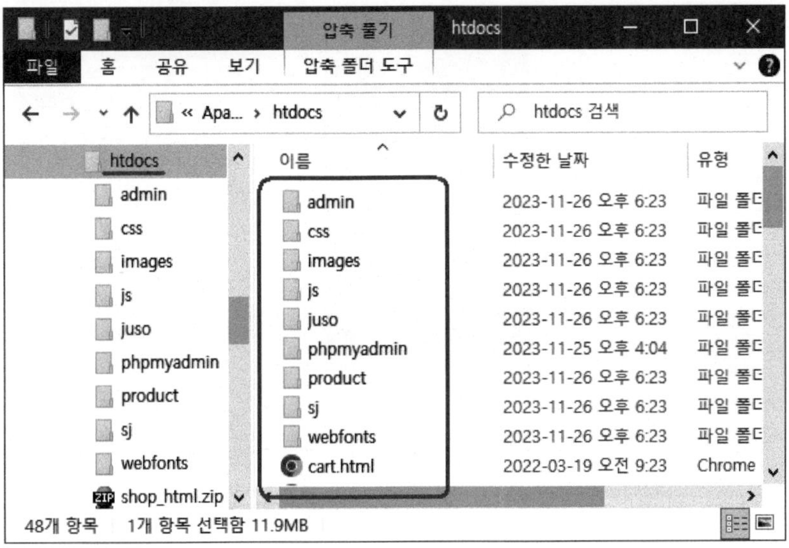

② **결과확인** : 웹브라우저에서 "http://localhost"라고 입력하여 쇼핑몰 디자인을 확인한다.

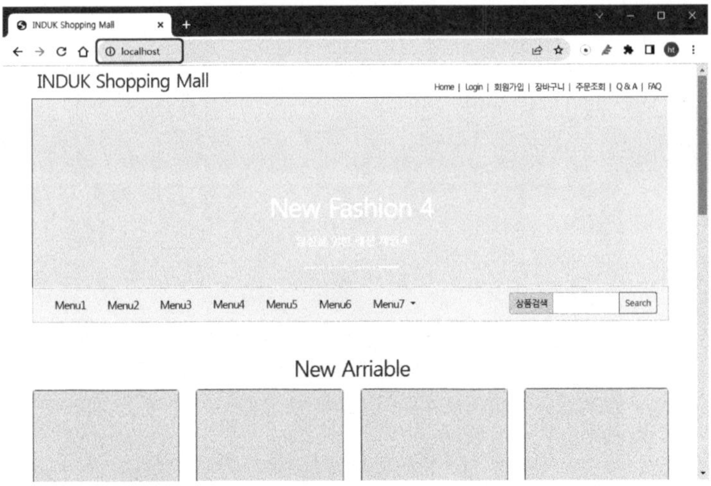

http://localhost

STEP 02 Linux용 APM사용자인 경우

① **shop_html.zip 파일 복사하기** : 아래 그림과 같이 shop_html.zip파일을 자기계정 shop0의 html 폴더에 드래그하여 복사를 한다.

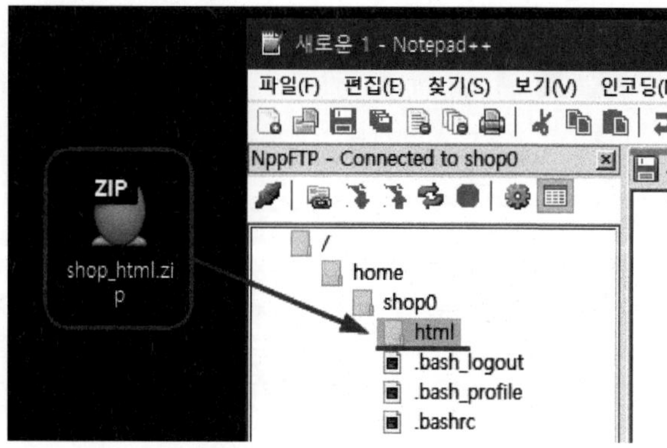

Linux 서버인 경우, 일반적인 사용자계정의 홈페이지 폴더는 public_html이지만, 이 책에서는 html 폴더라고 가정하고 설명하겠다.

② **압축 풀기** : kitty프로그램을 이용하여 shop0 계정에 접속을 한다. 그리고 다음 명령을 이용하여 html폴더로 이동한 후, unzip 명령어를 이용하여 압축을 푼다.

```
cd html
ls -l
unzip *.zip
```

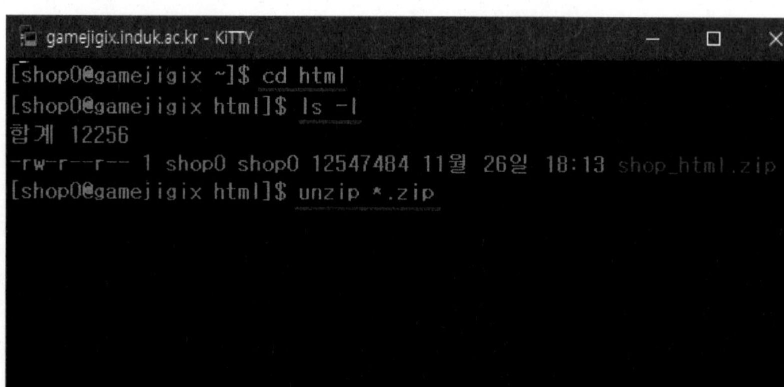

③ **Notepad 새로고침** : 아래 그림과 같이 html 폴더를 먼저 선택하고, [새로고침] 아이콘을 클릭하여 파일들을 확인한다.

④ **결과확인** : 웹브라우저에서 "http://서버 도메인 이름"이라고 입력하여 쇼핑몰 디자인을 확인한다.

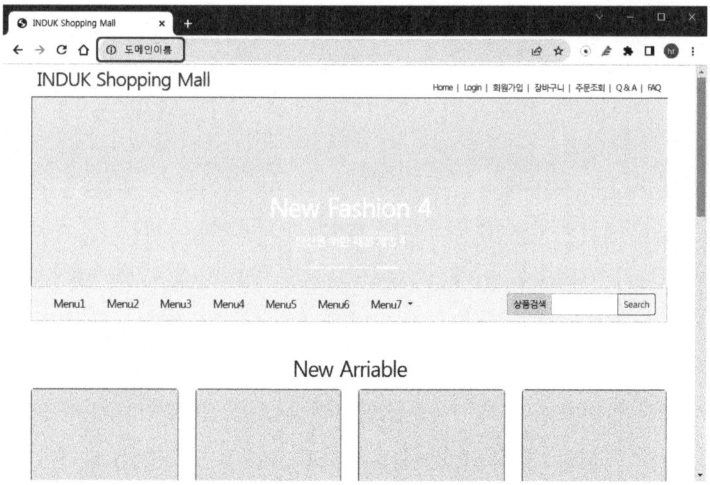

http://서버 도메인 이름

1.5.2 데이터베이스 shop0

이번에 소개할 프로그램은 데이터를 관리, 운영 해주는 데이터베이스 프로그램 mariadb이다. 앞에서 모든 프로그램을 설치하였으므로, 여기서는 mariadb와 phpmyadmin 사용법과 쇼핑몰에서 사용할 데이터베이스 shop0를 만들어 보도록 하겠다. Linux인 경우,

phymyadmin은 Linux를 설치할 때 기본설치 프로그램이 아니므로, 따로 설치해야 한다.

실습목적

mariadb와 phpmyadmin을 이용하여 새 데이터베이스 shop0을 만들고, shop0에 대한 정보를 데이터베이스 mariadb에 등록하여라.

실습이론

1 **DB생성 및 등록** : 데이터베이스를 만들어 사용하려면 다음과 같이 4가지 단계의 작업을 진행해야 한다.

1	DB 생성	데이터베이스 생성.
2	DB테이블에 DB 정보등록	DB테이블에 shop0정보(사용자, 권한) 등록.
3	user테이블에 사용자 등록	user테이블에 사용자정보(ID, 암호, 권한) 등록.
4	mysql재가동	변경된 내용 mysql 재실행해 적용.

데이터베이스 만드는 순서

mariadb 서버에는 mysql이라는 데이터베이스가 있는데, 이 데이터베이스의 db와 user 테이블에는 mysql 프로그램에서 사용하는 모든 사용자 데이터베이스와 사용자의 정보가 등록되어 있다. 따라서 새로운 데이터베이스를 만들면, 반드시 데이터베이스 mysql의 db테이블에 새 데이터베이스에 대한 정보(사용자ID, 사용권한, 그리고 데이터베이스 이름)를 등록하여야 한다. 또한 user테이블에는 db테이블에 등록한 사용자 계정에 대한 등록 및 권한 설정을 해야 한다. 그리고 마지막으로 모든 설정이 끝나면 반드시 변경된 내용을 서버에 적용하기 위하여 다시 기동시켜야 한다.

STEP 01 Shop0 데이터베이스 & 사용자 만들기

① **phpMyAdmin 실행하기** : 웹브라우저에서 다음 URL을 입력한다. phpMyAdmin 로그인 화면이 나오면 ,아이디는 "root", 암호는 "1234"를 입력하여 로그인한다.

1	URL	http://localhost/phpmyadmin			
2	사용자명	root	3	암호	1234

② **사용자 계정 추가 및 데이터베이스 shop0 만들기**: [사용자 계정]탭을 선택한 후, 그림과 같이 "사용자 추가"를 클릭한다.

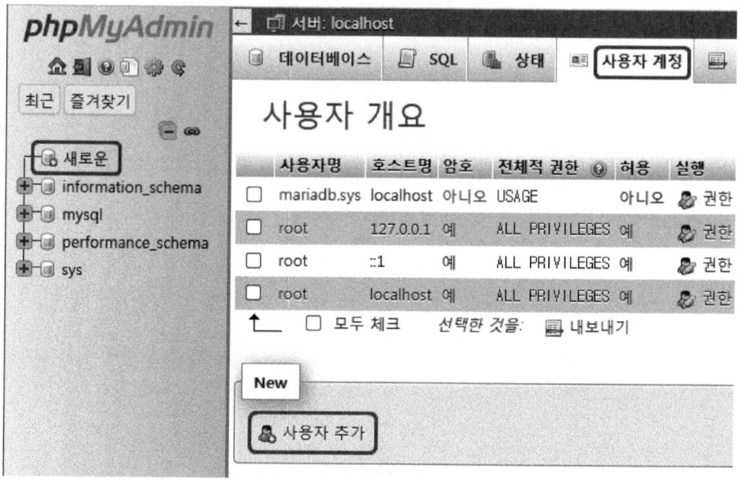

③ **사용자 계정 추가하기** : 사용자 계정의 정보를 다음과 같이 입력한 후, [실행]버튼을 클릭한다.

1	사용자명	shop0	3	암호	1234
2	호스트명	%	4	재입력	1234
5	동명의 데이터베이스를 생성하고 모든 권한을 부여				☑

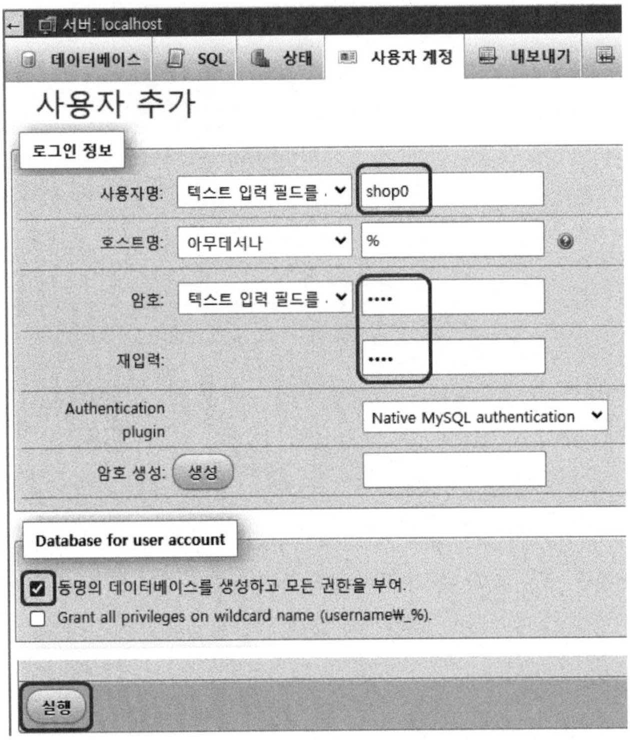

phpmyadmin에서는 사용자계정을 등록할 때 데이터베이스도 같이 만들 수 있다. 따라서 〈동명의 데이터베이스를 생성하고 모든 권한 부여〉를 체크하면, 데이터베이스 shop0와 동명의 사용자 계정을 만들 수 있다.

다음 그림은 shop0 사용자 계정을 추가했을 때, mariadb 데이터베이스의 db 테이블에 shop0 데이터베이스를 shop0 사용자가 소유하고 있다는 정보가 추가된 결과 화면과 user 테이블에 shop0 사용자와 암호가 등록된 결과화면이다.

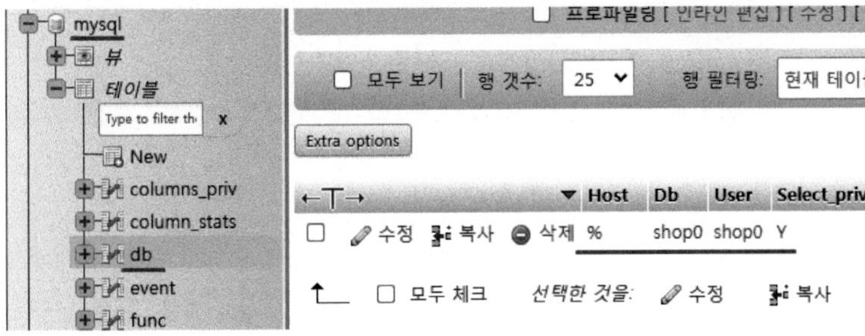

db 테이블 결과화면

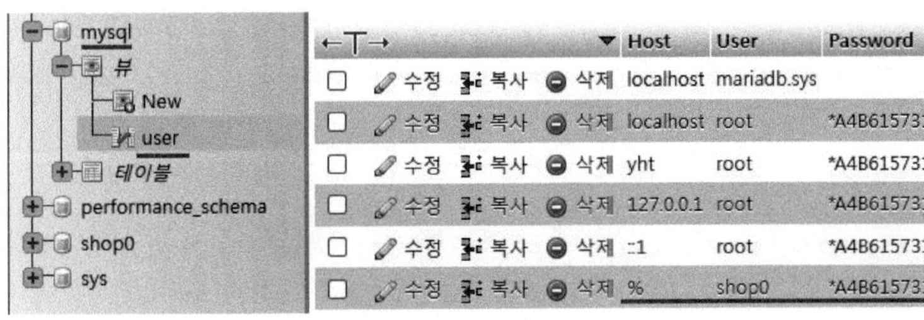

user 테이블 결과화면

Chapter 02

Bootstrap 디자인

2.1 Bootstrap과 Jquery

Bootstrap은 웹 사이트나 웹 응용 프로그램을 작성하기 위해 사용하는 무료 소프트웨어로서, 동적인 웹 사이트 개발을 위한 Front-End Framework이다. 웹 페이지에서 사용되는 입력창, 버튼, 내비게이션 및 기타 구성요소, 각종 레이아웃 등 모든 요소를 내장하고 있기 때문에 Bootstrap의 CSS와 자바스크립트, 관련 이미지만 있으면 대부분의 웹 페이지를 손쉽게 제작할 수 있도록 도와주는 프로그램이다. 이 책의 쇼핑몰 디자인은 Bootstrap을 이용하였으며, 이 절에서 Bootstrap에 대한 기초지식과 사용하는 방법에 대해 간단하게 알아보겠다.

앞 절에서 shop_html.zip 파일을 복사하여 설치했으므로, 실습에 필요한 라이브러리 파일들은 이미 설치가 되어 있다. 따라서 최신파일을 이용하지 않을 독자는 이 절을 건너뛰어도 무방하다.

실습목적

Bootstrap과 Jquery, popper를 다운받아 자신의 PC에 설치한다.

실습이론

1 **Bootstrap 다운받기** : Bootstrap은 다음 사이트에서 최신 버전의 프로그램을 다운 받을 수 있다.

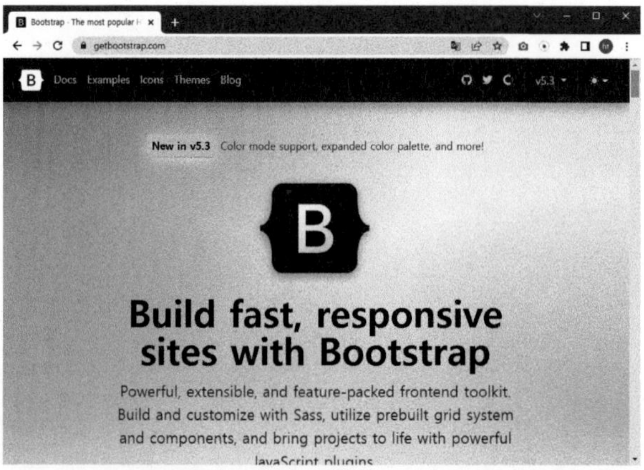

getbootstrap.com

2 **Jquery 다운받기** : Bootstrap을 사용하기 위해서는 jquery 프로그램이 필요하다. jquery 프로그램은 다음 사이트에서 최신 버전을 다운 받을 수 있다.

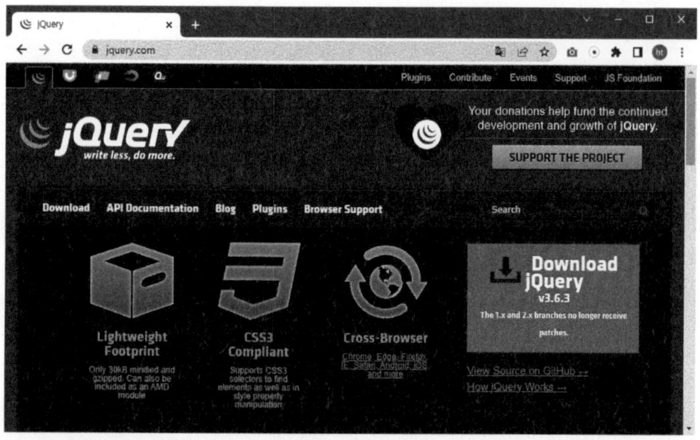

jquery.com

3 **popper 다운받기** : Bootstrap에서 jquery와 같이 popup에 관련된 다양한 기능을 사용하기 위해서는 popper.js 프로그램이 필요하다. 이 프로그램은 popper.js.org 사이트에서 최신 버전을 다운 받을 수 있다. 만약 bootstrap 파일에서 bootstrap.min.js 대신에 bootstrap.bundle.min.js 를 사용하면, 파일안에 popper.js 가 이미 포함되어 있으므로 따로 등록할 필요가 없다.

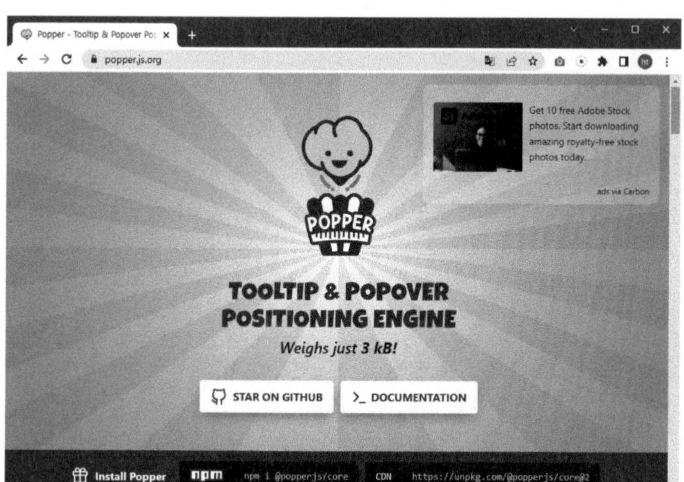

popper.js.org

2.2 test_list.html 만들기

2.2.1 기본화면

실습목적

bootstrap을 이용하여 다음 그림과 같이 목록 표시하는 html 디자인 소스를 만들어라.

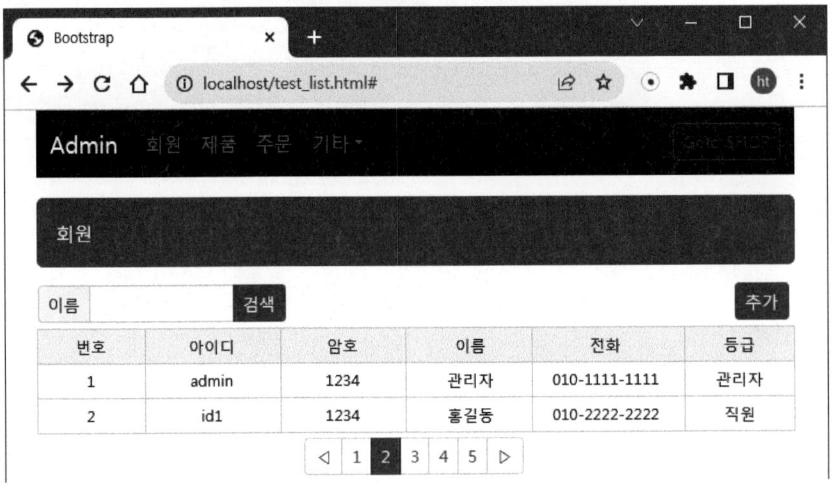

실습이론

1 **Bootstrap 기본 Template** : bootstrap 홈페이지에는 bootstrap에 이용되는 예제 소스를 쉽게 가져다 쓸 수 있다. 예를 들어 bootstrap 기본 소스는 아래 그림과 같이 〈Getting started〉를 선택한 후, 화면 오른쪽에서 〈Quick start〉를 클릭하면, Bootstrap 기본 소스가 나온다. 이 소스를 드래그하여 복사하거나 복사 아이콘을 이용하여 복사한 후, "붙여넣기"를 이용하여 자신의 프로그램에 사용하면 된다.

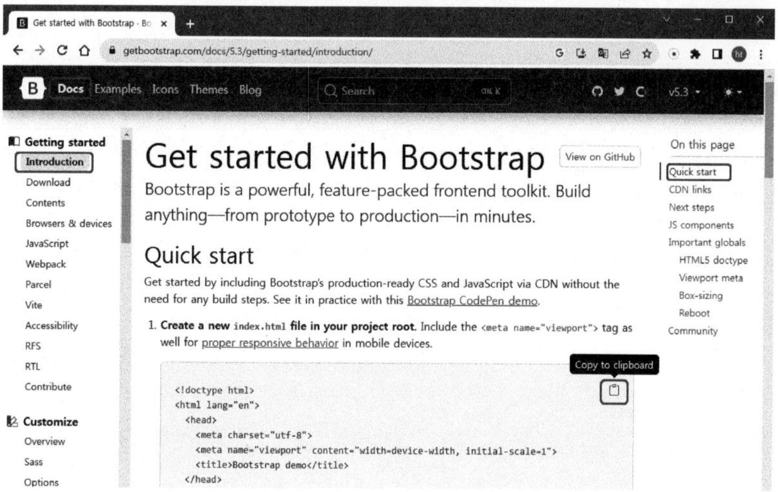

② **파일 경로명** : bootstrap이나 jquery 파일은 htdocs폴더 밑의 css, js폴더에 있으므로, 파일을 연결할 때 경로명을 다음과 같이 지정해야 한다.

〈link href="**css/**bootstrap.min.css" rel="stylesheet"〉
〈script src="**js/**jquery-3.7.1.min.js"〉〈/script〉
〈script src="**js/**bootstrap.**bunddle.**min.js"〉〈/script〉

③ **container 클래스** : PC나 모바일 기기의 가로길이에 따라 화면에 표시되는 구성요소들이 동적으로 표시되기 위해서는 bootstrap에서 제공하는 영역 안에 구성요소들이 있어야 한다. 이 영역을 설정하는 방법은 다음과 같이 설정한다. container는 고정된 가로폭을 갖는 반응형 디자인을 하는 경우 사용하며, container-fluid는 화면 가로폭을 모두 이용하는 경우 사용한다.

〈div class="**container**"〉
  html 소스
〈div〉
	〈div class="**container-fluid**"〉
	  html 소스
	〈/div〉

STEP 01 기본소스 만들기

① **test_list.html 만들기** : htdocs폴더에 "test_list.html" 파일을 새로 만든다.

② **기본프로그램 작성하기** : bootstrap 사이트의 소스를 복사하여 입력하거나, 직접 입력하여 기본 프로그램을 작성한다.

```
<!doctype html>
<html lang="kr">
<head>
  <meta charset="utf-8">
  <meta name="viewport" content="width=device-width, initial-scale=1">
   <title>Bootstrap</title>
   <link  href="css/bootstrap.min.css" rel="stylesheet">
   <script src="js/jquery-3.7.1.min.js"></script>
   <script src="js/bootstrap.bundle.min.js"></script>
</head>
<body>
   <div class="container">
    <h1>안녕하세요!</h1>
   </div>
</body>
</html>
```

③ **실행하기** : 웹브라우저에서 "http://localhost/test_list.html"를 입력하여 결과를 확인한다.

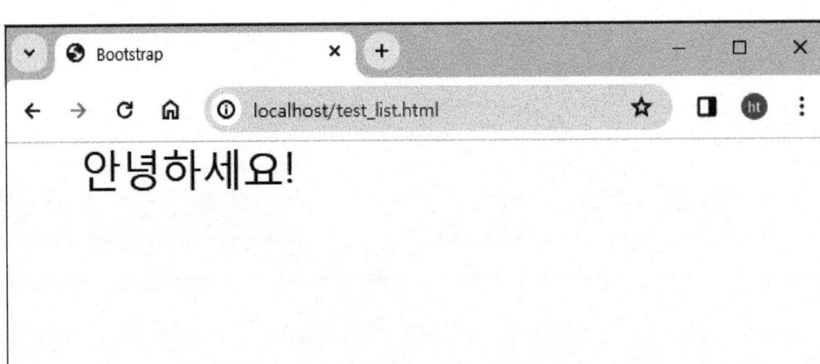

2.2.2 풀다운메뉴

실습목적

Bootstrap의 Navbar 클래스를 이용하여 다음 그림과 같은 판매관리 풀다운 메뉴를 만든다.

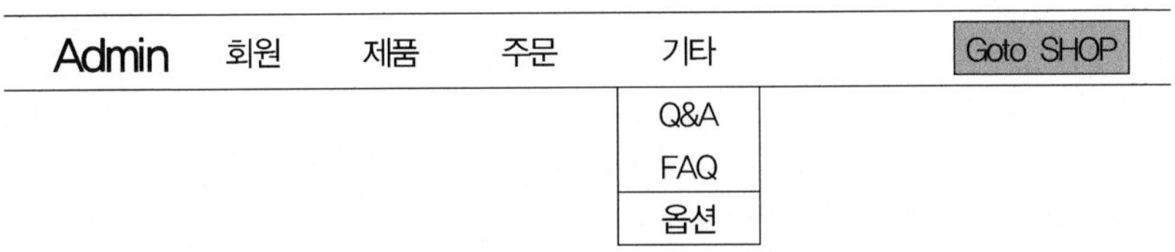

풀다운 메뉴

실습이론

1 **Navbar** : Bootstrap에는 풀다운메뉴를 손쉽게 만들어주는 Navbar 기능이 있다. 이 기능은 아래 그림과 같이 "Components"의 "Navbar"에서 프로그램의 소스를 복사하여 만들면 쉽게 만들 수 있다.

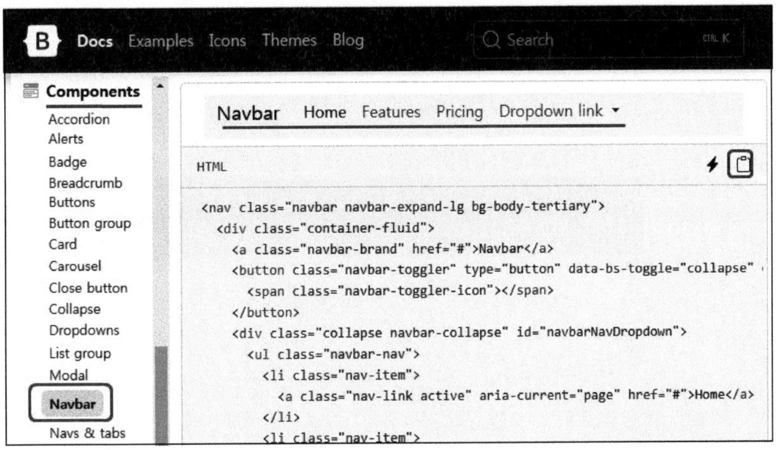

2 **Navbar 소스** : Navbar의 내용을 보면 제목부인 “제목 부분”과 “메뉴 부분”에 원하는 내용을 입력하면 된다.

```
<nav class="navbar navbar-expand-lg navbar-dark bg-dark">
  <div class="container-fluid">
    <a class="navbar-brand text-white" href="#">제목 부분</a>
    <button class="navbar-toggler" type="button" data-bs-toggle="collapse"
      data-bs-target="#navbaDropdown" aria-controls="navbarNavDropdown "
     aria-expanded="false" aria-label="Toggle navigation">
      <span class="navbar-toggler-icon"></span>
    </button>
    <div class="collapse navbar-collapse" id="navbarNavDropdown">
      <ul class="navbar-nav me-auto">
        ...
        메뉴 부분
        ...
      </ul>
    </div>
  </nav>
```

기본 풀다운 메뉴의 배경색은 옅은 회색이며 글자색은 검정색이다. 만약에 배경색과 글자색을 반전시키고 싶으면 첫 줄의 light대신에 dark로 수정하면 된다. text-white는 메뉴제목 글자색을 하얀색으로 표시한다는 의미이다.

```
<nav class="navbar navbar-expand-lg navbar-dark bg-dark">
```

그리고 me-auto는 메뉴들의 배치를 좌우 양 끝에 맞추어 배치되도록 정렬한다.

me-auto 적용한 경우

3 **단순 메뉴 Link** : 단순 메뉴를 이용하는 경우는 다음과 같이 nav-item과 nav-link

를 사용할 수 있다.

```
<li class="nav-item">
  <a class="nav-link" href="#">메뉴이름</a>
</li>
```

3 **콤보박스 메뉴 Dropdown** : 콤보박스 메뉴인 경우는 다음과 같이 사용할 수 있다.

```
<li class="nav-item dropdown">
  <a class="nav-link dropdown-toggle" href="#" role="button"
data-bs-toggle="dropdown"
     aria-expanded="false">메뉴이름</a>
  <ul class="dropdown-menu">
    <li><a class="dropdown-item" href="#">하위메뉴1</a></li>
    <li><a class="dropdown-item" href="#">하위메뉴2</a></li>
    <li><a class="dropdown-item" href="#">하위메뉴3</a></li>
  </ul>
</li>
```

메뉴와 메뉴 사이에 구분선을 삽입하는 경우에는 dropdown-divider를 삽입하면 된다.

```
<li><hr class="dropdown-divider"></li>
```

STEP 01 기본소스 만들기

① **메뉴 만들기** : "안녕하세요!" 대신에 아래 표와 같은 풀다운 메뉴가 나오도록 메뉴를 작성한다. bootstrap 사이트에서 기본 소스를 복사하여 수정 작업하면 편리하다.

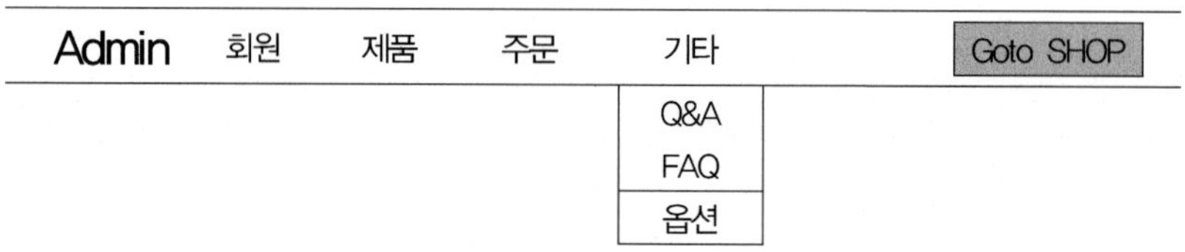

풀다운 메뉴

```
… … …
<body>
<div class="container">

  <nav class="navbar bg-dark navbar-expand-lg navbar-dark bg-dark">
    <div class="container-fluid">
     <a class="navbar-brand text-white" href="#">Admin</a>
     <button class="navbar-toggler" type="button" data-bs-toggle="collapse"
        data-bs-target="#navbarNavDropdown"
        aria-controls="navbarNavDropdown" aria-expanded="false"
        aria-label="Toggle navigation">
       <span class="navbar-toggler-icon"></span>
     </button>
     <div class="collapse navbar-collapse" id="navbarNavDropdown">
       <ul class="navbar-nav me-auto">
        <li class="nav-item"><a class="nav-link" href="#">회원</a></li>
        <li class="nav-item"><a class="nav-link" href="#">제품</a></li>
        <li class="nav-item"><a class="nav-link" href="#">주문</a></li>
        <li class="nav-item dropdown">
          <a class="nav-link dropdown-toggle" href="#" role="button"
           data-bs-toggle="dropdown" aria-expanded="false">기타</a>
            <ul class="dropdown-menu">
              <li><a class="dropdown-item" href="#">Q&A</a></li>
              <li><a class="dropdown-item" href="#">FAQ</a></li>
              <li><hr class="dropdown-divider"></li>
              <li><a class="dropdown-item" href="#">옵션</a></li>
            </ul>
          </li>
       </ul>
       <a href="#" class="btn btn-sm btn-outline-secondary btn-dark">Go
```

```
Shop</a>
      </div>
    </div>
  </nav>

</div>
… … …
```

② **실행하기** : 웹브라우저에서 실행하여 결과를 확인한다.

2.2.3 test.css 스타일

실습목적

프로그램 전체에 적용할 나만의 CSS 파일 test.css를 만든다.

실습이론

1 **test.css** : Bootstrap에서 제공하는 css 파일이외에도 사이트에 적용할 나만의 글꼴, 글꼴크기, 정렬, margin 등 스타일을 정의할 css 파일이 필요하다. 여기서는 최소한의 스타일만 지정할 생각이며, 다음과 같이 table과 margin, 색상에 대해서만 지정하겠다. 그리고 table의 수직정렬과 색상에 !important를 지정한 이유는 css 우선순위에 위해 bootstrap css와 사용자 css가 서로 겹쳐 원하지 않은 결과가 나온다. 따라서 사용자 css를 우선적으로 적용하기 위해 !important를 추가하여야 한다. bootstrap css를 사용하다보면 이런 경우가 발생할 수 있으니, 잘 기억해두길 바란다.

```
① table { font-size:10pt; text-align:center; vertical-align:middle !important; }
② a:link { text-decoration: none; }
③ .mymargin5 { margin:5px 0px 5px 0px; }
④ .mycolor1 { background-color:steelblue !important; color:white !important; }
⑤ .mycolor2 { background-color:aliceblue !important; }
⑥ .mycolor3 { background-color:lightyellow !important; }
```

① **table** : 테이블내에서 사용할 글꼴크기를 10pt, 그리고 셀 안의 세로와 가로 정렬방식을 가운데 정렬로 지정한다는 의미.

② **a:link** : a tag 글자의 밑줄을 표시하지 말라는 의미.

③ **mymargin5** : 개체의 top, left, bottom, right marign을 (5, 0, 5, 0)으로 주어, 위, 아래 여백만 5px 씩 준다는 의미. 개체간의 세로 사이간격이 딱 붙지 않도록 여백 줄 때, 이용.

④ **mycolor1** : 버튼과 제목표시줄 배경색과 글자색.

⑤ **mycolor2** : 테이블의 칼럼제목부 색.

⑥ **mycolor3** : 테이블의 강조 칼럼용 배경색.

!important

!important는 지정한 css 이후의 css는 무시하라는 표시다. bootstrap css를 사용하다보면 사용자 css와 중복되는 경우가 있다. 이 경우 우선순위문제로 인해 원하지 않는 결과가 나오게 되는 경우가 있다. 이런 경우 style을 이용하여 직접 지정하거나 !important를 이용하여 문제를 해결 할 수 있다. 아래 예는 테이블내의 수직 정렬을 middle로 지정했지만, 실제 결과는 top으로 표시된다. 따라서 중앙정렬을 원하다면 !important를 지정해야 한다.

예) table { vertical-align:middle **!important**; }

그밖에 독자가 필요한 스타일이 있다면, 더 지정하여 사용하길 바란다.

STEP 01 test.css 만들기

① **test.css 보기** : c:₩APM₩Apache24₩htdocs₩css 폴더에 test.css 파일을 새로 만들어고, 다음과 같이 입력한다.

```
table { font-size:10pt; text-align:center; vertical-align:middle !important; }
a:link { text-decoration: none; }

.mymargin5 { margin:5px 0px 5px 0px; }

.mycolor1 { background-color:steelblue !important; color:white !important; }
.mycolor2 { background-color:aliceblue !important; }
.mycolor3 { background-color:lightyellow !important; }
```

② **test_list.html 수정** : test_list.html파일을 읽어 다음과 같이 수정한다.

```
<!doctype html>
<html lang="kr">
<head>
  <meta charset="utf-8">
   <meta name="viewport" content="width=device-width, initial-scale=1">
   <title>판매관리</title>
   <link href="css/bootstrap.min.css" rel="stylesheet">
   <link href="css/test.css" rel="stylesheet">
   <link href="js/jquery-3.7.1.min.js" rel="stylesheet">
   <link href="js/bootstrap.bundle.min.js" rel="stylesheet">
</head>
…  …  …
```

2.2.4 제목 표시줄

실습목적

Bootstrap의 alert를 이용하여 다음 그림과 같이 "회원"이라는 제목표시줄을 만든다.

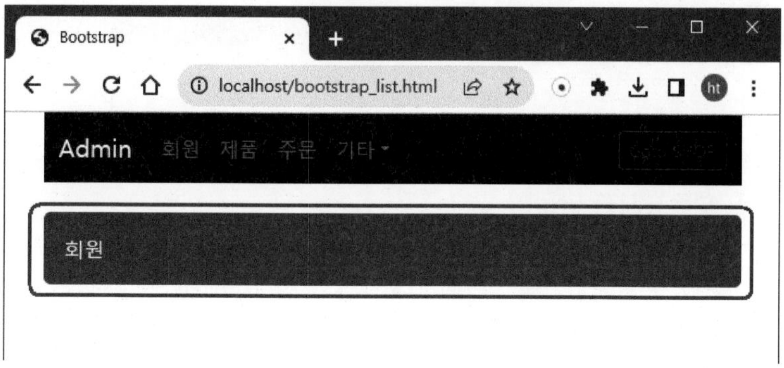

실습이론

1. **Alert** : 화면내용을 표시하는 제목줄은 [Component]➔[Alert]를 이용하면 손쉽게 만들 수 있다. 다른 배경색을 원한다면 alert-primary, alert-secondary, alert-success, alert-danger, alert-warning, alert-info, alert-light, alert-dark를 이용할 수

있다. 그밖에 [utility]➔[colors]클래스의 bg-primary, bg-secondary, bg-success, bg-danger, bg-warning, bg-info, bg-light, bg-dark도 이용할 수 있다.

여기서는 test.css에 정의한 mycolor1을 이용하겠다.

```
⟨div class="alert mycolor1" role="alert"⟩제목⟨/div⟩
```

STEP 01 제목표시줄 만들기

① **Alert 프로그램 입력** : 아래 프로그램을 풀다운메뉴 소스 다음에 입력한다.

```
… … …
        ⟨/ul⟩
        ⟨a href="#" class="btn btn-sm btn-outline-secondary btn-dark"⟩Goto
SHOP⟨/a⟩
      ⟨/div⟩
    ⟨/nav⟩
```

```
    <br>
    <div class="alert mycolor1" role="alert">회원</div>

</div>

</body>
</html>
```

② **실행하기** : 웹브라우저를 실행하여 결과를 확인한다.

2.2.5 회원목록

실습목적

Bootstrap의 table을 이용하여 다음 그림과 같이 사용자 목록 화면 디자인을 만든다.

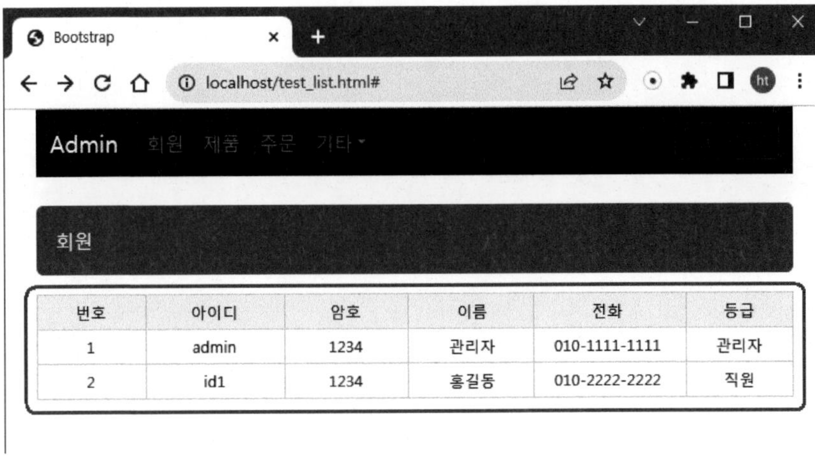

실습이론

1 **table-bordered** : 경계선이 있는 table은 [Contents]➔[Tables]➔[Bordered tables]을 이용하여 만들 수 있다.

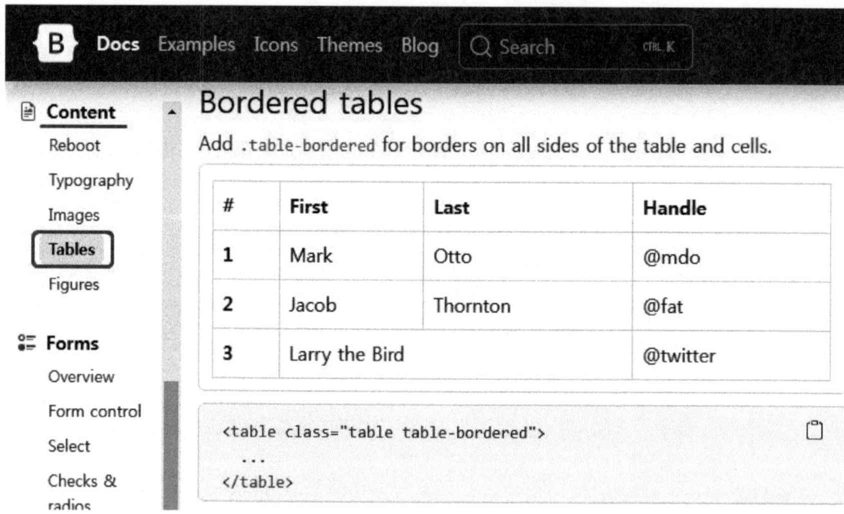

② table-sm : 테이블의 글자크기를 작게, 행 세로길이를 딱 맞게 표시할 때 사용하는 클래스이다.

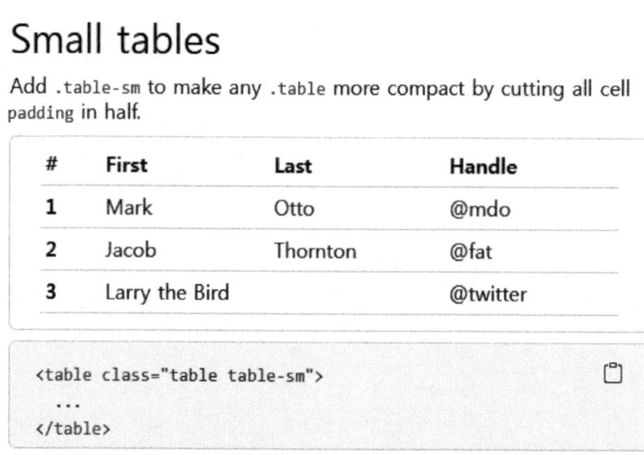

번호	아이디	암호
1	admin	1234
2	id2	1234

일반적인 경우

번호	아이디	암호
1	admin	1234
2	id2	1234

table-sm 인 경우

③ table-hover : 마우스커저가 테이블 안에 있을 때, 해당 줄이 반전되도록 하는 기능이다.

Hoverable rows

Add `.table-hover` to enable a hover state on table rows within a `<tbody>`.

#	First	Last	Handle
1	Mark	Otto	@mdo
2	Jacob	Thornton	@fat
3	Larry the Bird		@twitter

```
<table class="table table-hover">
  ...
</table>
```

④ **칼럼제목부 색상과 테이블 margin** : 테이블의 칼럼 제목부 배경색상은 test.css에 선언한 mycolor2, margin은 mymargin5를 이용한다.

```
〈table class="table table-sm table-bordered table-hover mymargin5"〉
    〈tr class="mycolor2"〉
      〈td width="10%"〉번호〈/td〉
      〈td width="20%"〉이름〈/td〉
```

STEP 01 목록 화면 만들기

① **회원 목록 프로그램 입력** : 아래 프로그램을 입력한다.

```
… … …
  〈br〉
  〈div class="alert mycolor1" role="alert"〉회원〈/div〉

  〈table class="table table-sm table-bordered table-hover mymargin5"〉
    〈tr class="mycolor2"〉
      〈td width="10%"〉번호〈/td〉
      〈td width="20%"〉아이디〈/td〉
      〈td width="20%"〉암호〈/td〉
      〈td width="20%"〉이름〈/td〉
```

```
            <td width="20%">전화</td>
            <td width="10%">등급</td>
        </tr>
        <tr>
            <td>1</td>
            <td>admin</td>
            <td>1234</td>
            <td>관리자</td>
            <td>010-1111-1111</td>
            <td>관리자</td>
        </tr>
        <tr>
            <td>2</td>
            <td>id1</td>
            <td>1234</td>
            <td>홍길동</td>
            <td>010-2222-2222</td>
            <td>직원</td>
        </tr>
    </table>

</div>

</body>
</html>
```

② **실행하기** : 웹브라우저를 실행하여 결과를 확인한다.

2.2.6 검색 및 추가버튼

실습목적

Bootstrap의 input group과 btn을 이용하여 이름 검색 입력란과 추가버튼이 있는 화면 디자인을 만든다.

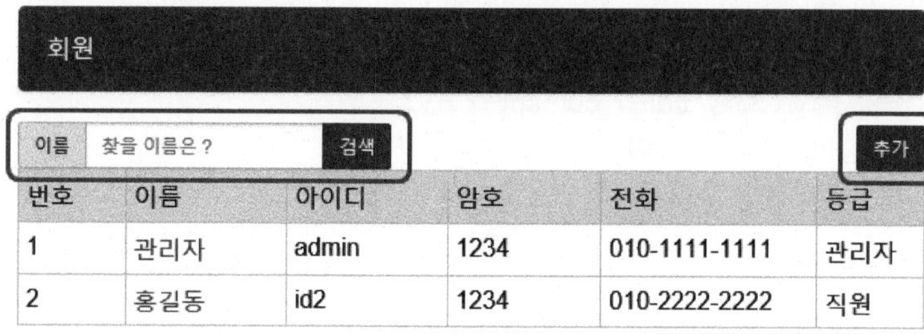

실습이론

1 **Grid System** : Bootstrap의 Grid System은 PC, 모바일 장치의 화면 크기에 관계없이 화면에 표시할 자료들을 자동으로 위치를 재조정할 수 있도록 구역을 설정하는 시스템을 말한다. 마치 행과 열을 갖는 투명 경계선이 있는데, 화면크기에 따라 테이블내의 자료나 컨트롤이 재배치되도록 하는 것이라고 생각하면 된다. 보다 자세한 내용은 [Layout]➜[Grid]를 참조하길 바란다.

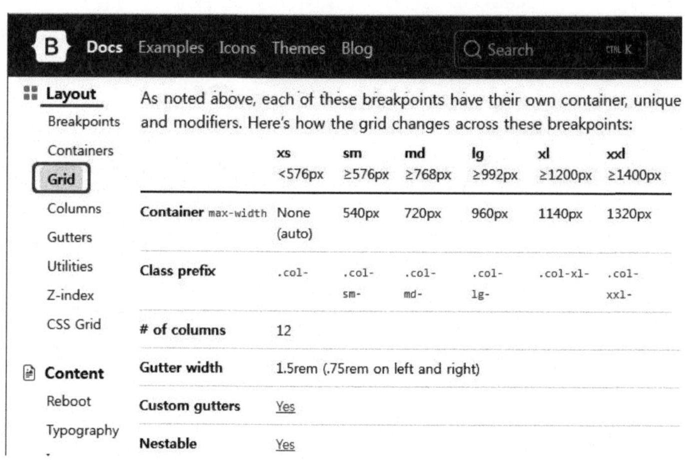

Grid System은 1행(row)을 12개의 열(column)로 나누어 사용자가 원하는 열로 재조합하여 사용할 수 있다. 이때 아래 그림처럼 반드시 class="row"를 이용하여 행(row)에 대한 정의를 먼저 하고 열을 지정해야 한다. 또한 기기의 화면 크기에 따라 열의 너비를 자동으로 조정할 수 있도록 col, col−, col−sm−, col−md−, col−lg−, col−xl− 중 하나를 또한 여러 개를 동시에 지정할 수 있다.

```
〈div class="row"〉
  〈div class="col-? col-sm-? …"〉
    열에 대한 정의
  〈/div〉
  …
〈/div〉
```

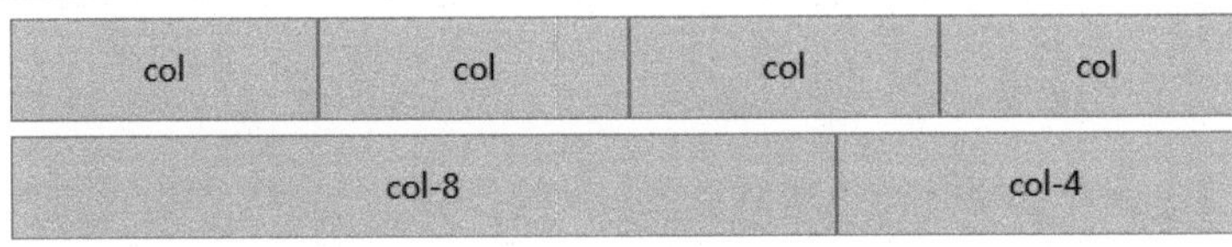

HTML

```
<div class="container text-center">
  <div class="row">
    <div class="col">col</div>
    <div class="col">col</div>
    <div class="col">col</div>
    <div class="col">col</div>
  </div>
  <div class="row">
    <div class="col-8">col-8</div>
    <div class="col-4">col-4</div>
  </div>
</div>
```

여기서는 col을 기준으로 행(row)을 이름검색부분(col−3)과 추가버튼(col−9) 부분으로 나누고, 검색부분은 왼쪽정렬, 추가버튼은 오른쪽 정렬이 되도록 지정하였다. 검색부분 칼럼개수를 3으로 한 이유는 컬럼 개수값이 클수록 입력란 가로길이가 더 길어져 보기가 싫기 때문이다.

```
〈div class="row"〉
  〈div class="col-3" align="left"〉
    이름검색부분
  〈/div〉
  〈div class="col-9" align="right"〉
    추가버튼
  〈/div〉
〈/div〉
```

2 **input-group, input-group-sm** : Bootstrap의 [Component]➔[Input group]➔[Basic example]을 클릭하면 다음 그림과 같은 입력란과 사용글꼴크기를 지정하는 소스를 볼 수 있다. 맨 앞에 삽입할 내용을 지정할 때 사용하며, 글자를 삽입하는 경우 input-group-text를 이용한다. 여기서는 "@" 대신에 "이름"으로 변경하고, 글꼴은 가장 작은 input-group-sm을 이용하도록 수정하였다. 그리고 입력란과 같은 <input> tag 컨트롤을 삽입하는 경우는 form-control을 지정해야 한다. bootstrap 4에서는 input-group-prepend, input-group-append가 있었지만, 5 버전에서는 없어졌다.

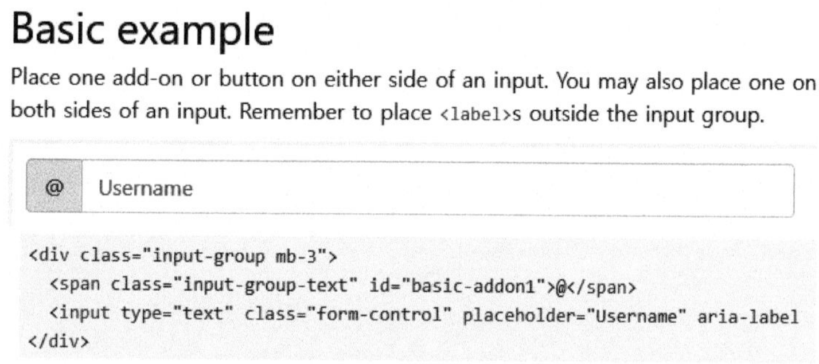

따라서 다음 그림처럼 작은 글꼴의 입력란 text1을 만들려면 다음 같이 코딩하면 된다.

```
<div class="input-group  input-group-sm">
   <span class="input-group-text">이름</span>
   <input type="text" name="text1" class="form-control" placeholder="찾을 이름은?">
</div>
```

그림처럼 입력란 text1 뒤에 검색 버튼을 추가하기 위해서는 <button> tag를 사용하면 된다. input-group-sm을 이용하여 group내의 모든 컨트롤 크기를 지정하였으므로, btn-sm은 사용할 필요가 없다.

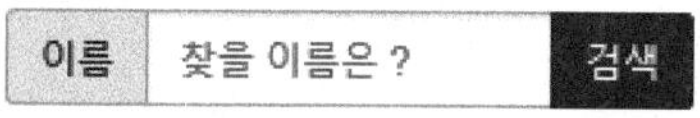

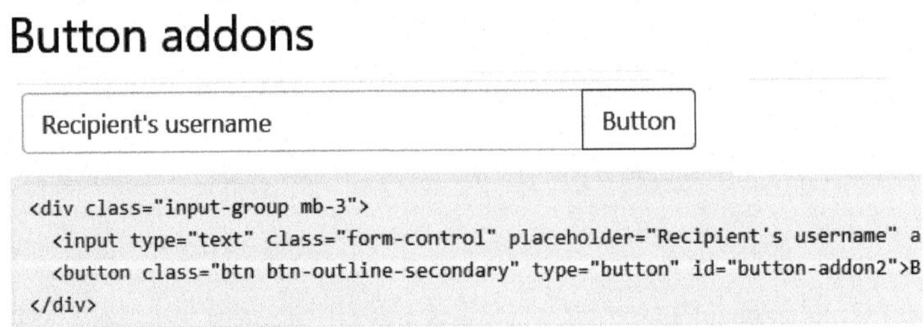

그리고 버튼의 배경색 변경은 test.css의 mycolor1을 이용하였다. 최종적인 소스는 다음과 같다.

```
<div class="input-group input-group-sm">
   <span class="input-group-text">이름</span>
   <input type="text" name="text1" class="form-control">
   <button class="btn mycolor1" type="button">검색</button>
</div>
```

3 **추가버튼** : 추가버튼은 <button> tag를 이용하여 만들 수 있지만, 다음과 같이 <a> tag에 "btn btn-sm mycolor1"을 이용하여 만들 수 있다. btn-sm 은 버튼크기와 버튼내의 글자크기를 input-group-sm과 동일하게 맞추기 위하여 지정하였다.

```
<a href="#" class="btn btn-sm mycolor1">추가</a>
```

4 **<form> tag** : 검색버튼을 클릭한 경우, 검색처리를 하려면, 검색란과 추가버튼은 모두 form tag 처리를 해야 한다. method를 생략하는 경우, get방식 전송이 된다.

```
<form name="form1" action="">
  <div class="row">
    <div class="col-3" align="left">
      이름검색 부분
    </div>
```

```
    <div class="col-9" align="right">
      추가버튼 부분
    </div>
  </div>
</form>
```

STEP 01 검색 및 추가버튼 만들기

① **프로그램 입력** : 다음 프로그램을 제목표시줄과 테이블 소스 사이에 입력한다.

```
… … …
<br>
<div class="alert mycolor1" role="alert">회원</div>

<form name="form1" action="">
<div class="row">
  <div class="col-3" align="left">
    <div class="input-group input-group-sm">
      <span class="input-group-text">이름</span>
      <input type="text" name="text1" value="" class="form-control">
      <button class="btn mycolor1" type="button">검색</button>
    </div>
  </div>
  <div class="col-9" align="right">
    <a href="#" class="btn btn-sm mycolor1">추가</a>
  </div>
</div>
</form>

<table class="table table-sm table-bordered table-hover mymargin5">
  <tr class="mycolor2">
    <td width="10%">번호</td>
… … …
```

② **실행하기** : 실행하여 결과를 확인한다.

2.2.7 페이지 번호

실습목적

Bootstrap의 pagination을 이용하여 목록 밑에 페이지 번호를 만들어라.

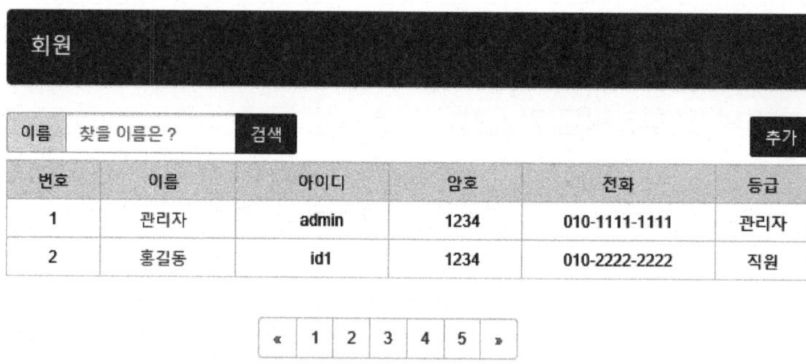

실습이론

1 **pagination** : Bootstrap의 pagination은 목록 밑에 페이지번호 표시와 이동을 할 수 있는 디자인을 제공하며, [Component]➜[Pagination]에 있다.

Working with icons

Looking to use an icon or symbol in place of text for some pagination links? Be sure to provide proper screen reader support with `aria` attributes.

« 1 2 3 »

HTML

```html
<nav aria-label="Page navigation example">
  <ul class="pagination">
    <li class="page-item">
      <a class="page-link" href="#" aria-label="Previous">
        <span aria-hidden="true">&laquo;</span>
      </a>
    </li>
    <li class="page-item"><a class="page-link" href="#">1</a></li>
    <li class="page-item"><a class="page-link" href="#">2</a></li>
    <li class="page-item"><a class="page-link" href="#">3</a></li>
    <li class="page-item">
      <a class="page-link" href="#" aria-label="Next">
        <span aria-hidden="true">&raquo;</span>
      </a>
    </li>
  </ul>
</nav>
```

이 페이지표시를 가운데 정렬하기 위해서는 justify-content-center를, 글자크기를 줄이기 위해서는 pagination-sm을 지정하면 된다. 그리고 mymargin5를 지정하여 상하 margin도 지정한다. 그리고 현재 페이지는 active를 이용하여 표시하며, 이전 페이지(«)와 다음 페이지(») 기호는 ◁, ▷로 변경하였다. 프로그램을 입력할 때, ◁, ▷기호는 한글 "ㅁ" 자에서 한자 키를 누르면 입력할 수 있다.

```
<nav aria-label="page navigation example">
  <ul class="pagination pagination-sm justify-content-center mymargin5">

    <li class="page-item">
      <a class="page-link" href="#" aria-label="Previous">
        <span aria-hidden="true">◁</span>
      </a>
    </li>
    <li class="page-item"><a class="page-link" href="#">1</a></li>
    <li class="page-item active" aria-current="page">
      <span class="page-link mycolor1">2</span>
    </li>
   … … …
    <li class="page-item">
      <a class="page-link" href="#" aria-label="Next">
        <span aria-hidden="true">▷</span>
      </a>
    </li>
  </ul>
</nav>
```

STEP 01 페이지번호 만들기

① **프로그램 입력** : 테이블 관련 코딩 뒤에 페이지관련 프로그램을 입력한다.

```
… … …
        <td>010-2222-2222</td>
        <td>직원</td>
```

```
    </tr>
  </table>

  <div align="center">
    <nav aria-label="Page navigation example">
      <ul class="pagination pagination-sm justify-content-center mymargin5">
        <li class="page-item">
          <a class="page-link" href="#" aria-label="Previous">
            <span aria-hidden="true">◁</span>
          </a>
        </li>
        <li class="page-item"><a class="page-link" href="#">1</a></li>
        <li class="page-item active" aria-current="page">
          <span class="page-link mycolor1">2</span>
        </li>
        <li class="page-item"><a class="page-link" href="#">3</a></li>
        <li class="page-item"><a class="page-link" href="#">4</a></li>
        <li class="page-item"><a class="page-link" href="#">5</a></li>
        <li class="page-item">
          <a class="page-link" href="#" aria-label="Next">
            <span aria-hidden="true">▷</span>
          </a>
        </li>
      </ul>
    </nav>
  </div>

</div>
</body>
</html>
```

② **실행하기** : 실행하여 결과를 확인한다.

2.2.8 이벤트 프로그램

실습목적

검색버튼을 클릭하거나 입력란에서 엔터키를 친 경우, 이름검색이 되도록 자바스크립트 프로그램을 작성하라.

실습이론

1 **find_text()** : 입력한 text1값을 가지고 자료를 검색할 수 있도록 submit 하는 사용자 자바스크립트 함수이다. 〈form〉 tag의 action에는 submit하는 문서이름을 지정한다.

```
<script>
  function find_text()
  {
    form1.action="#";
    form1.submit();
  }
</script>
```

2 **엔터키 처리** : text1 입력란에서 엔터키를 쳤을 때 form을 submit 시키기 위하여 다음과 같이 프로그램해야 한다. 〈input〉 tag의 onKeydown 이벤트에서 누른 키의 값이 Enter(13)이면, find_text() 함수를 호출하도록 프로그램을 작성하면 된다.

```
<input type="text" name="text1" value="" class="form-control"
   onKeydown="if (event.keyCode == 13) { find_text(); }" >
```

3 **검색 버튼 처리** : 버튼의 onClick 이벤트에도 find_text() 함수를 호출하도록 프로그램을 작성한다.

```
<button class="btn btn-sm mycolor1" type="button" onClick="find_text();">
  검색
</button>
```

STEP 01 이벤트 프로그램하기

① **이벤트 프로그램** : 다음과 같이 자바스크립트 프로그램을 입력한다.

```
… … …
<br>
<div class="alert mycolor1" role="alert">사용자</div>

<script>
  function find_text()
  {
    form1.action="#";
    form1.submit();
  }
</script>

<form name="form1" action="">
<div class="row">
  <div class="col-3" align="left">
    <div class="input-group input-group-sm">
     <span class="input-group-text">이름</span>
      <input type="text" name="text1" value="" class="form-control"
        onKeydown="if (event.keyCode == 13) { find_text(); }" >
     <button class="btn mycolor1" type="button"
        onClick="find_text();">검색</button>
    </div>
  </div>
… … …
```

② **실행하기** : 실행하여 결과를 확인한다.

2.3 test_row.html 만들기

다음 그림은 사용자 정보를 보고(view), 추가(add)하고, 수정(edit)하는 화면이다. 화면을 보면 알겠지만, 데이터 표시만 차이가 있지 같은 구조의 화면이다. 따라서 가장 복잡한 수정 화면을 기준으로 기준화면 test_row.html을 만들어 사용하도록 하겠다.

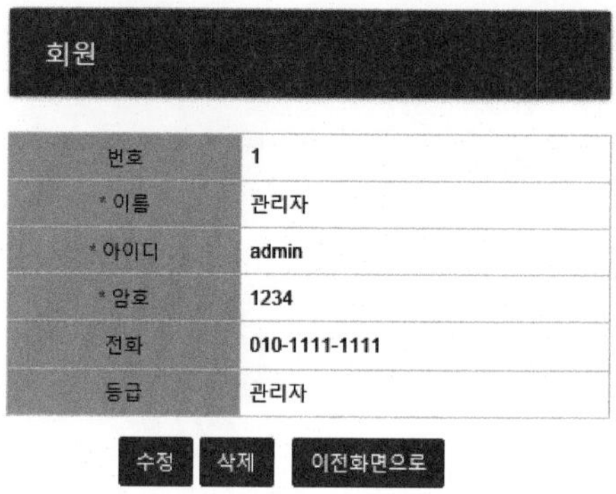

보기화면

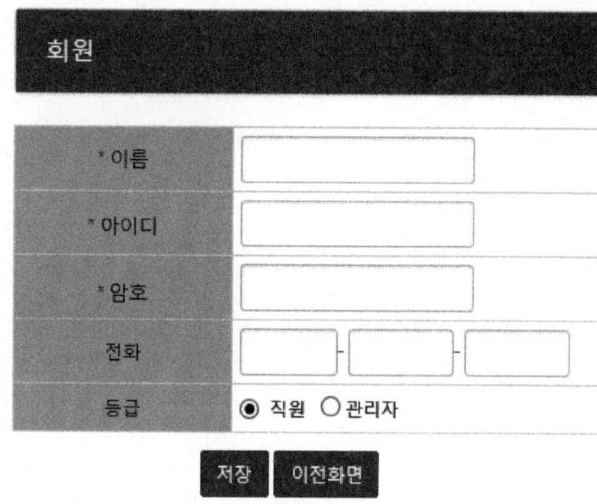

추가화면

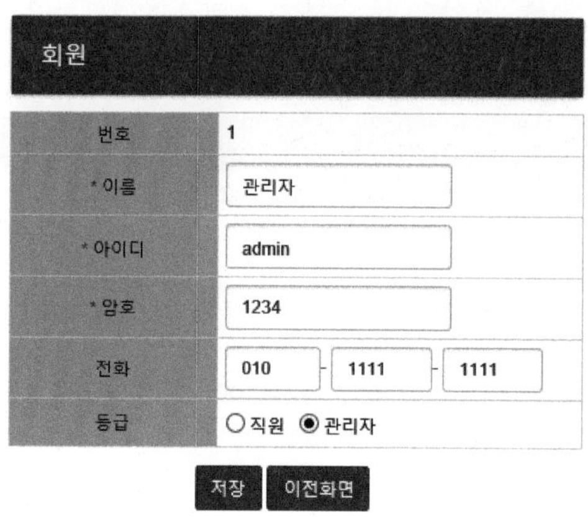

수정화면

실습목적

Bootstrap을 이용하여 다음과 같이 화면 하단에는 수정, 삭제, 저장, 이전화면 버튼 4개가 있으면서 회원 정보를 수정할 수 있는 test_row.html을 만들어라.

실습이론

1 **단일폼 화면** : 한사람의 자료를 표시하는 기본 〈table〉 tag는 다음과 같으며, 입력한 값들을 전송할 수 있도록 〈form〉 tag로 감싸야한다. 이때 method는 반드시 post로 지정해야 한다.

```
<form name="form1" method="post" action="">

<table class="table table-bordered table-sm mymargin5">
  <tr>
    <td width="20%" class="mycolor2">번호</td>
    <td width="80%" align="left">1</td>
  </tr>
  <tr>
    <td width="20%" class="mycolor2">
      <font color="red">*</font> 이름
    </td>
    <td width="80%" align="left">
        <div class="d-inline-flex">
          <input type="컨트롤종류" name="필드이름" size="길이" … >
        </div>
    </td>
```

```
  </tr>
  … … …
</table>

<div align="center">"
  <a href="#" class="btn btn-sm mycolor1">버튼이름</a>
  <input type="button" value="버튼이름" class="btn btn-sm hmycolor1"></a>
  … … …
</div>

</form>
```

제목부는 전체 너비의 20%, 바탕색은 mycolor2로 재지정하였다. 필수입력항목인 경우에는 빨간색 "*" 표시를 하였으며, "아이디, 암호, 이름" 항목은 필수입력이다. 자료부는 너비를 80%이고, 왼쪽 정렬로 지정하였다.

	너비	배경색	가로정렬	필수항목
제목부	20%	mycolor2		<font ciolor="red">*</font>
자료부	80%		align="left"	

2 **아이디, 암호, 이름 필드** : 아이디(uid)와 암호(pwd), 이름(name)은 input type을 "text"로 지정하여 최대 입력 길이 20으로 만든다. 그리고 모든 컨트롤들은 form-control 을 지정해야 하며, 작은 글꼴을 사용하는 경우는 form-control-sm 을 같이 지정한다.

```
<input type="text" name="필드이름" size="20" maxlength="20" value=""
    class="form-control form-control-sm">
```

3 **전화** : 전화는 지역번호, 국, 번호와 같이 3영역으로 되어 있다. 따라서 각 text 컨트롤 이름은 tel1, tel2, tel3으로 하였으며, 길이는 3, 4, 4가 되어야 한다. 핸드폰 정보인 경우에는 tel1의 초기값인 value를 "010"으로 지정해도 좋다.

tel1 - **tel2** - **tel3**

```
<input type="text" name="tel1" size="3" maxlength="3" value="010"
   class="form-control form-control-sm">-
<input type="text" name="tel2" size="4" maxlength="4" value=""
   class="form-control form-control-sm">-
<input type="text" name="tel3" size="4" maxlength="4" value=""
   class="form-control form-control-sm">
```

4 **등급** : 등급은 관리자인지 직원인지를 표시하는 자료이므로, 옵션단추를 이용하여 직원은 0, 관리자는 1이 되도록 표현하였다. Bootstrap에서 옵션컨트롤을 표시하는 경우에는 option 클래스를 이용해야 한다.

◉ 직원 ○ 관리자

```
<input type="radio" name="rank" value="0" checked> 직원  
<input type="radio" name="rank" value="1"> 관리자
```

5 **d-inline-flex** : d-inline-flex 는 한 줄에 여러 컨트롤을 붙여서 표시하라는 의미이다. 만약 d-inline-flex를 사용하지 않으면, 전화번호인 경우 그림처럼 여러 줄에 꽉 차게 표시된다.

```
<div class="d-inline-flex">
  <input type="컨트롤종류"  name="필드이름" … >
  …
</div>
```

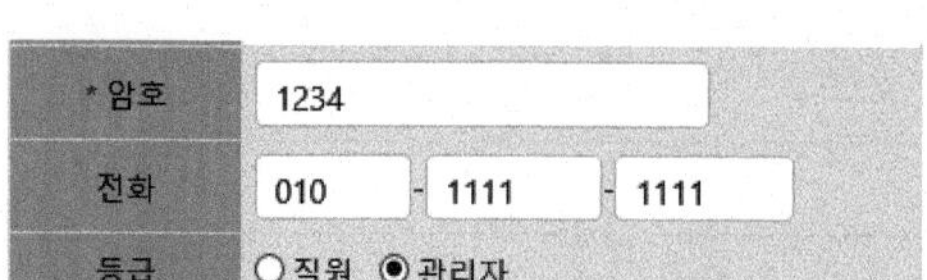

d-inline-flex 한 경우

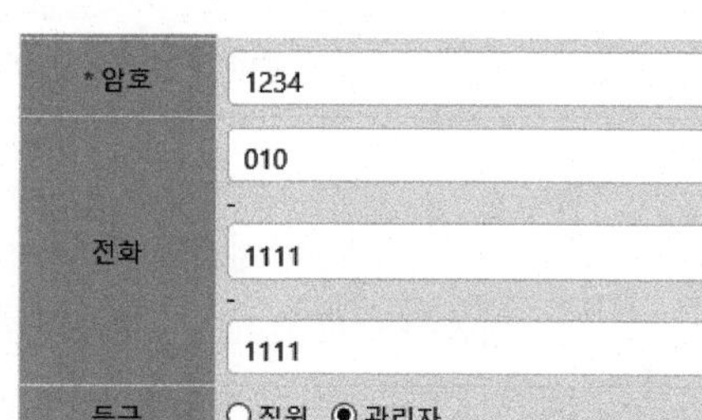

d-inline-flex 안한 경우

[6] **수정, 삭제, 저장, 이전화면 버튼** : 수정버튼은 〈a〉 tag를 이용하여 단순히 수정화면으로 이동처리만 하면 된다. 삭제버튼은 "삭제할까요?"라고 묻는 창 처리를 하며, "예"를 선택하는 경우만 삭제되도록 이벤트프로그램을 해야 한다.

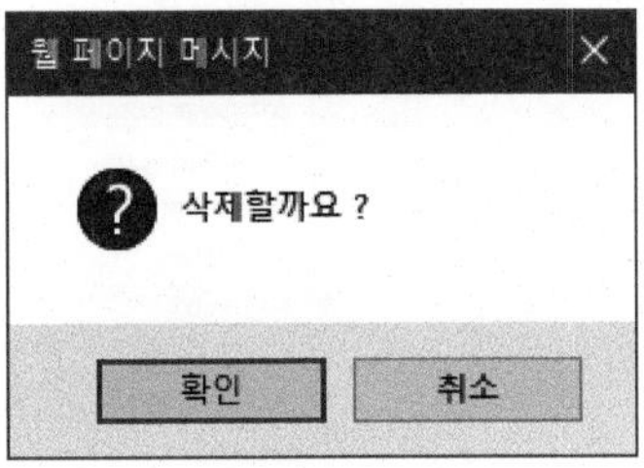

[저장]버튼은 〈form〉 tag 정보를 다음 문서에게 전달하기 위하여 type을 submit로 지정하였다. [이전화면으로]버튼은 이전화면으로 이동하기 위하여 Click 이벤트에 "history.back()"이라고 작성한다. 이 4개의 "수정, 삭제, 저장, 이전화면으로"버튼은 화면 정중앙에 위치하도록 align을 center로 지정하였다.

```
<div align="center">
  <a href="#" class="btn btn-sm mycolor1"">수정</a>
  <a href="#" class="btn btn-sm mycolor1""
    onClick="return confirm('삭제할까요 ?');">삭제</a>  
  <input type="submit" value="저장" class="btn btn-sm mycolor1">  
  <input type="button" value="이전화면으로" class="btn btn-sm mycolor1 "
     onclick="history.back();">
</div>
```

STEP 01 이벤트프로그램하기

① **복사하기** : test_list.html을 복사하여 "test_row.html"이라는 이름으로 저장한다. 그리고 검색, 테이블, 페이지번호 프로그램 부분을 삭제한다.

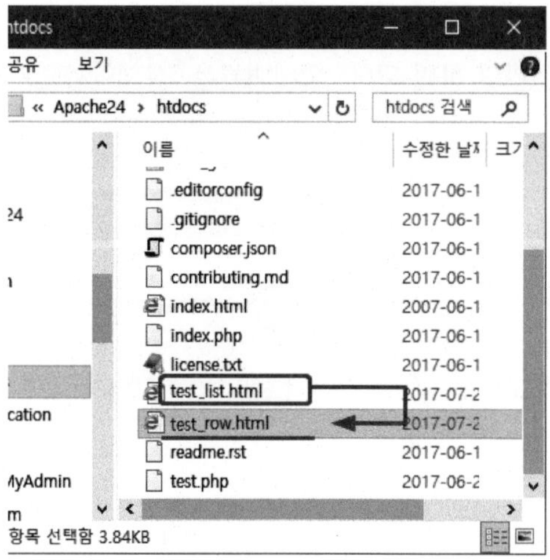


```
… … …
            <a href="#" class="btn btn-sm btn-outline-secondary btn-dark">Goto
SHOP</a>
         </div>
      </div>
   </nav>

   <br>
   <div class="alert mycolor1" role="alert">회원</div>

   이 부분을 삭제한다.
   (검색, 테이블, 페이지번호)

</div>

</body>
</html>
```

② **삭제한 부분 프로그램 하기** : 삭제한 부분에 단일폼 형식의 자료 표시 프로그램과 수정, 삭제, 저장, 이전화면 버튼 프로그램을 작성한다.

```
… … …
      <div class="alert mycolor1" role="alert">회원</div>
```

```
	<form name="form1" method="post" action="">

	<table class="table table-sm table-bordered mymargin5">
	  <tr>
	    <td width="20%" height="40" class="mycolor2">번호</td>
	    <td width="80%" align="left">1</td>
	  </tr>
	  <tr>
	    <td width="20%" class="mycolor2"><font color="red">*</font> 이름</td>
	    <td width="80%" align="left">
	      <div class="d-inline-flex">
	        <input type="text" name="name" size="20" maxlength="20"
value="홍길동"
	          class="form-control form-control-sm">
	      </div>
	    </td>
	  </tr>
	  <tr>
	    <td class="mycolor2"><font color="red">*</font> 아이디</td>
	    <td align="left">
	      <div class="d-inline-flex">
	        <input type="text" name="uid" size="20" maxlength="20" value="admin"
	          class="form-control form-control-sm">
	      </div>
	    </td>
	  </tr>
	  <tr>
	    <td class="mycolor2"><font color="red">*</font> 암호</td>
	    <td align="left">
	      <div class="d-inline-flex">
	        <input type="text" name="pwd" size="20" maxlength="20"
value="1234"
	          class="form-control form-control-sm">
	      </div>
	    </td>
	  </tr>
	  <tr>
	    <td class="mycolor2">전화</div></td>
	    <td align="left">
	      <div class="d-inline-flex">
	        <input type="text" name="tel1" size="3" maxlength="3" value="010"
```

```
                  class="form-control form-control-sm">-
                <input type="text" name="tel2" size="4" maxlength="4" value="1111"
                class="form-control form-control-sm">-
                <input type="text" name="tel3" size="4" maxlength="4" value="1111"
                  class="form-control form-control-sm">
              </div>
            </td>
          </tr>
          <tr>
            <td class="mycolor2">등급</td>
            <td align="left">
              <div class="d-inline-flex">
                <input type="radio" name="rank" value="0" checked>
 직원   
                <input type="radio" name="rank" value="1"> 관리자
              </div>
          </td>
        </tr>
      </table>

      <div align="center">
        <a href="#" class="btn btn-sm mycolor1">수정</a>
        <a href="#" class="btn btn-sm mycolor1"
          onClick="return confirm('삭제할까요 ?');" >삭제</a>  
        <input type="submit" value="저장" class="btn btn-sm mycolor1"> 
        <input type="button" value="이전화면" class="btn btn-sm mycolor1"
          onclick="history.back();">
      </div>

      </form>

</div>

</body>
</html>
```

③ **실행하기** : 실행하여 결과를 확인한다.

Chapter 03

성적프로그램

3.1 PHP 기초 프로그램

3.1.1 웹문서에서 값 전달방법

실습목적

아래 그림과 같이 웹문서에 입력한 값(name1)이나 문서에 저장되어 있는 변수 값(name2)을 form tag와 a tag를 이용하여 다음 문서에서 값을 출력시키는 프로그램을 작성하여라.

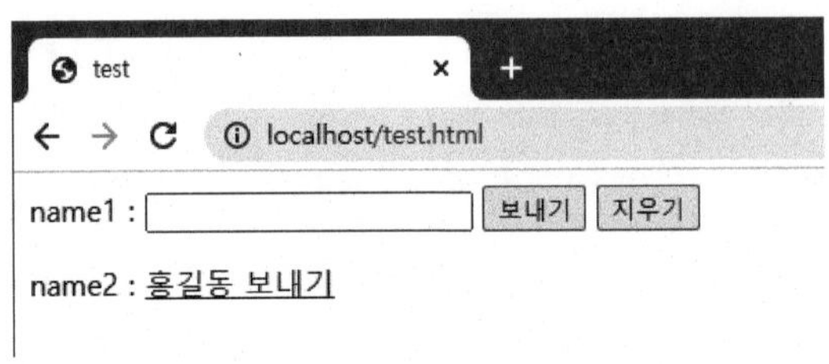

test.html

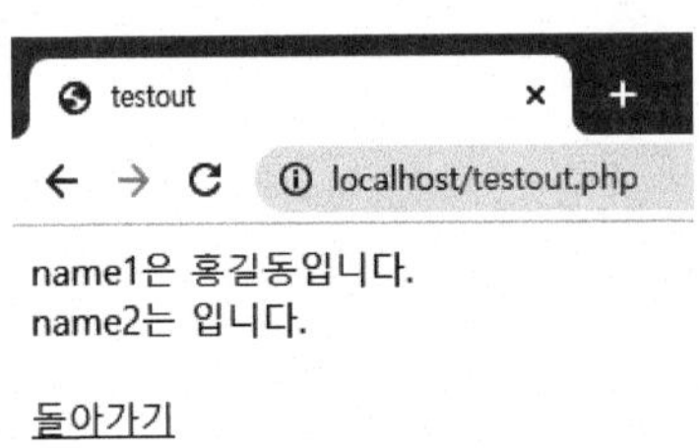

testout.php (form tag : name1)

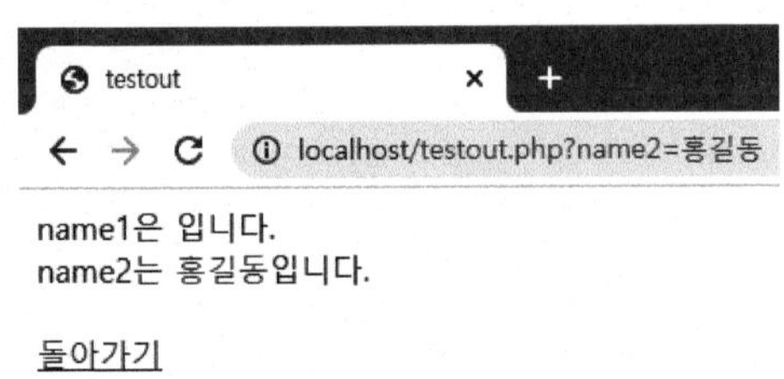

testout.php (a tag : name2)

실습이론

1 **파일구조** : 실습할 파일은 아래와 같이 test.html에 있는 name1, name2 변수의 값을 받아 testout.php에서 출력된다. test.html 내용은 다음과 같다.

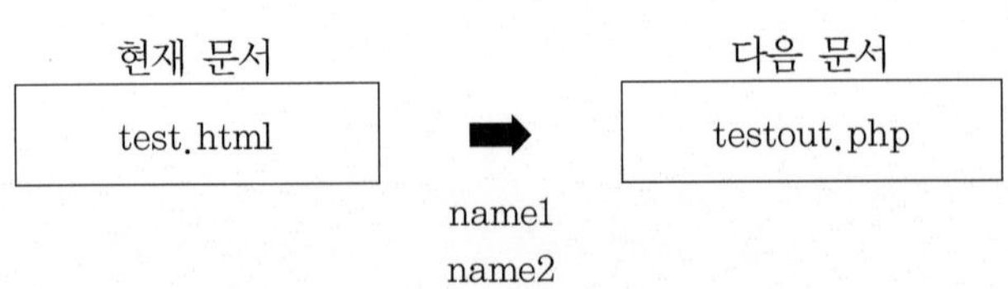

```
<html>
<head>
  <meta charset="utf-8">
  <title>test</title>
</head>
<body>

<form name="form1" method="post" action="testout.html">
  name1 : <input type="text" name="name1" size="20" value="">
  <input type="submit" value="보내기">
  <input type="reset" value="지우기">
</form>

name2 : <a href="testout.html?name2=홍길동" >홍길동 보내기</a>

</body>
</html>
```

test.html

2 **form tag를 이용하는 방법** : form tag가 지정된 웹문서에서 submit를 하면, form tag의 action에 지정된 웹문서가 실행이 된다. 이 경우 form tag와 input tag에서 선언된 개체(text, radio, select, check, textarea, …)의 값들은 다음 웹문서에서 개체이름을 통하여 접근할 수 있다.

[HTML] Form tag를 이용한 값 전달방법

```
<form name="폼이름1" method="post or get" action="웹문서1">
  <input type="종류" name="변수1" value="값1" … >
  <input type="종류" name="변수2" value="값2" … >
  …
  <input type="submit" value="보내기">
  <input type="reset"   value="지우기">
</form>
```

[PHP] $변수이름 or $개체이름

PHP에서는 모든 변수이름 앞에 $를 붙임으로서 변수임을 나타낸다. 또한 Form tag나 A tag에서 선언된 개체이름은 다음 문서에서 값을 알아낼 때 사용할 수 있으며, 개체이름 앞에 $를 붙여 사용하면 된다.

예〉 $name1, $변수1

따라서 form tag에 input type으로 선언된 **변수1**과 **변수2**는 **웹문서1**에서 **$변수1**과 **$변수2**라는 변수명으로 사용할 수 있다. 이 예제의 경우에는 Form tag에서 사용한 이름이 name1이므로, 입력한 값은 testout.php에서 $name1을 이용하여 화면에 출력할 수 있다.

```
<form name="form1" method="post" action="testout.php">
  name1 : <input type="text" name="name1" size="20" value="">
  <input type="submit" value="보내기">
  <input type="reset" value="지우기">
</form>
```

3 **a tag를 이용하는 방법** : a tag를 이용하여 값을 전달하는 경우는 아래 그림의 형식과 같이 이동할 웹문서 후미에 변수이름과 값을 지정하여 전달할 수 있다.

[HTML] A tag를 이용한 값 전달방법

```
<a href="웹문서이름?변수1=값1&변수2=값2 … " >
```

주소정보에서 **?** 기호를 이용하여 문서이름과 변수들을 구분하며, **&** 기호를 이용하여 변수들을 구분한다. 그리고 변수에 값 지정은 반드시 "**변수이름=값**"과 같은 형식을 이용해야 한다.

```
name2 : <a href="testout.php?name2=홍길동" >홍길동 보내기</a>
```

4 **변수값 화면 출력방법** : PHP에서 〈? 와 ?〉는 이 부분이 PHP 프로그램이라는 표시를 의미하며, 보통 화면출력 PHP 함수로서는 echo 함수를 이용한다.

[PHP] 변수값 화면 출력방법
〈?=$변수; ?〉 혹은 〈? echo("$변수"); ?〉

그리고 단순히 값만을 출력하는 경우는 "=$변수명;"과 같은 방법을 이용해도 되지만, 이 경우 〈?와 =사이에 공백이 있으면 에러가 나므로, 사용할 때 주의해야 한다.

[PHP] echo("문자열")
지정된 문자열을 웹브라우저에 출력시키는 출력함수로서, 다음같이 사용할 수 있다.
예〉 echo "문자열";　　혹은　　print "문자열";

5 **$_POST, $_GET, $_REQUEST** : 구 버전의 PHP에서는 Form tag에서 선언된 변수들을 다음 웹문서로 변수값들을 전달할 때, 같은 변수이름을 이용하여 쉽게 구할 수 있었다. 예를 들어 Form tag에서 사용한 변수이름이 name1, name2 라면, 다음 웹문서에서 $name1, $name2라는 변수이름으로 사용할 수 있었다.

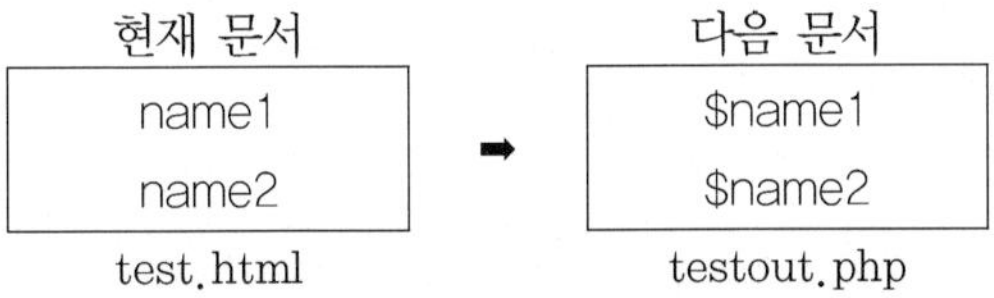

구버전의 PHP인 경우

그러나 최근에는 보안상의 문제로 다음 문서에 사용할 수 없게 되었다. 대신 이전 문서의 변수의 값을 알기 위해서는 다음과 같이 전송방식(form tag의 method)이 post냐 get이냐에 따라 $_POST["변수명"] 혹은 $_GET["변수명"]과 같은 형식으로 값을 구해야 한다. 만약 전송방식을 잘 모르는 경우, $_REQUEST["변수명"]를 이용하면 전송방식이 post, get에 관계없이 값을 얻을 수 있어 편리하다.

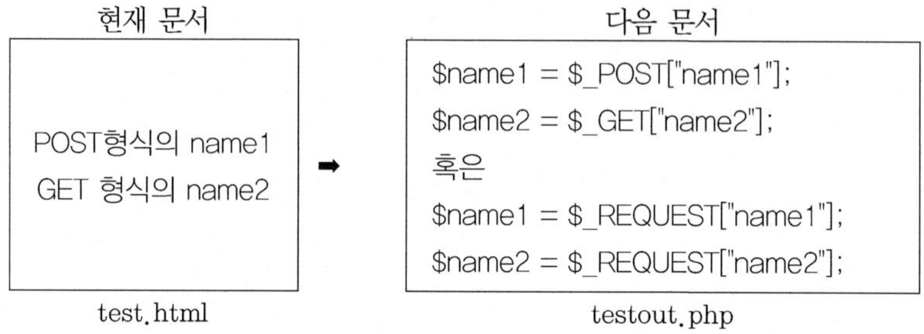

최근 버전의 PHP인 경우

[PHP] $_POST, $_GET, $_REQUEST

현재 웹문서의 변수값을 다음 웹문서로 전달할 때, PHP에서는 전송방식에 따라 배열로 전달한다. 따라서 전송방식과 종류에 따라 다음과 같이 값을 구해야 한다.

```
$변수명 = $_전송방식[변수명];
```

- $_POST["변수명"] : 전송방식이 post인 경우
- $_GET["변수명"] : 전송방식이 get인 경우
- $_REQUEST["변수명"] : 전송방식이 get이나 post인 경우

그 밖에

- $_FILES["변수명"] : 업로드용 파일변수
- $_SESSION["변수명"] : 세션 변수
- $_ENV["변수명"] : 환경변수
- $_COOKIE["변수명"] : 쿠키 변수
- $_SERVER["변수명"] : 서버관련 변수

[HTML] post와 get의 차이점

현재 웹문서에서 입력한 값이나 변수값을 다음 웹문서로 전달하는 방식으로, post방식은 용량 제한없이 form tag의 변수로 값을 전달한다.

```
〈form name="form1" method="post 혹은 get" action="다음웹문서이름"〉
    〈input type="text" name="aaa" value="홍길동"〉
〈/form〉
```

반면에 get 방식은 용량이 제한되며, a tag의 주소 뒤에 "변수이름=값"과 같은 형식으로 전송이 된다.

```
〈a href="다음웹문서이름.html?aaa=홍길동"〉
```

STEP 01 Window용 APM 사용자인 경우

① **test.html 수정** : C:₩APM₩Apaceh24₩htdocs 폴더로 이동한 후, "test.html"을 더블클릭하여 읽는다. 그리고 프로그램에서 testout.html을 "testout.php"로 수정한 후, 저장한다.

```
<html>
<head>
   <meta charset="utf-8">
   <title>test</title>
</head>
<body>

<form name="form1" method="post" action="testout.php">
   name1 : <input type="text" name="name1" size="20" value="">
   <input type="submit" value="보내기">
   <input type="reset" value="지우기">
</form>

name2 : <a href="testout.php?name2=홍길동" >홍길동 보내기</a>

</body>
</html>
```

② **testout.html 수정** : 이번에는 "testout.html"을 더블클릭하여 읽은 후, 프로그램을 다음과 같이 수정한다. 그리고 "다른 이름으로 저장"메뉴를 이용하여 "testout.php"라는 새 이름으로 저장한다.

```
<?
   $name1=$_REQUEST["name1"];     // $name1=$_POST["name1"];
   $name2=$_REQUEST["name2"];     // $name2=$_GET["name2"];
?>
<html>
<head>
   <meta charset="utf-8">
   <title>testout</title>
```

```
</head>
<body>

name1은 <font color="blue"><?=$name1; ?></font>입니다.
<br>
name2는 <font color="blue"><? echo("$name2"); ?></font>입니다.
<br><br>
<a href="javascript:history.back();">돌아가기</a>

</body>
</html>
```

이전 문서의 값 name1, name2의 값을 얻기 위해서는 $_POST, $_GET를 이용하거나 post와 get 양쪽 값을 알아내는 $_REQUEST를 이용해 작성해도 된다.

```
<?
  $name1=$_POST["name1"];
  $name2=$_GET["name2"];
?>
```

혹은

```
<?
  $name1=$_REQUEST["name1"];
  $name2=$_REQUEST["name2"];
?>
```

③ **실행 및 결과확인** : 웹브라우저의 주소 입력란에 "http://localhost/test.php"를 입력하여 결과를 확인한다.

3.2 성적프로그램

3.2.1 프로그램 개요

이번에 만들 프로그램은 다음 그림과 같이 shop0 데이터베이스의 sj 테이블에 있는 성적 자료를 웹브라우저에서 처리할 수 있는 간단한 성적프로그램을 만들겠다. 이 프로그램들은 이 책 전반에 걸쳐 사용할 기본 PHP 프로그램이 되므로, 독자는 잘 이해해야 한다.

1 **성적프로그램 화면 및 기능** : 이 프로그램에서는 성적 목록화면에서 추가, 삭제, 수정을

할 수 있는 화면 이동이 가능하며, 이름으로 검색할 수 있는 기능, 그리고 20줄마다 한 페이지로 표시되는 페이지 표시기능을 만들겠다.

성적 목록화면(sj_list.html)

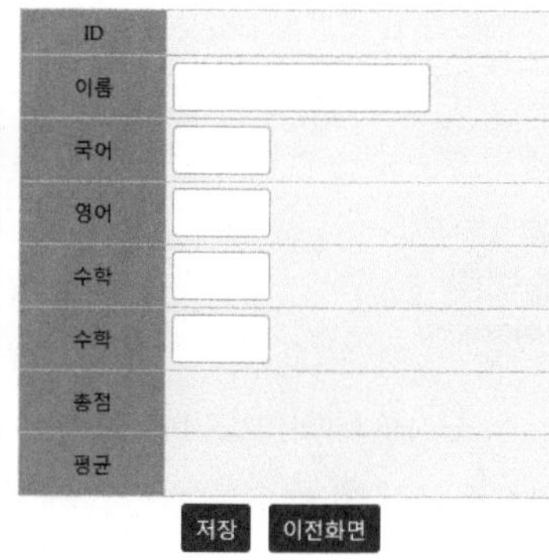

추가화면(sj_new.html)

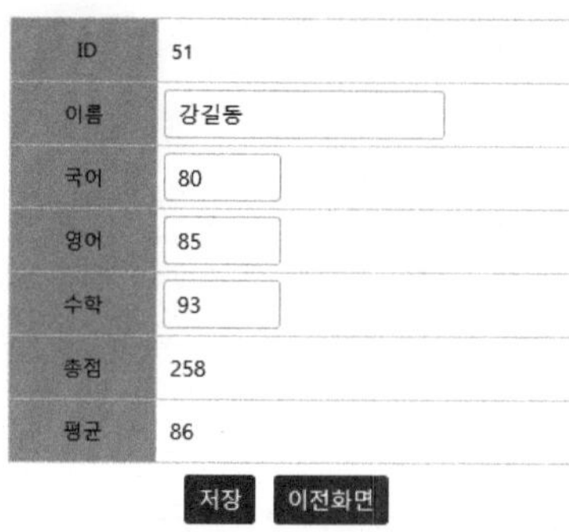

수정화면(sj_edit.html)

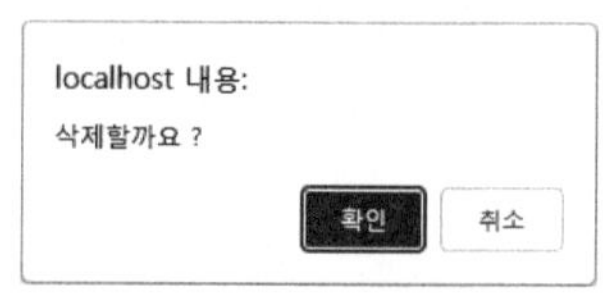

삭제 메시지박스

2 **파일 구성** : 이 프로그램의 전체 파일 구조와 처리 흐름은 다음과 같다. 여기서 sj_insert.php, sj_update.php, sj_delete.php는 새로 만들어야 할 파일로 추가(insert SQL문), 수정(update SQL문), 삭제(delete SQL문)기능을 하는 파일들이다.

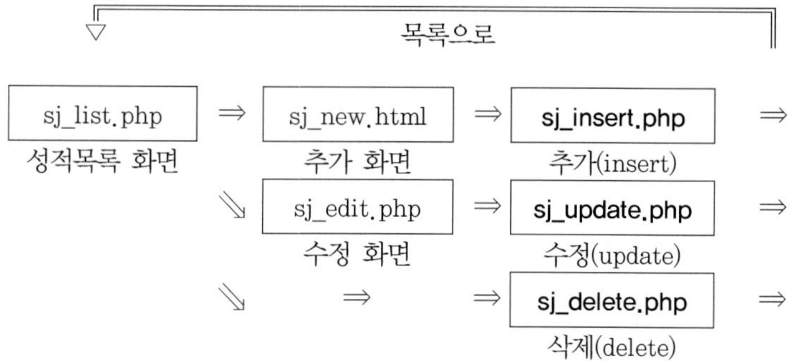

3.2.2 sj 테이블 만들기

실습목적

데이터베이스 shop0에 실습에 이용할 성적테이블 sj를 만들어라.

실습이론

1 **sj 테이블** : 다음 장부터 실습할 성적프로그램에 사용할 테이블 sj의 구조는 국어, 영어, 수학 점수를 관리할 수 있는 성적테이블이며, 테이블의 구조는 다음과 같다.

	필드	종류	NULL	옵션	기타
번호	id	int	☐	auto_increment	기본키
이름	name	varchar(20)	V		
국어	kor	int	V		
영어	eng	int	V		
수학	mat	int	V		
총점	hap	int	V		
평균	avg	float	V		

sj 테이블 구조

1) **id** : 기본키(primary key)로서, 자동으로 번호가 입력되는 옵션 auto_increment를 선택하였다.
2) **kor, eng, mat, hap** : 과목은 국어, 영어, 수학 3과목만 입력한다. 그리고 총점과 합계 자료형은 4바이트 integer로 지정하였다.
3) **avg** : 평균은 실수값이므로, 단정도 실수인 float 자료형을 지정하였다.

그리고 기본키 id를 제외하고는 모든 필드의 NULL은 null로 지정하였다.

2 **외부파일 Import하기** : 성적 테이블에 직접 자료를 입력하려면 아래 그림과 같이 "삽입" 메뉴를 이용하여 하나의 자료를 입력하는 것이 가능하다.

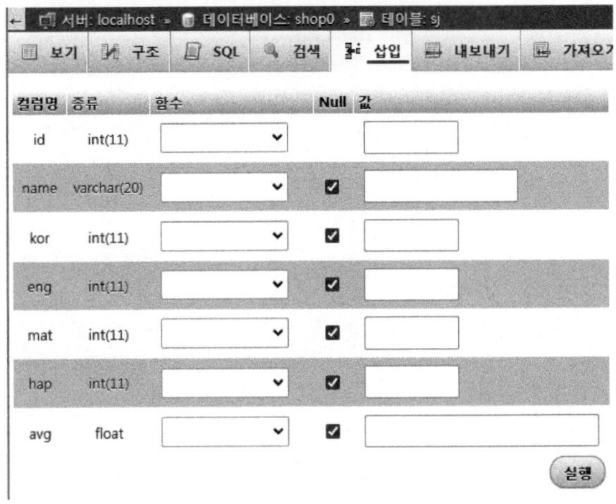

그러나 아래 그림과 같이 많은 자료를 입력해야 하는 경우는 시간이 많이 걸린다. 따라서 교제에서 제공하는 50명의 성적자료 sj_data.txt 파일을 phpmyadmin의 [가져오기(import)] 메뉴를 이용하여 한꺼번에 읽어 오도록 하겠다.

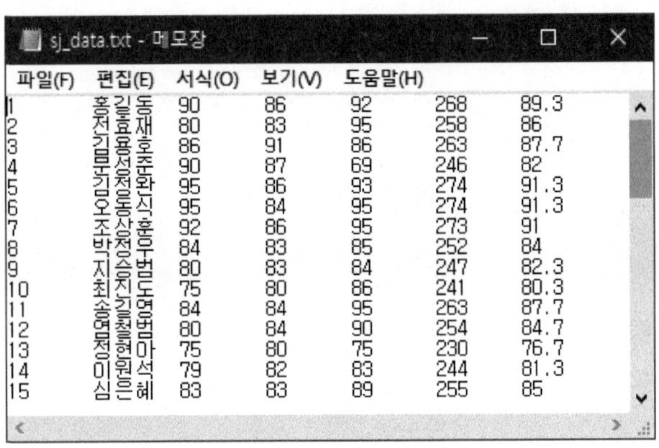

1	홍길동	90	86	92	268	89.3
2	전효재	80	83	95	258	86
3	김용호	86	91	86	263	87.7
4	문성준	90	87	69	246	82
5	김정완	95	86	93	274	91.3
6	오동식	95	84	95	274	91.3
7	조상훈	92	86	95	273	91
8	박정우	84	83	85	252	84
9	지승범	80	83	84	247	82.3
10	최진도	75	80	86	241	80.3
11	송길영	84	84	95	263	87.7
12	염철범	80	84	90	254	84.7
13	정현아	75	80	75	230	76.7
14	이원석	79	82	83	244	81.3
15	심은혜	83	83	89	255	85

sj data.txt

STEP 01 sj 테이블 만들기

① **shop0 데이터베이스 들어가기** : 〈사용자명〉에 "shop0", 〈암호〉에 "1234"를 입력한 후, [로그인]을 한다.

② **sj 테이블 만들기** : 먼저 shop0데이터베이스를 선택한 후, 다음과 같이 입력한 후, [만들기]버튼을 클릭한다.

1	테이블 이름	sj	2	칼럼수	7

③ **테이블 구조** : 다음과 같이 테이블 구조를 입력한 후, [저장]버튼을 클릭한다. "id"필드의 〈인덱스〉를 키본키 "PRIMARY"를 선택할 때 기본키 설정 창이 열리면 "실행"버튼을 선택하여 기본키를 지정한다.

	필드	종류	NULL	인덱스	A_I
번호	id	INT	☐	PRIMARY	☑
이름	name	VARCHAR(20)	☑		
국어	kor	INT	☑		
영어	eng	INT	☑		
수학	mat	INT	☑		
총점	hap	INT	☑		
평균	avg	FLOAT	☑		

sj 테이블 구조

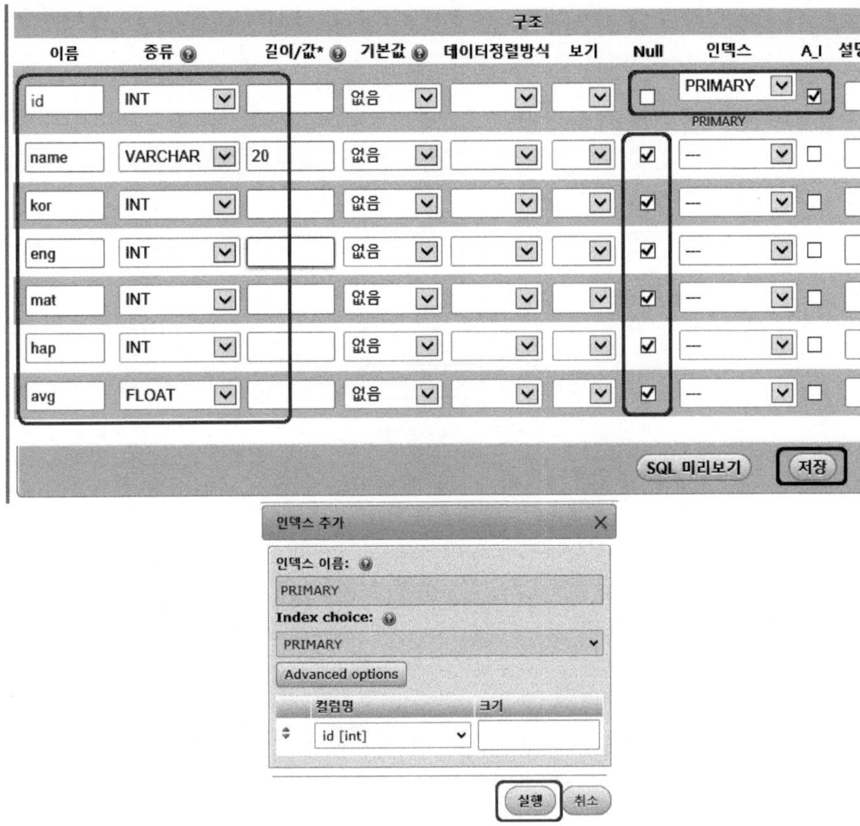

id 필드 기본키 지정

STEP 02 성적 자료 가져오기

① **외부자료 가져오기** : "sj" 테이블을 먼저 선택한다. 그리고 [가져오기]메뉴를 클릭한 후, [파일 선택]버튼을 클릭한다.

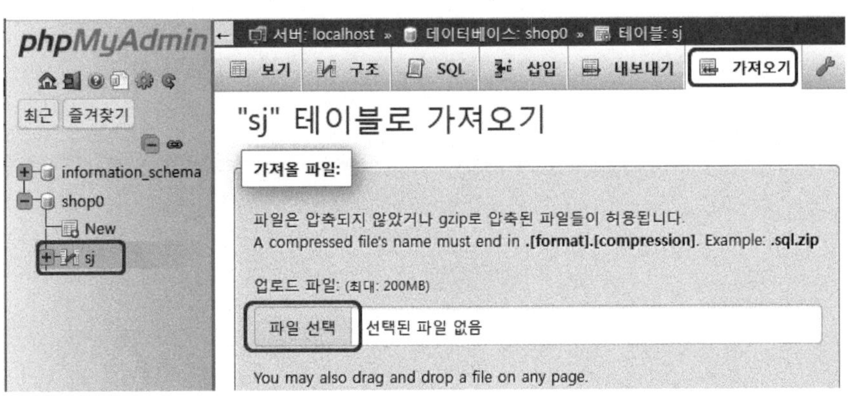

② **sj_data.txt 가져오기** : c:₩APM₩Apache24₩htdocs₩sj 폴더에 있는 "sj_data.txt" 파일을 선택한 후, [열기]버튼을 클릭한다.

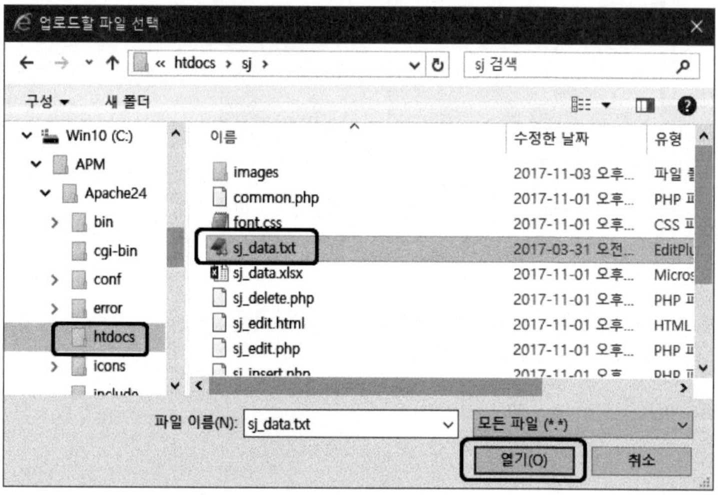

③ **CSV 선택** : 먼저 〈형식〉은 "CSV"를 선택한다. 그리고 〈필드 구분자〉는 탭기호인 "\t"를, 〈열 감싸기〉는 빈칸으로 입력한 후, [가져오기]버튼을 클릭하여 실행한다.

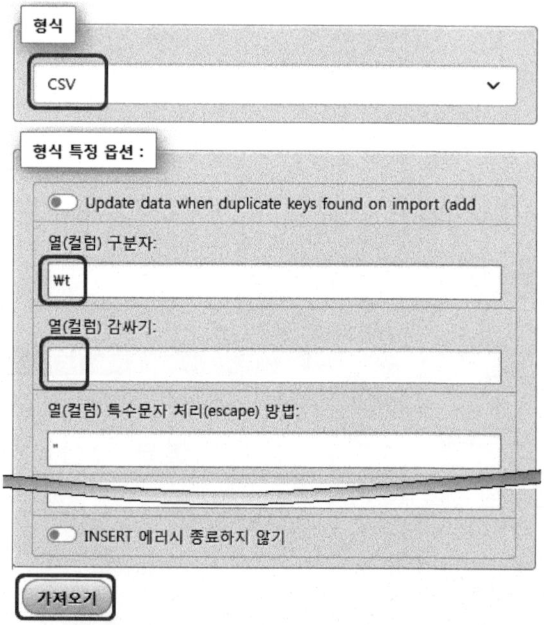

				no	name	kor	eng	mat	hap	avg
☐	수정	복사	삭제	1	홍길동	90	86	92	268	89.3
☐	수정	복사	삭제	2	전효재	80	83	95	258	86
☐	수정	복사	삭제	3	김용호	86	91	86	263	87.7
☐	수정	복사	삭제	4	문성준	90	87	69	246	82
☐	수정	복사	삭제	5	김정완	95	86	93	274	91.3
☐	수정	복사	삭제	6	오동식	95	84	95	274	91.3
☐	수정	복사	삭제	7	조상훈	92	86	95	273	91
☐	수정	복사	삭제	8	박정우	84	83	85	252	84
☐	수정	복사	삭제	9	지승범	80	83	84	247	82.3

결과화면

Format of imported file

Import할 데이터의 저장 형식을 의미한다.

1) **CSV** : 데이터를 구분하는 기호가 ; 이며 감싸는 기호는 " 인 방식
   예〉 "1";"홍길동";"2008-01-01"
2) **CSV using Load Data** : Load Data SQL문을 이용하여 읽는 방식
   예〉 1,홍길동,2008-01-01
3) **SQL** : INSERT SQL문으로 저장된 자료를 읽는 방식
   예〉 insert into sj values (1,'홍길동','2008-01-01');

3.2.3 성적 목록

실습목적

앞에서 만든 sj 테이블에 있는 성적 자료를 읽어 아래 그림과 같이 성적 목록을 출력시키는 프로그램을 작성하여라.

ID	이름	국어	영어	수학	총점	평균	수정/삭제
3	김양호	86	91	86	263	87.70	수정 삭제
4	문성진	90	87	69	246	82.00	수정 삭제
5	김자완	95	86	93	274	91.30	수정 삭제
6	오당식	95	84	95	274	91.30	수정 삭제
7	조성훈	92	86	95	273	91.00	수정 삭제

성적 목록화면(sj_list.html)

```
<!doctype html>
<html lang="kr">
<head>
  <meta charset="utf-8">
  <meta name="viewport" content="width=device-width, initial-scale=1">
  <title>성적처리</title>
  <link href="css/bootstrap.min.css" rel="stylesheet">
  <link href="css/my.css" rel="stylesheet">
  <script src="js/jquery-3.7.1.min.js"></script>
  <script src="js/bootstrap.bundle.min.js"></script>
</head>
<body>

<div class="container">


  <br>
  <table class="table table-sm table-bordered table-hover mymargin5">
    <tr class="mycolor2">
      <td>ID</td>
      <td width="20%">이름</td>
      <td>국어</td>
      <td>영어</td>
      <td>수학</td>
      <td>총점</td>
      <td>평균</td>
      <td width="15%">수정/삭제</td>
    </tr>
    <tr>
      <td>1</td>
      <td>홍길동</td>
      <td>90</td>
      <td>90</td>
      <td>90</td>
      <td>270</td>
      <td>90.0</td>
    </tr>
    ...
  </table>
```

```
</div>

</body>
</html>
```

실습이론

1 **PHP, mysql 에러메시지 설정** : 프로그램을 실행할 때 에러메시지가 없으면, 에러 찾기가 매우 힘든다. 따라서 에러메시지 출력이 나오도록 설정할 필요가 있다. 아래 프로그램은 경고(warning)와 주의(notice)를 제외한 모든 에러(all)에 대해서는 메시지를 출력하도록 설정하는 내용이다. 경고와 주의만 제외시킨 이유는 문제되지 않는 에러메시지가 너무 많이 표시되기 때문이다.

```
error_reporting(E_ALL & ~E_NOTICE & ~E_WARNING);
ini_set("display_errors", 1);     // 에러메시지 On
```

그리고 다음과 같은 프로그램에서 mysql의 sql문에서 에러가 나면, mysql 자체 에러메시지가 출력되어 if문의 사용자 에러메시지를 볼 수 없게 된다.

```
$sql="SQL문";
$result=mysqli_query($db, $sql);     // 자체 에러메시지 출력
if (!$result) exit("에러: $sql");        // 사용자 에러메시지 출력
```

만약 사용자 에러메시지를 보고 싶은 경우는 다음 프로그램을 이용하여 자체 에러표시 기능을 중지시킬 수 있다. 이 책에서는 사용자 에러메시지를 이용하도록 하겠다.

```
mysqli_report(MYSQLI_REPORT_OFF);
```

모든 프로그램 개발이 끝나면, 지금 설명한 3줄의 프로그램은 코멘트처리하여 동작하지 않게 하길 바란다.

[PHP] error_reporting(에러 레벨)

php 실행시 에러가 났을 때 보고할 에러 종류 (E_ALL, E_NOTICE, E_WARNING, E_PARSE, …)에 대한 설정을 한다. 만약 E_ALL & ~E_WARNING 이라고 지정하면, 경고를 제외한 모든 에러를 출력하라는 의미다.

[PHP] init_set("옵션명", 값)

지정된 환경설정 옵션명에 대한 값을 설정한다.
예〉 init_set("display_errors",1) ➜ 에러메시지 출력 On

[PHP] mysqli_report(옵션값)

mysql 실행시 에러가 났을 때 보고할 에러 종류 (MYSQLI_REPORT_OFF, MYSQLI_REPORT_STRICT, MYSQLI_REPORT_ERROR, …) 를 설정한다.

2 **서버 및 mysql 연결** : 서버의 mysql 데이터베이스인 shop0를 이용하여 자료를 처리하려면, 먼저 shop0를 연결하는 아래와 같은 프로그램을 작성해야 한다.

```
<?
  error_reporting(E_ALL & ~E_NOTICE & ~E_WARNING);
  ini_set("display_errors", 1);

  mysqli_report(MYSQLI_REPORT_OFF);

  $db = mysqli_connect("localhost", "계정ID", "계정암호", "DB이름" );
  if (!$db) exit("연결에러");
?>
```

mysqli_connect 함수는 mysql 계정ID와 계정암호, 연결할 데이터베이스 이름을 지정하여 연결을 허가받는 함수이다. 여기서는 앞에서 만든 데이터베이스 "**shop0**"과 이때 등록한 mariadb 계정ID "**shop0**", 암호 "**1234**"를 이용해야 한다.

[PHP] mysqli_connect("서버명","DB계정ID","DB계정암호","DB이름")

mariadb 계정ID와 암호를 이용하여 연결을 허가받는 함수로서, 실패할 때는 false를 돌려준다. 서버명은 "localhost"를 입력하면 된다.

[PHP] exit("문자열")

지정된 문자열을 출력한 후, 프로그램을 강제로 종료하는 함수.

3 **include 명령어** : 앞에서 설명한 데이터베이스 연결 프로그램은 앞으로 작성할 대부분의 프로그램에 계속하여 사용해야 한다. 따라서 아래 그림과 같이 반복 부분을 common.php로 따로 작성한 후, 필요할 때 함수처럼 common.php를 삽입하면 편리하다. 이 처리를 가능하게 해주는 명령어가 include 이다.

a.php

```
<?
  반복 프로그램 or 변수
?>

<?
  …
?>
```

→

common.php

```
<?
  반복 프로그램 or 변수
?>
```

a.php

```
<?
  include "common.php";
  …
?>
```

[PHP] include "파일이름"

지정된 파일을 현재 파일에 읽어 삽입시키는 명령어.

4 **목록자료 출력방법** : 웹프로그램에서 가장 많이 작성하는 프로그램은 테이블에 있는 자료들을 읽어 화면에 표 형식으로 출력시키는 프로그램이다. 이러한 프로그램은 다음과 같이 정형화된 구조를 가지므로, 이 구조를 잘 이해한다면 앞으로의 작업을 쉽게 할 수 있다.

[PHP] 전체 자료 출력 프로그램

```
$sql="select SQL문";                         // select문 정의
$result=mysqli_query($db, $sql);             // 쿼리 실행
if (!$result) exit("에러: $sql");            // 실행결과 에러 조사
foreach($result as $row)                     // 반복문
{
   echo("값 출력");                          // $row["필드이름"]
}
```

실행할 SQL문은 mysqli_query 함수를 이용하여 실행해야하며, 그 결과는 $result에 저장된다. if문은 에러가 발생했는지를 조사하는 문으로 생략이 가능하다. 서버에서 가져온 자료는 foreach문을 이용하여 모든 자료($result)에서 1개의 레코드($row)를 읽어 echo문을 이용하여 화면에 출력할 수 있다. 이때 레코드안의 각 필드 정보는 $row["필드이름"] 형식으로 얻을 수 있다.

[PHP] mysqli_query(mysqli $link, string $query)

SQL문을 전송한다. 성공할 경우 결과자료를, 실패하면 false를 반환한다.

[PHP] foreach(배열 혹은 Object as 변수) { ... }

배열값이나 개체의 속성값들을 순차적으로 가져오는 반복문이다. 아래 예제와 같이 참조 key이름이 변수로 사용하는 경우에는 $row["name"]과 같이 인용부호(")를 사용하지만, 문자열안에 있는 경우에는 $row[name]와 같이 인용부호를 생략해야 한다.

```
$resutt = array(
    'name' => '홍길동',
    'tel' => '01011112222'
);

foreach($result as $row)
{
  echo $row["name"] . "의 전화번호는 " . $row["tel"] . "입니다.";  // 인용부호 사용
  echo "$row[name] 의 전화번호는 $row[tel] 입니다.";               // 인용부호 생략
}
```

따라서 학생들의 성적을 출력하는 프로그램은 아래 그림과 같이 한 줄의 학생 자료를 학생 수만큼 반복적으로 출력시키는 부분이 되며,

1	홍길동	90	90	90	270	90.0	수정 삭제

학생 수만큼 반복출력

```
<tr>
  <td>1</td>
  <td>홍길동</td>
  <td>90</td>
  <td>90</td>
```

```
  <td>90</td>
  <td>270</td>
  <td>90.0</td>
  <td>
    <a href="sj_edit.html?id=1" class="btn btn-sm btn-outline-primary py-0
my-0">수정</a>
    <a href="sj_delete.html?id=1" class="btn btn-sm btn-outline-danger py-0
my-0"  onClick="return confirm('삭제할까요 ?');">삭제</a>
  </td>
</tr>
```

sj 테이블에서 자료를 읽어, 학생 수만큼 출력하는 프로그램은 다음과 같다.

```
<?
   include "common.php";

   $sql="select * from sj order by name";     // SQL문 정의
   $result=mysqli_query($db, $sql);           // SQL문 실행
   if (!$result) exit("에러: $sql");            // 실행 에러 검사
?>

<!doctype html>
<html lang="kr">
<head>
…
<?
   foreach($result as $row)                  // 학생수만큼 반복 출력
   {
      $id=$row[["id"];
      $avg=sprintf("%6.1f", $row["avg"]);    // 소수점 1짜리 문자열
?>
   <tr>
      <td><?=$id; ?></td>
      <td><?=$row["name"]; ?></td>
      <td><?=$row["kor"]; ?></td>
      <td><?=$row["eng"]; ?></td>
      <td><?=$row["mat"]; ?></td>
```

```
        <td><?=$row["hap"]; ?></td>
        <td><?=$avg; ?></td>
        <td>
          <a href="sj_edit.html?id=1" class="btn btn-sm btn-outline-primary py-0
my-0">수정</a>
          <a href="sj_delete.html?id=1" class="btn btn-sm btn-outline-danger py-0
my-0" onClick="return confirm('삭제할까요 ?');">삭제</a>
        </td>
    </tr>
<?
    }
?>
```

여기서 "select * from sj order by name"은 sj 테이블의 모든 자료(*)를 읽어 이름순(order by name)으로 출력시키는 SQL문이다.

5 **$row["필드이름" 혹은 배열첨자]** : 자료를 추출할 Select문이 다음과 같을 때,

```
         0     1
select name, hap from sj;
```

foreach문에서 $result에서 읽은 각 레코드는 $row 배열에 저장되며, 각 필드 이름(id, name, kor, …)과 첨자(0, 1, 2 …)를 이용하여 값을 읽고 쓸 수 있다.

1) **필드이름을 이용하는 방법** : $row["필드이름"]
  예> $row["name"], $row["hap"]

2) **배열첨자를 이용하는 방법** : $row[첨자]
  예> $row[0] ➜ name, $row[1] ➜ hap

필드이름을 이용하여 echo문으로 $row값을 출력하는 경우, 필드이름을 지정할 때 이름 양쪽에 인용부호(")를 사용해야하지만, 아래와 예와 같이 문자열안에서 사용하는 경우는 따옴표를 생략해야 한다.

1) **문자열안에 없는 경우** : echo("나의 이름은 " . $row["name"] . " 입니다.");
2) **문자열안에 있는 경우** : echo("나의 이름은 $row[name] 입니다.");

6 **평균** : 평균은 실수값으로 소수점 첫번째 자리까지 표시를 한다. 이 처리는 PHP의 sprintf 함수를 이용하면 쉽게 처리할 수 있으며, 사용법은 C언어의 sprintf 함수와 동일하다. 다음 프로그램은 실수값을 전체길이 6, 소수점 이하길이 1인 문자열로 변환하여 $avg에 저장하라는 문이다.

```
$avg = sprintf( "%6.1f", $row["avg"] );
```

[PHP] sprintf("문자열 형식", 값)

값을 지정된 문자열 형식으로 변환하는 함수로서, 형식기호로 s(문자열), f(실수), d(정수) 등이 있다.

```
예제〉 sprintf("%6.2f",2.3)    ➜ 2.30
       sprintf("%5d",2)       ➜ 2
       sprintf("%05d",2)      ➜ 00002
```

7 **select문** : select문은 자료의 정렬방식, 조건 등을 지정하여 원하는 자료를 추출하는 SQL문으로서 기본 문법은 다음과 같다.

[SQL] Select 문의 기본문법

```
select 필드이름1, 필드이름2, …
  from 테이블이름들
  where 논리, 관계연산자를 이용한 조건식
  order by 정렬할 필드이름들 asc(오름차순) 혹은 desc(내림차순)
  group by 필드이름들
  having 그룹에 대한 조건식 ;
```

SQL문은 여러 줄에 걸쳐 쓸 수 있으며, C언어처럼 맨 끝에 세미콜론(;)을 이용하여 문장이 끝났음을 표시한다. Select문의 from, where, order by, group by, having과 같은 관계절들은 상황에 따라 생략할 수 있으며, 이외에도 다양한 관계절(into, join on, limit …)등이 있다.

예제 1 "나의 이름은 ???입니다." 형식으로 자료를 표시하여라.

☞ select '나의 이름은 '+ name + '입니다.' from sj;

예제 2 sj 테이블의 이름, 총점, 평균을 표시하여라.

☞ select name, hap, avg from sj;

모든 자료를 대상으로 하는 경우는 where조건을 사용하지 않으며, select 다음에 원하는 필드이름을 콤마로 구분하여 나열하면 된다. 정확한 필드이름은 **테이블이름.필드이름** 형식으로서, name필드인 경우 **sj.name**이다. 그러나 필드이름이 유일하거나 테이블이 하나인 경우는 테이블 이름을 생략할 수 있어, name이라고 해도 무방하다. 필드이름을 * 로 지정하는 경우는 테이블의 모든 필드를 의미한다.

예제 3 sj 테이블의 이름, 총점, 평균만을 이름으로 오름차순 정렬하여 표시하여라.

☞ select name, hap, avg from sj <u>order by name</u>;
select name, hap, avg from sj <u>order by name asc</u>;

정렬(Sort)을 지정하는 경우는 order by절을 이용한다. 오름차순인 경우는 asc (ascending), 내림차순 정렬인 경우는 desc(descending)를 붙이며, 생략한 경우는 asc로 지정된다. 1차 정렬 후, 다시 2차, 3차 재정렬을 하는 복합정렬인 경우는 order by에 계속해서 필드이름을 콤마로 구분하여 나열하면 된다.

예제 4 sj 테이블의 이름, 총점, 평균을 평균으로 내림차순 정렬하고, 평균이 같으면 총점으로 오름차순 정렬하여 표시하여라.

☞ select name, hap, avg from sj <u>order by avg desc, hap</u>;

전체자료가 아닌 자료 일부를 추출하는 경우는 where절의 조건식을 이용하면 된다. 조건식은 관계연산자(=, >, >=, <, <=, <>, !=), 논리연산자(and, or, not), 그 밖의 like, between, is null과 같은 연산자들을 이용하여 **"필드이름 연산자 값"** 과 같은 형식으로 지정하면 된다. 복합조건인 경우는 and, or, not, 그리고 괄호를 이용하여 표시하면 된다.

SQL문에서 문자열을 표시할 때는 따옴표가 아닌 작은따옴표(')를 이용하여 표시해야 하며, 날짜 자료형은 문자열처럼 취급하여 지정해야 한다. 그리고 자료 중에 특정 문자가 포함되어있는 자료를 찾을 때는 Wild문자 **%**를 이용하여 **필드이름 like '%값%'**와 같은 형식으로 조건을 지정해야 한다.

1) "홍"자로 시작하는 이름을 찾는 경우 : name like '홍%'
2) 이름 끝 자가 "홍"자인 경우 : name like '%홍'
3) 이름 중에 "홍"자가 있는 경우 : name like '%홍%'

예제 5 sj 테이블에서 평균이 90점 이상인 자료를 표시하여라.

☞ select * from sj where avg >= 90;

예제 6 sj 테이블에서 평균이 70점이상 90점 이하인 자료를 표시하여라.

☞ select * from sj where avg between '70' and '90';

예제 7 이름이 "홍길동"인 자료의 모든 필드를 표시하여라(문자인 경우).

☞ select * from sj where name='홍길동';

예제 8 이름이 "홍"씨로 시작하는 자료들의 모든 필드를 표시하여라. (글자 일부가 들어가 있는 자료를 추출하는 경우)

☞ select * from sj where name like '홍%';

예제 9 이름이 "홍"씨이면서 평균이 90점 이상인 자료를 총점 내림차순으로 모든 필드를 표시하여라(복합조건인 경우).

☞ select * from sj where name like '홍%' and avg>=90
order by hap desc;

그밖에 관계가 맺어진 2개 이상의 테이블에서 원하는 정보를 추출하는 방법, 윈도우내의 컨트롤과 SQL문을 연결하는 방법 등 select문 사용법이 더 있지만, 이 내용은 관련 예제가 나올 때 다시 설명하도록 하겠다.

STEP 01 성적목록 만들기

① **DB연결 프로그램 common.php 작성** : sj폴더에 common.php 파일을 새로 만들고 다음과 같은 프로그램을 작성한다.

```
<?
    error_reporting(E_ALL & ~E_NOTICE & ~E_WARNING);
    ini_set("display_errors", 1);

    mysqli_report(MYSQLI_REPORT_OFF);

    $db = mysqli_connect("localhost", "shop0", "1234", "shop0");
    if (!$db) exit("서버연결에러");
?>
```

만약 다른 데이터베이스 이름, 계정ID, 암호를 이용했다면, 독자가 사용한 이름을 이용해야 한다.

② **sj_list.html ➜ sj_list.php로 저장** : sj_list.html을 읽은 후, [다른 이름으로 저장] 메뉴를 이용하여 sj_list.php로 파일이름을 변경하여 저장한다.

③ **프로그램 수정** : 프로그램을 다음과 같이 수정한다.

```
<?
  include "common.php";

  $sql="select * from sj order by name";
  $result=myqli_query($db, $sql);
  if (!$result) exit("에러: $sql");
?>
<!doctype html>
<html lang="kr">
<head>
    <meta charset="utf-8">
    <meta name="viewport" content="width=device-width, initial-scale=1">
    <title>성적처리</title>
    <link href="css/bootstrap.min.css" rel="stylesheet">
    <link href="css/my.css" rel="stylesheet">
...
     <td>총점</td>
```

```
    <td width="15%">평균</td>
  </tr>
<?
  foreach( $result as $row )
  {
    $id=$row["id"];
    $avg=sprintf("%6.1f",$row["avg"]);    // 소수점 1자리로 변환
?>
  <tr>
    <td><?=$id; ?></td>
    <td><?=$row["name"]; ?></td>
    <td><?=$row["kor"]; ?></td>
    <td><?=$row["eng"]; ?></td>
    <td><?=$row["mat"]; ?></td>
    <td><?=$row["hap"]; ?></td>
    <td><?=$avg; ?></td>
    <td>
      <a href="sj_edit.html?id=1" class="btn btn-sm btn-outline-primary py-0
my-0">수정</a>
      <a href="sj_delete.html?id=1" class="btn btn-sm btn-outline-danger py-0
my-0" onClick="return confirm('삭제할까요 ?');">삭제</a>
    </td>
  </tr>
<?
  }
?>
</table>

<nav aria-label="Page navigation example">
… … …
```

④ **실행 및 결과확인** : 웹브라우저의 주소란에 다음 주소를 입력하여 결과를 확인한다.

http://localhost/sj/sj_list.php

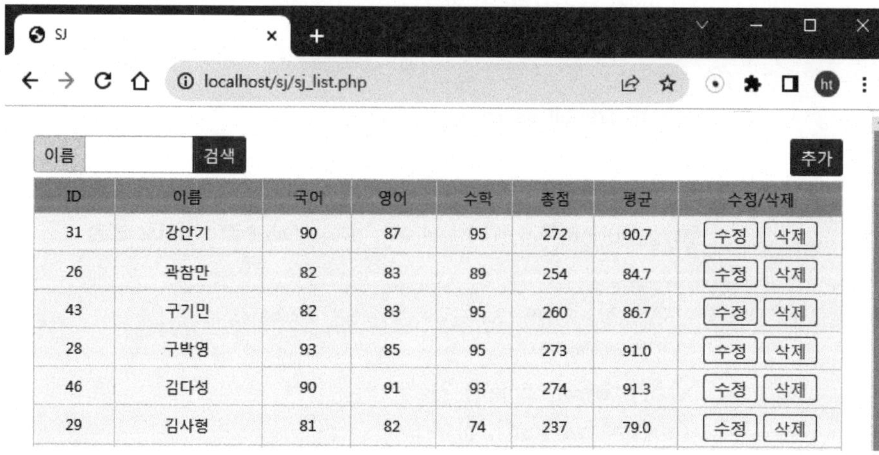

3.2.4 성적 추가

실습목적

아래 그림과 같이 목록 상단우측에 "추가"를 클릭하면 새로운 자료를 등록할 수 있는 프로그램을 작성하여라.

수정된 sj_list.php

sj_new.html

실습이론

1 **자료추가 파일구조** : 새로운 자료를 추가하는 프로그램의 구성은 다음과 같다.

처음으로 (sj_insert.php → sj_list.php)

sj_list.php	⇒	sj_new.html	⇒	sj_insert.php
입력 클릭.		입력 화면 표시. 등록 클릭.		insert문. 자료 저장.

sj_list.php에서 추가버튼을 클릭하면 새로운 자료를 입력할 수 있는 화면 sj_new.html이 표시된다. 자료를 입력하고 저장버튼을 클릭하면, sj_insert.php 프로그램을 호출한다. 입력한 자료는 insert문을 이용하여 sj테이블에 저장을 한 후, 다시 sj_list.php문서로 돌아간다.

2 **insert문** : insert문은 새로운 자료를 테이블에 추가하는 경우 사용하는 SQL문이며, 문법은 다음과 같다.

[SQL] insert문

```
insert into 테이블이름 (필드이름1, 필드이름2, …) values (값1, 값2, …);
```

예제 〉 **이름 박길동, 남자 0, 생일 2000-01-01 인 자료를 추가하여라.**

☞
```
insert into member (name, sex, birthday)
values ('박길동', 0, '2000-01-01');
```

insert문을 사용할 때 주의할 점은 다음과 같다.

1) 모든 필드가 아닌 필드의 일부분만 이용하여 새 자료를 추가하는 경우, Null이 No로 지정한 필드는 반드시 값이 있어야 한다.
2) insert문에 사용한 필드이름들과 값들은 1대1로 대응하므로, 그 개수와 자료형은 반드시 같아야 한다.
3) 만약 필드이름을 모두 생략하는 경우는 테이블내의 필드개수만큼 values에 값들이 지정되어야 한다.
4) 필드의 자료형이 문자와 날짜인 경우는 반드시 값 양쪽에 작은따옴표(')를 붙여야 한다.

STEP 01 성적 자료 추가하기

① **sj_new.html의 form tag 수정** : sj폴더에서 sj_new.html 파일을 읽어 온다. 그리고 저장버튼을 클릭했을 때, 입력한 정보를 저장하는 sj_insert.php를 호출할 수 있도록 form tag의 action을 수정한다.

```
...
<script>
  function cal_score()
  {
    form1.hap.value=Number(form1.kor.value)
                    + Number(form1.eng.value)
                    + Number(form1.mat.value);
    form1.avg.value=(form1.hap.value/3.).toFixed(1);
  }
  </script>

  <br>
  <form name="form1" method="post" action="sj_insert.php">

  <table class="table table-sm table-bordered mymargin5">
    <tr height="40">
      <td width="20%" class="mycolor2">ID</td>
      <td width="80%" align="left"></td>
    </tr>
...
```

[저장]버튼을 클릭했을 때 sj_insert.php 웹문서를 실행하기 위해서는 form tag의 action에 실행할 문서이름을 반드시 지정해야 한다. 그리고 입력한 성적 정보는 input tag의 이름인 name, kor, eng, mat, hap, avg 변수에 저장된다.

② **sj_insert.php 새로 작성** : sj폴더에 "sj_insert.php"라는 새 파일을 만든다. 그리고 다음과 같은 프로그램을 작성한다.

```
<?
  include "common.php";

   $name=$_REQUEST["name"];
   $kor=$_REQUEST["kor"];
   $eng=$_REQUEST["eng"];
   $mat=$_REQUEST["mat"];
   $hap=$_REQUEST["hap"];
   $avg=$_REQUEST["avg"];

   $sql="insert into sj (name, kor, eng, mat, hap, avg)
              values('$name', $kor, $eng, $mat, $hap, $avg)";
   $result=mysqli_query($db, $sql);
   if (!$result) exit("에러: $sql");

   echo("<script>location.href='sj_list.php'</script>");
?>
```

select문과 마찬가지로 insert, update, delete SQL문도 mysqli_query 함수를 이용하여 실행시킬 수 있다. 따라서 sj_new.html의 input tag의 변수 name, kor, eng, mat, hap, avg에 입력한 값들을 $_REQUEST를 이용해 얻고, insert SQL문을 이용하여 이 값들을 저장하도록 작성해야 한다. 이때 $name은 문자형 자료이므로, $name 양쪽에 작은따옴표(')를 붙여 문자임을 표시해야 한다.

④ **실행 및 결과 확인** : 실행하여 자료가 추가되는 것을 확인한다.

3.2.5 성적 삭제

실습목적

이번 작업은 삭제버튼을 클릭하면 "삭제할까요 ?"라는 메시지상자가 열리고, "예"를 선택하면, 해당 자료를 삭제할 수 있는 프로그램을 작성하여라.

삭제버튼 클릭한 경우

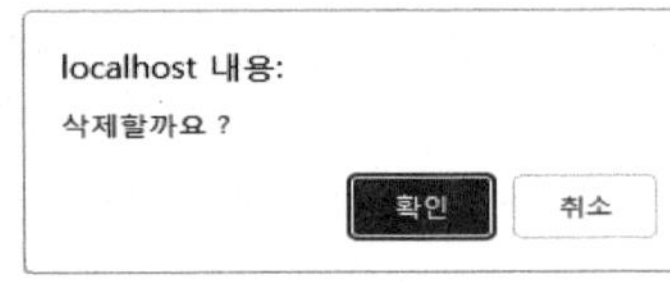

삭제 메시지박스

실습이론

1 **자료삭제 처리** : 기존의 자료를 삭제하는 프로그램의 구성은 다음과 같다.

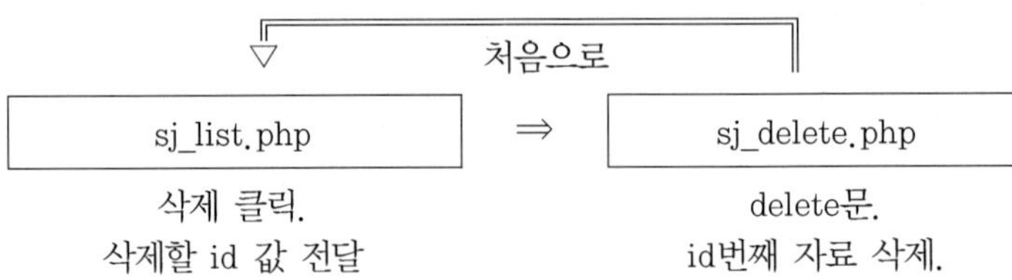

sj_list.php에서 삭제할 사람의 삭제를 클릭하면, 아래와 같이 a tag형식을 이용하여 선택한 사람의 id 필드값($id)을 sj_delete.php에 전달한다.

```
<a href="sj_delete.php?id=값">삭제</a>
```

sj_delete.php 프로그램에서는 id번째 자료를 delete SQL문을 이용하여 삭제를 한 후, 다시 sj_list.php문서로 돌아간다.

2 **delete 문** : delete문은 기존에 있는 특정 레코드나 전체 레코드를 삭제할 때 사용하는 SQL문이며, 문법은 다음과 같다. deleet문을 사용하는 경우 주의할 점은 where 조건절을 포함하지 않으면, 모든 레코드가 삭제된다.

[SQL] delete 문

delete from 테이블이름 where 조건식;

예제 1〉 이름이 "박길동"인 자료를 삭제하여라.
☞ delete from sj where name='박길동';

예제 2〉 sj 테이블의 모든 자료를 삭제하여라.
☞ delete from sj;

자료를 삭제하는 sj_delete.php는 다음과 같이 $id값을 가져와 delete해야 한다.

```
<?
  include "common.php";

   $id=$_REQUEST["id"];

   $sql="delete from sj where id=$id ";
   $result=mysqli_query($db, $sql);
   if (!$result) exit("에러: $sql ");

   echo("<script>location.href='sj_list.php'</script>");
?>
```

STEP 01 성적자료 삭제하기

① **삭제버튼 수정:** sj_list.php에서 삭제버튼의 a tag에서 id번째 자료가 삭제가 되도록 수정한다.

```
...
      <td>평균</td>
      <td width="15%">수정/삭제</td>
  </tr>
<?
...
      <td><?=$row["eng"]; ?></td>
      <td><?=$row["mat"]; ?></td>
      <td><?=$row["hap"]; ?></td>
      <td><?=$avg; ?></td>
      <td>
         <a href="sj_edit.html?id=1" class="btn btn-sm btn-outline-primary py-0
my-0">수정</a>
         <a href="sj_delete.php?id=<?=$id; ?>" class="btn btn-sm
btn-outline-danger py-0 my-0" onClick="return confirm('삭제할까요 ?');">삭제</a>
      </td>
   </tr>
```

```
<?
  }
?>
</table>
...
```

confirm함수는 "예, 아니오"를 묻는 메시지박스를 보여주는 Javascript함수이다. 따라서 a tag의 click이벤트에 이 함수의 리턴값을 이용하면 "예"를 선택했을 때만 삭제하는 처리를 쉽게 할 수 있다.

[Javascript] confirm("메시지") 함수

확인, 취소 버튼이 있는 메시지상자를 보여주는 함수로서, 확인을 선택하면 true, 취소를 선택하면 false를 돌려준다.

② **sj_delete.php 새로 작성** : sj폴더에 sj_delete.php라는 새 파일을 만들고, 다음과 같은 프로그램을 작성한다. 이 프로그램은 sj_insert.php 프로그램과 비슷하므로, 복사하여 작업하면 편하다.

```
<?
   include "common.php";

   $id=$_REQUEST["id"];

   $sql="delete from sj where id=$id ";
   $result=mysqli_query($db, $sql);
   if (!$result) exit("에러: $sql");

   echo("<script>location.href='sj_list.php'</script>");
?>
```

③ **실행 및 결과 확인** : 실행하여 결과를 확인한다.

3.2.6 성적 수정

실습목적

이름을 클릭하면 해당 자료를 수정할 수 있는 프로그램을 작성하여라.

수정버튼을 클릭한 경우

sj_edit.php

실습이론

1 **수정처리 순서** : 성적자료를 수정하는 프로그램의 처리 순서는 다음과 같다.

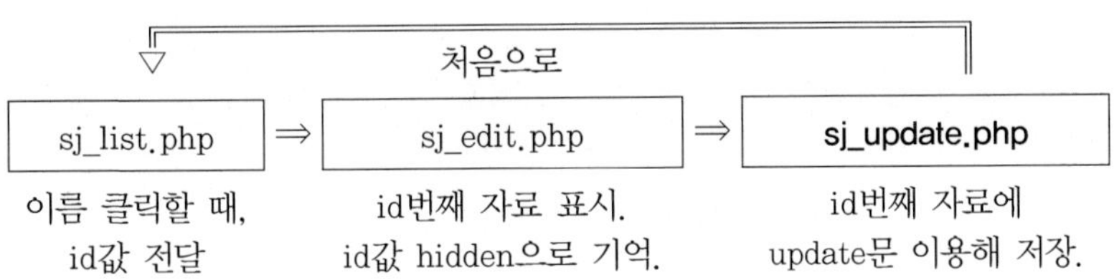

sj_list.php에서 수정버튼을 클릭하면, 선택한 사람의 id 필드 값을 다음 웹문서에 전달해야 한다. 이 처리는 아래와 같이 a tag형식을 이용하여 몇 번째 자료인지에 대한 id 정보를 sj_edit.php에 전달하면 된다..

```
<a href="sj_edit.php?id=값">홍길동</a>
```

sj_edit.php에서는 이 id값을 이용하여 해당 사람의 성적자료를 읽어 수정할 수 있도록 화면으로 표시한다.

2 **sj_edit 문서에 id값 저장** : 아래 그림을 보면 A문서의 $a 값은 B문서까지는 전달되나,

그 다음 C문서에는 전달할 수 없다. $a값을 C문서까지 전달하기 위해서는 B문서에 $a 값을 hidden변수로 저장할 필요가 있다.

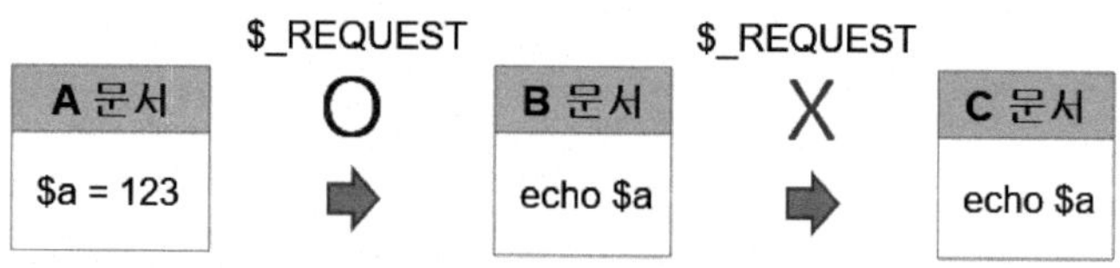

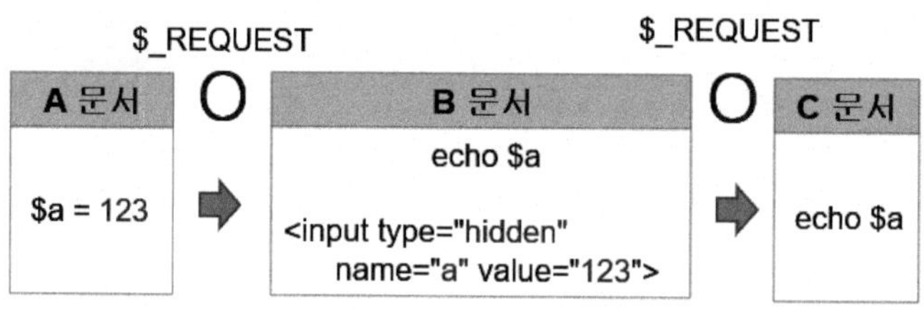

따라서 성적 수정인 경우, 앞에서 전달받은 id값을 sj_update.php에서 이용하기 위해서는 input type을 hidden으로 하여 sj_edit.php 문서에 아래와 같이 id값을 저장할 필요가 있다.

```
〈input type="hidden" name="id" value="〈?=$id; ?〉"〉
```

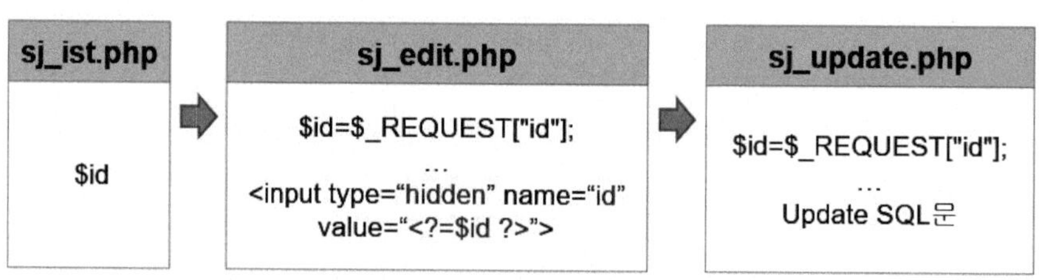

3 **update SQL문** : 이 SQL문은 기존에 있는 특정 레코드의 자료를 수정하거나 전체 자료의 값을 일괄적으로 수정할 때 사용하는 SQL문이며, 문법은 다음과 같다. update문을 사용할 때 주의할 점은 where 조건절을 포함하지 않으면, 모든 레코드에 적용되므로 다른 자료도 변경이 되므로 주의해야 한다.

[SQL] update 문

update 테이블이름 set 필드1=값1, 필드2=값2, … where 조건식;

예제 1〉 이름이 "박길동"인 자료의 우편번호와 주소를 44444, 수원으로 변경하여라.

☞ update member set zip='44444', address='수원' where name='박길동';

예제 2〉 모든 자료의 성별을 여자로 변경하여라.

☞ update member set sex=1;

자료를 수정하는 sj_update.php는 다음과 같이 sj_edit.php에서 입력한 값을 가져와 update해야 한다.

```
<?
  include "common.php";

  $id=$_REQUEST["id"];
  $name=$_REQUEST["name"];
  $kor=$_REQUEST["kor"];
  $eng=$_REQUEST["eng"];
  $mat=$_REQUEST["mat"];
  $hap=$_REQUEST["hap"];
  $avg=$_REQUEST["avg"];

  $sql="update sj set name='$name', kor=$kor, eng=$eng, mat=$mat,
           hap=$hap, avg=$avg where id=$id ";
  $result=mysqli_query($db, $sql);
  if (!$result) exit("에러: $sql");

  echo("<script>location.href='sj_list.php'</script>");
?>
```

STEP 01 성적자료 수정 만들기

① **수정버튼 수정** : 수정 버튼을 클릭하면, 학생의 성적을 보여주는 sj_edit.php가 호출되도록 수정한다.

```
...
        <td>평균</td>
        <td width="15%">수정/삭제</td>
    </tr>
<?
...
        <td><?=$row["eng"]; ?></td>
        <td><?=$row["mat"]; ?></td>
        <td><?=$row["hap"]; ?></td>
        <td><?=$avg; ?></td>
        <td>
            <a href="sj_edit.php?id=<?=$id; ?>" class="btn btn-sm btn-outline-primary
py-0 my-0">수정</a>
            <a href="sj_delete.php?id=<?=$id; ?>" class="btn btn-sm btn-outline-danger
py-0 my-0" onClick="return confirm('삭제할까요 ?');">삭제</a>
        </td>
    </tr>
<?
    }
?>
</table>
... ... ...
```

② **sj_edit.html➜ sj_edit.php로 저장** : sj_edit.html을 복사하여 sj_edit.php라는 이름으로 저장한다.

③ **sj_edit.php 수정** : 수정할 사람의 정보가 표시되도록 sj_edit.php를 다음과 같이 수정한다.

```
<?
    include "common.php";

    $id=$_REQUEST["id"];

    $sql="select * from sj where id=$id";
    $result=mysqli_query($db, $sql);
    if (!$result) exit("에러: $sql");
```

```
    $row=mysqli_fetch_array($result);
?>

<!doctype html>
<html lang="kr">
<head>
    <meta charset="utf-8">
...
    </script>

    <br>
    <form name="form1" method="post" action="sj_update.php">

    <input type="hidden" name="id" value="<?=$id ?>">

    <table class="table table-sm table-bordered mymargin5">
        <tr height="40">
            <td width="20%" class="mycolor2">번호</td>
            <td width="80%"align="left"> <?=$row["id"]; ?></td>
        </tr>
        <tr>
            <td class="mycolor2">이름</td>
            <td align="left">
                <div class="d-inline-flex">
                    <input type="text" name="name" size="20" value="<?=$row["name"]; ?>"
                        class="form-control form-control-sm">
                </div>
            </td>
        </tr>
        <tr>
            <td class="mycolor2">국어</td>
            <td align="left">
                <div class="d-inline-flex">
                    <input type="text" name="kor" size="5" value="<?=$row["kor"]; ?>"
                        class="form-control form-control-sm" onChange="cal_score();">
                </div>
            </td>
        </tr>
        <tr>
            <td class="mycolor2">영어</td>
```

```
        <td align="left">
          <div class="d-inline-flex">
            <input type="text" name="eng" size="5" value="<?=$row["eng"]; ?>"
              class="form-control form-control-sm" onChange="cal_score();">
          </div>
        </td>
      </tr>
      <tr>
        <td class="mycolor2">수학</td>
        <td align="left">
          <div class="d-inline-flex">
            <input type="text" name="mat" size="5" value="<?=$row["mat"]; ?>"
              class="form-control form-control-sm" onChange="cal_score();">
          </div>
        </td>
      </tr>
      <tr>
        <td class="mycolor2">총점</td>
        <td align="left">
          <div class="d-inline-flex">
              <input type="text" name="hap" size="5" value="<?=$row["hap"];
?>"
              class="form-control-plaintext form-control-sm" readonly
              onfocus="form1.name.focus()">
          </div>
        </td>
      </tr>
      <tr>
        <td class="mycolor2">평균</td>
        <td align="left">
          <div class="d-inline-flex">
              <input type="text" name="avg" size="5" value="<?=$row["avg"];
?>"
              class="form-control-plaintext form-control-sm" readonly
              onfocus="form1.name.focus()">
          </div>
        </td>
      </tr>
    </table>
...   ...   ...
```

위의 프로그램은 select SQL문을 이용하여 id번째 성적 자료를 읽어 input tag의 값을 초기화시키는 부분이다. 한가지 주의할 점은 웹문서의 값은 다음 문서까지는 전달되나 그 다음 문서에는 전달할 수 없다. 따라서 앞에서 전달받은 id값을 sj_update.php에서 이용하기위해서, input type을 hidden으로 하여 지금 문서에 일단 id값을 문서에 기억시켜야 한다.

④ **sj_update.php 작성** : sj_insert.php를 복사하여 sj_update.php라는 새 파일을 만든 후, 다음과 같은 프로그램을 작성한다.

```
<?
  include "common.php";

  $id=$_REQUEST["id"];
  $name=$_REQUEST["name"];
  $kor=$_REQUEST["kor"];
  $eng=$_REQUEST["eng"];
  $mat=$_REQUEST["mat"];
  $hap=$_REQUEST["hap"];
  $avg=$_REQUEST["avg"];

  $sql="update sj set name='$name', kor=$kor, eng=$eng, mat=$mat,
       hap=$hap, avg=$avg where id=$id ";
  $result=mysqli_query($db, $sql);
  if(!$result) exit("에러 : $sql");

  echo("<script>location.href='sj_list.php'</script>");
?>
```

기존의 sj_insert.php 프로그램을 이용하여 sj_update.php를 작성하면 편리할 것이다. 다른 점은 id값도 $_REQUEST해야 한다는 점이다. update문을 사용할 때 숫자는 그냥 값을 대입하면 되지만, 문자는 반드시 작은따옴표(')를 이용하여 '$name' 형식으로 사용해야 한다. 날짜인 경우는 '2023-01-01'과 같은 문자열로 처리하면 된다.

⑤ **실행 및 결과 확인** : 실행하여 기존 자료를 수정해본다.

3.2.7 이름 검색

실습목적

아래 그림과 같이 이름으로 검색할 수 있는 부분을 추가하여, 이름 전체나 이름 일부분으로 자료를 검색할 수 있는 프로그램을 작성하여라.

이름 [ ] 검색 추가

ID	이름	국어	영어	수학	총점	평균	수정/삭제
31	강안기	90	87	95	272	90.70	수정 삭제
26	곽참만	82	83	89	254	84.70	수정 삭제
43	구기민	82	83	95	260	86.70	수정 삭제
28	구박영	93	85	95	273	91.00	수정 삭제

검색기능 추가된 화면

실습이론

1 **이름 검색 방법** : 전체 학생의 성적 자료를 추출하는 SQL문은 1)번과 같이 where절이 없는 select문을 이용하지만, text1에 입력한 이름과 일치하는 자료를 찾는 경우는 2)번과 같이 where절을 이용해야 한다. 그리고 이름의 일부분만으로 조회를 하려면 like 연산자와 wild문자 %를 사용하는 3)번을 이용해야 한다. 그리고 3)번의 경우는 text1 값이 없는 경우는 name like '%%' 가 되어 전체 자료가 나온다. 따라서 전체자료를 보고 싶을 때는 빈칸으로 조회하면 된다.

1) select * from sj; → 전체 자료
2) select * from sj where name = '**text1**'; → text1과 일치하는 자료
3) select * from sj where name like '**text1**%'; → text1로 시작하는 자료
select * from sj where name like '%**text1**'; → text1로 끝나는 자료
select * from sj where name like '%**text1**%'; → text1을 포함하는 자료

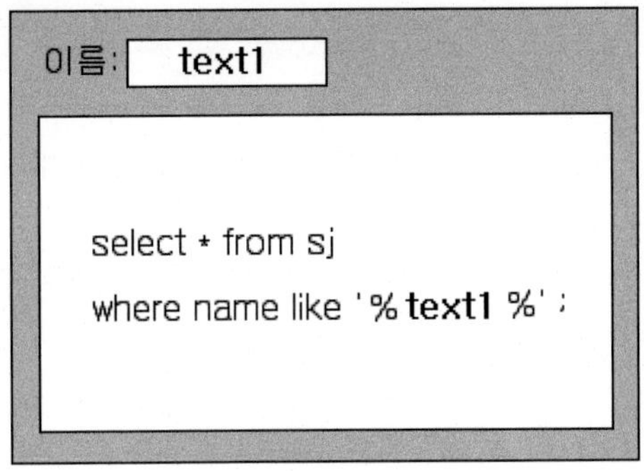

sj_list.php

2 **찾을 이름 입력란 text1** : 어떤 이름으로 검색한 후에도 text1 입력란에는 그 이름이 계속해서 표시되어야 한다. 이 처리는 아래와 같이 이전 text1의 값이 표시되도록 text1의 value에 $text1 값을 지정해야 한다. 따라서 미리 $text1도 $_REQUEST를 이용하여 구해야 한다. 아래 프로그램은 ?연산자를 이용하여 $text1 값이 있는 경우는 $text1값을, 아니면 빈 문자열로 $text1을 초기화시킨다.

```
...
    $text1=$_REQUEST["text1"] ? $_REQUEST["text1"] : "";
?>
...
<span class="input-group-text">이름</span>
<input type="text" name="text1" value="<?=$text1?>">
```

STEP 01 이름 검색 만들기

① **프로그램 수정** : 다음과 같이 프로그램을 수정한다.

```
<?
    include "common.php";

    $text1=$_REQUEST["text1"] ? $_REQUEST["text1"] : "";

    $sql="select * from sj where name like '%$text1%' order by name";
```

```
    $result=mysqli_query($db, $sql);
    If (!$result) exit("에러: $sql");
?>
...
    <form name="form1" method="post" action="sj_list.php">
        <div class="row">
            <div class="col-3" align="left">
                <div class="input-group input-group-sm">
                    <span class="input-group-text">이름</span>
                    <input type="text" name="text1" value="<?=$text1; ?>"
class="form-control">
                    <button class="btn mycolor1" onclick="form1.submit();">검색</button>
                </div>
            </div>
...
```

③ **실행 및 결과확인** : 실행하여 결과를 확인한다.

3.2.8 페이지 처리

실습목적

아래 그림과 같이 성적 목록 화면에서 1 페이지마다 10개의 레코드만 표시되며, 화면 하단에 다른 페이지로 이동할 수 있는 pagination bar를 표시할 수 있는 프로그램을 작성하여라.

이름 [ ] 검색 추가

ID	이름	국어	영어	수학	총점	평균	수정/삭제
3	김양호	86	91	86	263	87.70	수정 삭제
4	문성진	90	87	69	246	82.00	수정 삭제
5	김자완	95	86	93	274	91.30	수정 삭제
6	오당식	95	84	95	274	91.30	수정 삭제
7	조성훈	92	86	95	273	91.00	수정 삭제

1 2 3 4 5 ▶

페이지기능이 추가된 화면

실습이론

1 **환경설정 변수의 전역변수화** : 페이지 처리는 여러 웹문서에서 이용된다. 따라서 페이지 처리에 필요한 변수들을 전역변수로 선언 해두면 나중에 수정 작업할 때 편리할 것이다. 따라서 모든 문서에 포함되는 common.php에 자주 사용하는 환경설정 변수를 선언하면, 전역변수와 같은 효과를 얻을 수 있다. 여기서는 페이지 처리에 필요한 $page_line, $page_block 변수를 common.php에 선언해 사용하도록 하겠다.

$page_line : 한 화면에 몇 개의 레코드를 표시할 지를 나타내는 변수
$page_block : 한 블록에 몇 개의 페이지를 표시할 지를 나타내는 변수

2 **전체 레코드개수 알아내는 방법** : select 문을 이용하여 읽어 온 자료의 레코드개수를 알아내는 방법은 php의 mysqli_num_rows함수를 이용하는 방법과 mysql의 count 함수를 이용하는 2가지 방법이 있다.

1) **mysqli_num_rows함수 방법** : 이 방법은 필요한 자료를 읽은 후, 레코드개수를 알아내는 mysqli_num_rows 함수를 이용하는 방법이다. 필요한 자료와 레코드개수를 동시에 알 수 있어 편하지만, 자료가 많을수록 처리 속도가 느려지는 단점이 있다.

```
$sql="select * from sj where name like '%$text1%' order by name";
$result=mysqli_query($db, $sql);
if (!$result) exit("에러: $sql");
$count = mysqli_num_rows($result);    // 레코드 개수
```

2) **count 함수 방법** : 이 방법은 자료는 빼고 레코드개수만을 알기 위하여 count함수로 레코드개수를 알아내는 방법이다. 처리 속도는 빠르나 출력할 자료를 얻기 위해서 다시 한번 select문을 더 실행해야 한다.

```
$sql="select count(*) from sj where name like '%$text1%' order by name";
$result=mysqli_query($db, $sql);
if (!$result) exit("에러: $sql");
$row=mysqli_fetch_array($result);       // 자료 읽기
$count = $row[0];                       // 레코드개수
```

페이지처리인 경우 어차피 해당 페이지의 적은 자료만을 구하면 되므로, 처리속도가 월등히 빠른 2번째 방법을 이용하겠다.

[PHP] mysqli_num_rows(resource $result)
결과($result)로 부터 레코드개수를 알아 돌려주는 함수로서, select문에 대해서만 이용할 수 있다.

[PHP] mysqli_fetch_array(resource $result)
결과($result)로 부터 하나의 레코드를 읽어 각 필드값을 연관배열로 반환하는 함수로서, 레코드 포인터는 자동으로 다음 레코드 위치로 이동한다.

3 **해당 페이지 자료 표시** : 만약 특정 페이지의 자료를 표시하려면 먼저 그 페이지가 몇 번째 레코드부터 표시되는지를 알아야 한다. 예를 들어 전체 레코드 개수가 50(=$count)이고, 페이지 당 20(=$page_line)개씩 표시하는 경우를 생각해 보자. 1페이지인 경우는 0번째 자료부터 20개의 레코드를, 2페이지인 경우는 20번째 자료부터 20개가 된다. 따라서 따라서 해당 페이지 자료를 출력하기 위해서는 전체 자료를 가져올 필요가 없이 해당 페이지의 첫 자료부터 20개의 자료만 가져오면 되며,

1 페이지	2 페이지	3 페이지
0 번째 자료부터 20 줄	20 번째 자료부터 20 줄	40번째 자료부터 10줄

현재 페이지의 시작위치는 다음과 같이 구할 수 있으며,

```
$first = ($page - 1) * $page_line;    // 해당 페이지의 시작위치
```

select문의 limit 절을 이용하면, 원하는 위치에서 원하는 개수만큼 자료는 아래 프로그램과 같이 쉽게 구할 수 있다. 여기서 $first는 시작위치를 의미하는 변수이며, $page_line은 원하는 자료 개수를 나타내는 변수이다.

```
$sql="select * from sj where name like '%$text1%'
        order by name limit $first, $page_line";   // 시작위치, 페이지 줄수
$result=mysqli_query($db, $sql);
if (!$result) exit("에러: $sql");
```

[MYSQL] limit 시작위치, 개수

SQL문에서 함께 사용하여 추출하거나 처리할 레코드의 개수를 제한시키는 절.

```
예> select * from member limit 10;    // 0번 레코드부터 10 개 추출
    select * from member limit 3, 5;  // 3번 레코드부터 5 개 추출
```

4 **pagination bar 표시** : 지금부터 설명할 pagination을 구현하는 방법은 다소 어려울 수 있다. 따라서 내용이 어려우면, 이해보다는 자신의 프로그램에 응용하는 방법에 중점을 두길 바란다.

1) **pagination 블록처리** : pagination을 표시하기 위해서 필요한 전체페이지수 $pages를 알아야 한다. 이 값은 전체 레코드수($count)를 page당 줄수($page_line)로 나누어 구할 수 있으며, ceil함수를 이용하여 소수값이 있으면 무조건 반올림하여 구해야 한다. 예를 들어 50개 레코드와 page당 20줄인 경우, 50/20=2.5이므로 $pages는 3이 된다. 따라서 pagination을 1부터 마지막 페이지까지 표시하면 된다. 그러나 페이지가 많으면 다 표시할 수 없으므로, 아래 그림과 같이 페이지를 일부만 표시하는 블록 표시를 해야 한다.

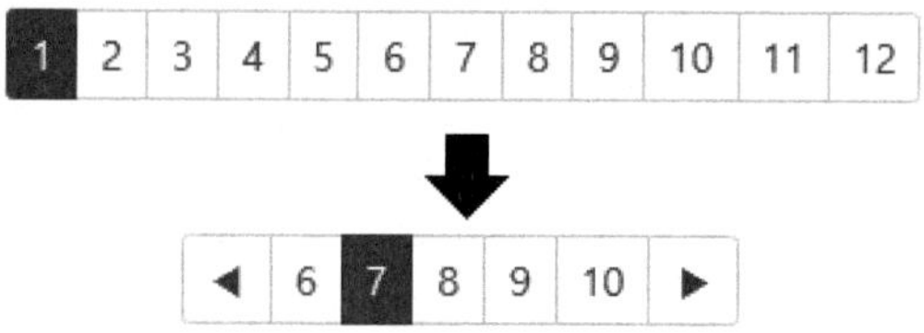

페이지에 대한 블록단위 처리도 페이지 처리와 비슷하다. 아래 그림과 같이 5개 페이지를 하나의 블록으로 한다면, 전체 블록수 $blocks을 계산하고 현재 블록 $block의 시작 페이지 $page_s부터 5개의 페이지를 차례로 표시하면 된다. 마지막 블록인 경우는 맨 끝 페이지 $page_e가 5개의 페이지보다 적을 수 있으므로, 해당 페이지까지만 표시해야한다.

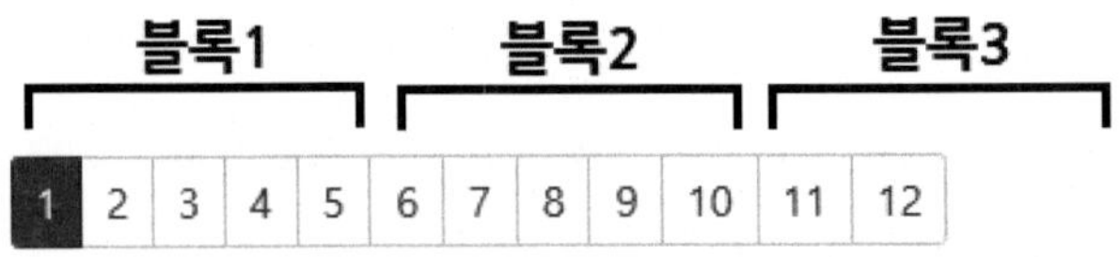

[PHP] ceil(실수)
실수값을 가장 가까운 다음 크기의 정수값으로 돌려주는 함수
예〉 ceil(4.3); ➡ 5 ceil(9.999); ➡ 10 ceil(-3.14); ➡ -3

2) **pagination bar :** pagination bar는 bootstrap의 pagination을 이용하여 만들었다. 표시를 원하는 곳에 pagination bar html 소스를 출력해도 되지만, 여기서는 문자연결 연산자(.)를 이용하여 pagination bar html 소스를 하나의 문자열($pagebar)로 만들어 출력하는 방식을 이용하였다.

1) 직접 html 출력

```
〈nav〉
  〈ul〉
  …
〈/nav〉
```

2) 1개의 문자열로 만들어 출력

```
$pagebar  = "〈nav〉";
$pagebar .= " 〈ul〉";
  …
$pagebar .= "〈/nav〉";
echo $pagebar;
```

[PHP] 문자연결 연산자 (.)
2개의 문자열을 합쳐 하나의 문자열로 만들어 주는 연산자.
예제1 〉 $a = "Hello "; $b = $a . "World!"; ➜ $b ="Hello World!" 예제2 〉 $a = "Hello "; $a .= "World!"; ➜ $b ="Hello World!"

3) **$url 변수 :** pagination bar에서 page를 클릭하면 해당 페이지 자료가 표시되도록 a tag에 이동할 주소 sj_list.php, 검색단어 text1, 그리고 이동할 page 번호도 아래와 같이 함께 전달해야 한다.

〈a href='**sj_list.php?text1=$text1&page=$i**'〉$i〈/a〉

이 주소는 pagination을 사용하는 문서와 변수 종류에 따라 달라질 수 있으므로, 고정 시키는 것보다는 아래와 같이 변수로 사용하면 편리하다. page는 고정 변수이므로 $url에 같이 포함시키지 않았다.

```
$url = 'sj_list.php?text1=$text1';
 ...
<a href='$url&page=$i'>$i</a>
```

```
<?
  $url = "sj_list.php?text1=$text1";

  $pages = ceil($count/$page_line);             // 페이지수
  $blocks = ceil($pages/$page_block);           // 블록수
  $block = ceil($page/$page_block);             // 블록 위치
  $page_s = $page_block * ($block-1);           // 블록의 시작페이지
  $page_e = $page_block * $block;               // 블록의 마지막페이지
  if ($blocks <= $block) $page_e = $pages;

  $pagebar .= "<nav>
    <ul class='pagination pagination-sm justify-content-center py-1'>";

  if ($block > 1)      // 이전 블록으로
    $pagebar .= "<li class='page-item'>
          <a class='page-link' href='$url&page=$page_s'>◀</a>
       </li>";

  for($i=$page_s+1; $i<=$page_e; $i++)
  {
    if ($page == $i)
       $pagebar .= "<li class='page-item active'>
              <span class='page-link mycolor1'>$i</span>
          </li>";
    else
       $pagebar .= "<li class='page-item'>
              <a class='page-link' href='$url&page=$i'>$i</a>
          </li>";
  }
```

```
    if ($block < $blocks)       // 다음 블록으로
      $pagebar .= "<li class='page-item'>
          <a class='page-link' href='$url&page=" . $page_e+1 . "'>▶</a>
        </li>";

    $pagebar .="</ul>
      </nav>";

    echo $pagebar;
  ?>
```

STEP 01 common.php 설정

① **common.php 수정** : common.php를 읽어 다음과 같은 프로그램을 추가한다.

```
<?
  error_reporting(E_ALL  &  ~E_NOTICE  &  ~E_WARNING);
  ini_set("display_errors", 1);

  mysqli_report(MYSQLI_REPORT_OFF);

  $db = mysqli_connect("localhost", "shop0", "1234", "shop0" );
  if (!$db) exit("에러:서버연결");

  $page_line=15;  // 페이지당 line 수
  $page_block=5;  // 블록당   page 수
?>
```

② **sj_list.php 수정1** : page값이 없는 경우는 1로 초기화하는 부분과 전체 레코드개수를 구하고, 표시할 페이지내의 자료들을 구하는 프로그램을 추가한다.

```
<?
```

```
  include "common.php";

  $text1 = $_REQUEST["text1"] ? $_REQUEST["text1"] : "";
  $page = $_REQUEST["page"] ? $_REQUEST["page"] : 1;  // page 초기화

  $sql="select count(*) from sj where name like '%$text1%' order by name ";
  $result=mysqli_query($db, $sql);
  if (!$result) exit("에러: $sql");
  $row =mysqli_fetch_array($result);
  $count = $row[0];  // 레코드개수

  $first = ($page-1) * $page_line;      // 해당페이지 1번째위치
  $sql="select * from sj where name like '%$text1%' order by name limit $first,
$page_line";
  $result=mysqli_query($db, $sql);
  if (!$result) exit("에러: $sql");
?>

<!dictype html>
<html lang="kr">
<head>
...
```

③ sj_list.php 수정2 : 테이블 하단에 pagination bar 표시하는 html 소스 대신에 다음과 같은 프로그램으로 대체한다.

```
...
  </table>

<?
  $url = "sj_list.php?text1=$text1";

  $pages = ceil($count/$page_line);           // 페이지수
  $blocks = ceil($pages/$page_block);         // 블록수
  $block = ceil($page/$page_block);           // 블록 위치
  $page_s = $page_block * ($block-1);         // 블록의 시작페이지
```

```
    $page_e = $page_block * $block;           // 블록의 마지막페이지
    if ($blocks <= $block) $page_e = $pages;

    $pagebar .= "<nav>
      <ul class='pagination pagination-sm justify-content-center py-1'>";

    if ($block > 1)    // 이전 블록으로
      $pagebar .= "<li class='page-item'>
            <a class='page-link' href='$url&page=$page_s'>◀</a>
         </li>";

    for($i=$page_s+1; $i<=$page_e; $i++)
    {
      if ($page == $i)
         $pagebar .= "<li class='page-item active'>
               <span class='page-link mycolor1'>$i</span>
            </li>";
      else
         $pagebar .= "<li class='page-item'>
               <a class='page-link' href='$url&page=$i'>$i</a>
            </li>";
    }

    if ($block < $blocks)        // 다음 블록으로
      $pagebar .= "<li class='page-item'>
            <a class='page-link' href='$url&page=" . $page_e+1 . "'>▶</a>
         </li>";

    $pagebar .="</ul>
      </nav>";

    echo $pagebar;
?>

</div>

</body>
</html>
```

④ **실행 및 결과확인** : 실행하여 결과를 확인한다.

3.2.9 페이지 처리 함수화

앞절에서 설명한 pagination 프로그램은 자주 사용한다. 따라서 지금과 같이 이용하는 것 보다는 함수로 만들어 호출하는 방식이 더 좋을 것이다.

실습목적

pagination 프로그램을 mypagination 사용자함수로 만들어라.

실습이론

1 **PHP 사용자함수, global, 참조 &** : PHP의 사용자함수는 C 언어의 사용자함수 사용법과 거의 비슷하다. 다른 점은 외부에서 선언한 변수는 C언어의 경우 함수내에서 사용할 수 있지만, PHP에서는 global을 이용하여 선언해야 사용할 수 있다는 점이다.

```
호출 : 함수이름($실인수1, $실인수2, … )

선언 : function 함수이름($가인수1, &$가인수2… )
       {
         global $변수;
          …
         return 값;
       }
```

그리고 C언어와 마찬가지로 결과값은 return을 통해 전달할 수 있다. 만약 return값이외에 다른 값들도 함께 return 해야 하는 경우는 함수 선언할 때 가인수 이름 앞에 &를 붙여 참조방식으로 전달할 수 있다.

예를 들어 다음과 같은 프로그램인 경우를 생각 해보자, 함수 외부에서 선언한 $a는 함수내에서 global로 선언했으므로, 1이 출력되지만 $b는 출력되지 않는다. 그리고 sample 함수 선언할 때 $d에 참조연산자 &를 붙였으므로, 참조방식 전달이 되어 4가 출력되지만, $c는 출력되지 않는다.

```
$a = 1;
$b = 2;

function sample( $c, &$d )
{
  global $a;
  $c = 3;
  $d = 4;
  echo $a , $b;          // $a인 1 만 출력
}

sample($b, $c);
echo $c, $d;           // $d인 4 만 출력
```

2 **레코드개수를 구하는 SQL문** : 레코드 개수를 구하는 sql문은 "select count(*) from … "으로 시작해야 한다. 따라서 기존의 sql문에서 from부터 잘라낸 문자열 앞에 "select count(*) "를 문자연결 연산자 (.)로 연결하면 된다. from 이후 부분은 sql문에서 strpos함수를 이용해 "from"이 있는 위치를 알아내고, substr함수를 이용해 잘라내면 쉽게 구할 수 있다. 주의할 점은 from이 대문자로 입력했을 수 있으므로, strtolower함수를 이용해 영문 소문자로 먼저 변환해야 한다.

```
$sql = "select * from sj order by name";
                    ↓
$sql = "select count(*) " . substr($sql, strpos($sql, "from"))
```

따라서 다음과 같이 프로그램을 수정해야 한다.

```
$sql = strtolower( $sql );      // 영어소문자로 변환
$sql = "select count(*) " . substr($sql, strpos($sql,"from"));  // sql문 앞부분 교체
$result=mysqli_query($db, $sql);
if (!$result) exit("에러: $sql");
$row=mysqli_fetch_array($result);
$count = $row[0];
```

[PHP] substr("문자열",시작위치, 길이)

문자열에서 시작위치로부터 지정된 길이만큼 문자열을 추출하는 함수로서, 시작위치는 0부터 시작한다. 길이를 생략한 경우는 시작위치부터 나머지 모든 문자열을 의미한다.

예제 〉 substr("abcdef", 1); ➜ "bcdef"
substr("abcdef", 1, 3); ➜ "bcd"
substr("abcdef", −2); ➜ "ef"
substr("abcdef", −3, 1); ➜ "d"
substr("abcdef", 0, −1); ➜ "abcde"

[PHP] strpos("문자열","찾을 문자열")

문자열에서 찾을 문자열이 있는 위치를 알아 돌려주는 함수이며, 없으면 0값을 돌려준다.

예제 〉 strpos("abcdef", "bc"); ➜ 2
strpos("abcdef", "k"); ➜ 0

③ **페이지관련 자료를 구하는 SQL문** : 페이지내의 자료를 구하는 sql문은 기존의 select문 맨 뒤에 limit 절을 추가하면 된다. 이 경우 기존의 sql문의 끝을 알리는 세미콜론이 있을 수 있으므로, 먼저 str_replace함수를 이용하여 세미콜론(;)을 제거한 후, limit 절을 붙이면 된다.

```
$sql = "select * from sj order by name;";
                    ↓
$sql = "select * from sj order by name ";
                    ↓
$sql = "select * from sj order by name limit $first, $page_line";
```

따라서 다음과 같이 프로그램을 수정해야 한다.

```
$sql = str_replace(";","",$sql);          // sql문에서 세미콜론(;) 제거
$sql .= " limit $first, $page_line";      // sql문뒤에 limit 추가
$result=mysqli_query($db, $sql);          // 페이지 자료만 구하기
if (!$result) exit("에러: $sql");
```

[PHP] str_replace("찾을 문자열","변경할 문자열","문자열")

문자열에서 찾을 문자열을 찾아 변경할 문자열로 대치시키는 함수.

예제 〉 str_replace("c", "0", "abcdef"); ➜ "ab0def"

④ **mypagiantion 함수** : 앞서 설명한 pagination 함수는 전체 내용은 다음과 같으며, common.php에 작성하면 된다.

```
function mypagination( $query, $args, &$count, &$pagebar )
{
    global $db, $page_line, $page_block;        // 서버DB정보, Page관련변수

    $page=$_REQUEST["page"] ? $_REQUEST["page"] : 1; // $page 초기화

    $url=basename($_SERVER['PHP_SELF']) . "?" . $args;     // 문서이름?전송할
변수들

    $sql = strtolower( $query );      // 레코드개수 구하기
    $sql ="select count(*) " . substr($sql, strpos($sql,"from"));
    $result=mysqli_query($db, $sql);
    if (!$result) exit("에러: $sql");
    $row=mysqli_fetch_array($result);
    $count = $row[0];

    $first = ($page-1) * $page_line;        // 페이지내 1번째 자료위치

    $sql = str_replace(";", "", $query);    // 페이지내 자료 읽기
    $sql .= " limit $first, $page_line";
    $result=mysqli_query($db, $sql);
    if (!$result) exit("에러: $sql");

    $pages = ceil($count/$page_line);             // 페이지수
    $blocks = ceil($pages/$page_block);           // 블록수
    $block = ceil($page/$page_block);             // 블록 위치
    $page_s = $page_block * ($block-1);           // 블록의 시작페이지
    $page_e = $page_block * $block;               // 블록의 마지막페이지
    if ($blocks <= $block) $page_e = $pages;

    $pagebar ="<nav>
       <ul class='pagination pagination-sm justify-content-center py-1'>";

    if ($block > 1)      // 이전 블록으로
       $pagebar .= "<li class='page-item'>
```

```
            <a class='page-link' href='$url&page=$page_s'>◀</a>
        </li>";

    for($i=$page_s+1; $i<=$page_e; $i++)
    {
      if ($page == $i)
         $pagebar .= "<li class='page-item active'>
               <span class='page-link mycolor1'>$i</span>
            </li>";
      else
         $pagebar .= "<li class='page-item'>
               <a class='page-link' href='$url&page=$i'>$i</a>
            </li>";
    }

    if ($block < $blocks)       // 다음 블록으로
      $pagebar .= "<li class='page-item'>
            <a class='page-link' href='$url&page=" . $page_e+1 . "'>▶</a>
         </li>";

    $pagebar .= "</ul>
      </nav>";

    return $result;
  }
```

이 함수에서 검색된 자료 $result는 return 값으로 돌려주며, 레코드개수($count)와 pagination 디자인($pagebar)은 화면 출력을 위하여 가인수 이름 앞에 &를 붙여 참조 변수 &$count, &$pagebar로 선언하여 사용할 수 있도록 하였다.

```
function mypagination( $query, $args, &$count, &$pagebar )
```

앞 절에서는 $url은 페이지 처리를 하는 현재의 문서 이름과 전송할 정보를 갖는 변수였다. 그러나 현재 문서 이름은 basename($_SERVER['PHP_SELF'])를 이용하면 알 수 있으므로, 전송할 변수들만 가인수 $args를 이용하여 전달해주면 된다.

```
$url="juso_list.php?text1=$text1";          // 문서이름?전송할 변수
        ↓
```

```
$args="text1=$text1";  // 함수 가인수로 전달
$url=basename($_SERVER['PHP_SELF']) . "?" . $args;
```

5 **mypagiantion 함수 사용법** : mypagination 함수는 다음과 같이 sql문과 현재 문서에서 전송할 변수들을 갖는 $args를 통해 호출하면 된다. 그리고 pagination bar를 표시하고 싶은 위치에 echo문을 이용하여 출력하면 된다.

```
<?
  $text1 = $_REQUEST["text1"] ? $_REQUEST["text1"] : "";

  $sql = "select * from sj where name like '%$text1%' order by name ";  // sql 정의
  $args = "text1=$text1";    // args 정의
  $result = mypagination($sql, $args, &$count, &$pagebar);   // 함수 호출
?>
...
<?
  echo $pagebar;   // pagination bar 표시
?>
...
```

STEP 01 mypagiantion 함수

① **mypagiantion함수 추가** : common.php에 mypagination 함수를 추가한다.

② **sj_list.php 수정** : mypagination 함수를 호출할 수 있도록 수정하고, 테이블 하단에 $pagebar를 출력하도록 수정한다.

Chapter 04

주소록프로그램

4.1 주소록 프로그램

4.1.1 프로그램 개요

이번에는 앞에서 만든 성적프로그램을 최대한 참고하여 아래 그림과 같은 주소록 프로그램을 만들어 보도록 하겠다.

1 **주소록프로그램 화면** : 성적프로그램과 마찬가지로 목록화면에서 추가, 삭제, 수정을 할 수 있으며, 이름 검색기능, 페이지 표시를 할 수 있다. 다른 점이 있다면, 다양한 자료형과 input tag형식을 접할 수 있도록 구성한 점이다.

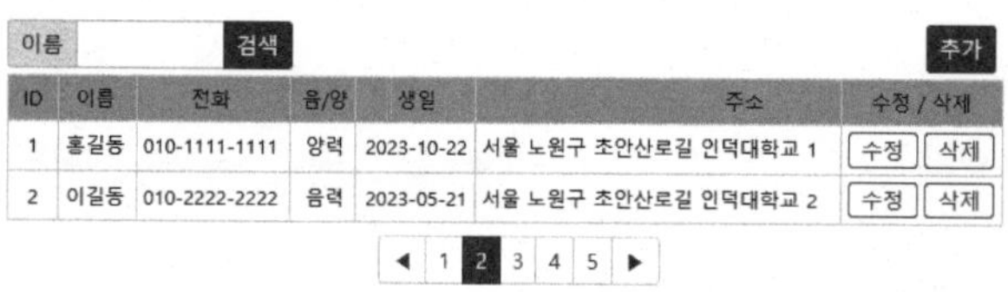

주소록 목록화면(juso_list.html)

삭제 메시지박스

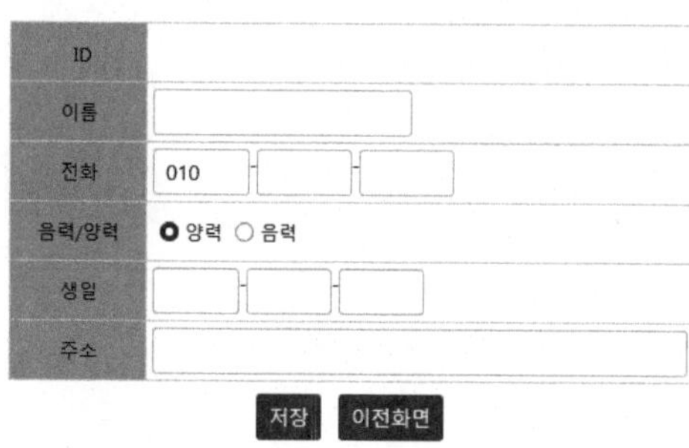

추가화면(juso_new.html)

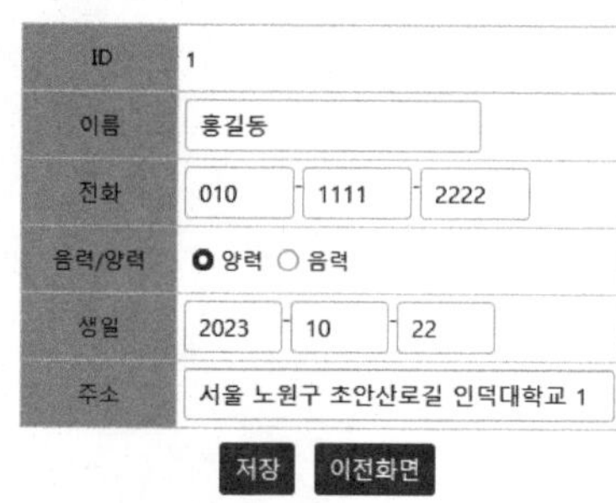

수정화면(juso_edit.html)

2 **파일 구성** : 이 프로그램의 전체 파일 구조는 다음과 같다. 주소록프로그램은 쇼핑몰의 고객관리 프로그램의 기본이 되는 프로그램이므로, 잘 이해하길 바란다.

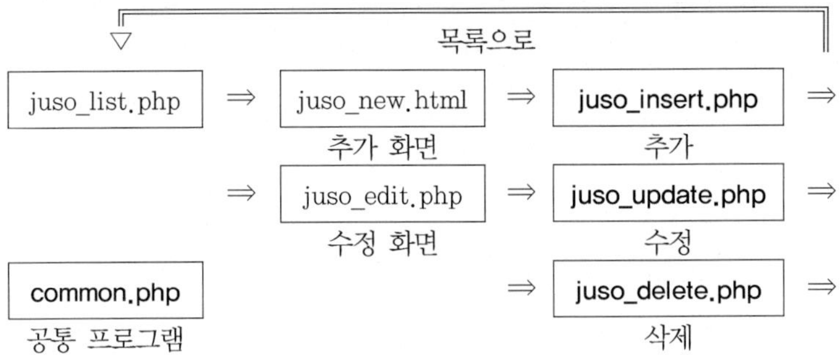

4.1.2 주소록 테이블

실습목적

주소록프로그램을 위한 주소록 테이블 juso를 데이터베이스 shop0에 만들어라. 그리고 juso_data.txt를 import해라.

실습이론

1 **juso 테이블 구조** : 주소록프로그램을 만들기 위하여 제일 먼저 해야 할 작업은 juso 테이블을 데이터베이스 shop0에 만드는 일이다. 주소록 테이블 구조는 아래 표와 같이 비교적 간단한 구조가 되도록 만들었다.

		필드명	자료형	비고
1	번호	id	int	auto_increment, 기본키
2	이름	name	varchar(20)	
3	전화	tel	varchar(11)	
4	양력/음력	sm	tinyint	양력=0, 음력=1
5	생일	birthday	date	
6	주소	juso	varchar(100)	

1) **id** : 기본키(primary key)로서, 자동으로 번호가 입력되는 옵션 auto_increment를 선택하였다.

2) **tel** : 전화 필드인 경우 숫자로 된 자료이지만, 02와 같은 지역번호 때문에 반드시 문자형으로 지정해야 하며, 길이는 "000-0000-0000"형식에서 "-"기호를 뺀 11 로

지정했다.

3) sm : 양력/음력 필드는 꼭 필요한 자료는 아니지만, 라디오박스, 콤보박스, 체크박스와 같은 입력 형식을 공부하기 위하여 삽입하였다. 이 필드는 논리형으로 사용하는 bit형이 적합하나, 여러 값 중 하나를 선택하는 경우도 있으므로 가장 작은 정수형인 1바이트 tiny integer로 지정했다. 그리고 양력인 경우는 0, 음력인 경우는 1로 사용하도록 하겠다.

4) birthday : 생일은 날짜 자료형 date를 사용하였다.

STEP 01 juso 테이블 만들기

① **juso 테이블 만들기** : phpmyadmin을 이용하여 데이터베이스 shop0을 클릭한 후, 아래 표와 같이 6개의 필드를 갖는 "juso"라는 이름의 새 테이블을 만들어라.

	필드	종류	NULL	인덱스	A_I	비고
번호	id	int	☐	PRIMARY	☑	auto_increment
이름	name	varchar(20)	☑			
전화	tel	varchar(11)	☑			
음/양	sm	tinyint	☑			양력=0, 음력=1
생일	birthday	date	☑			
주소	juso	varchar(100)	☑			

juso 테이블 구조

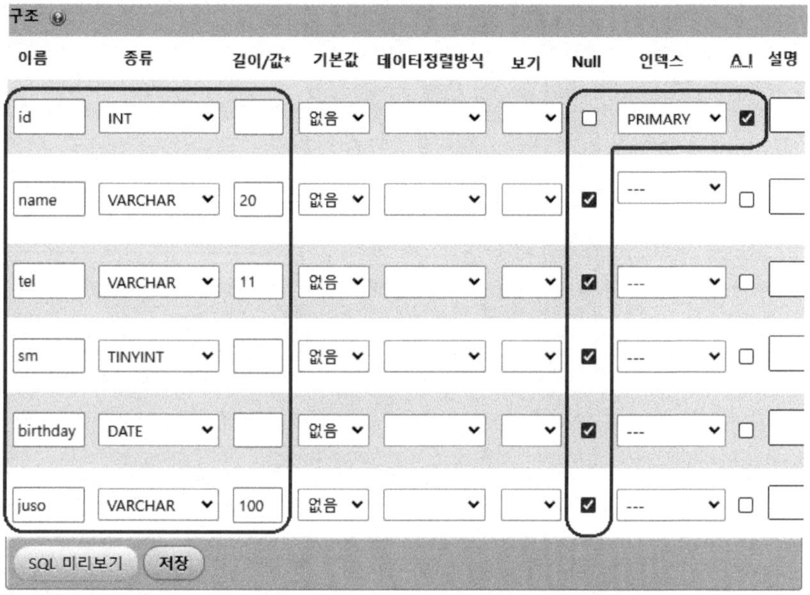

② **juso_data.txt 가져오기** : "juso" 테이블을 먼저 선택한 후, [가져오기] 메뉴를 클릭한다. [파일선택]버튼을 클릭한 후, "juso_data.txt" 파일을 선택한다.

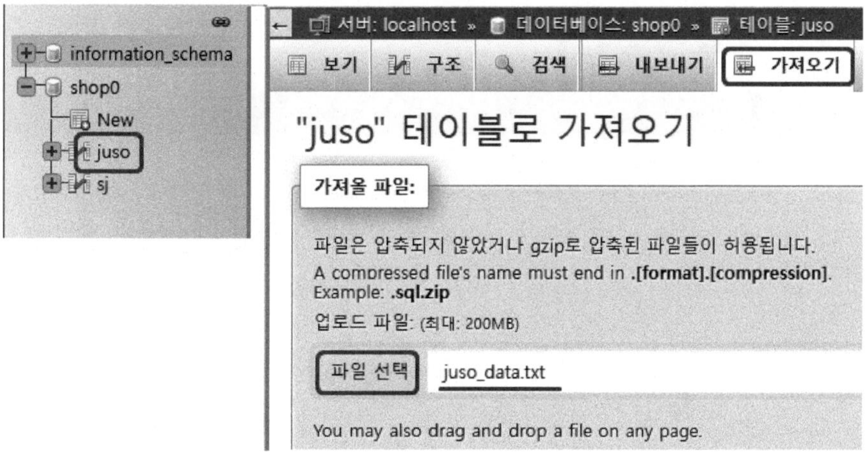

③ **CSV 선택** : 먼저 〈형식〉은 "CSV"를 선택한다. 그리고 〈열 구분자〉는 탭기호인 "\t"를, 〈열 감싸기〉는 빈 칸으로 만든 후, [가져오기]버튼을 클릭한다.

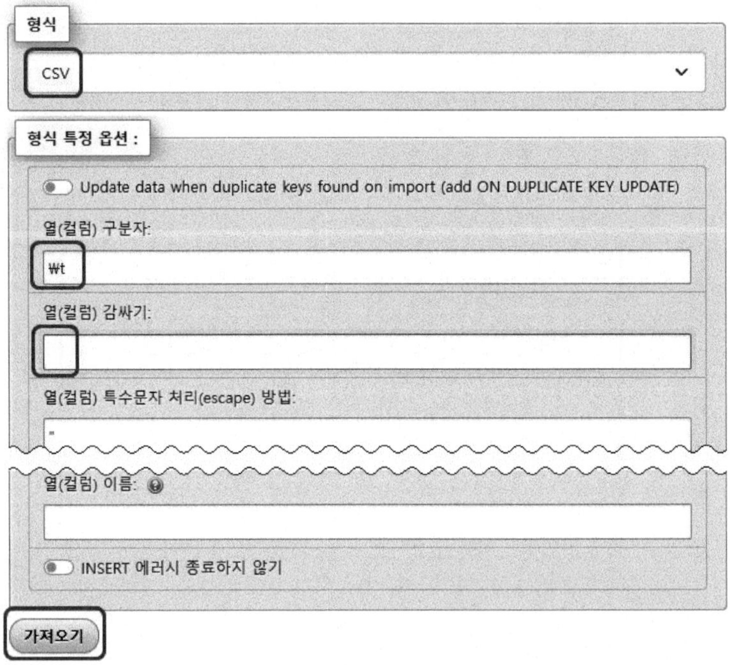

←T→				id	name	tel	sm	birthday	juso
☐	수정	복사	삭제	1	최민기	01627516250	0	1990-01-01	서울 노원구 초안산로 12 인덕대학교 1
☐	수정	복사	삭제	2	노준국	01192318426	1	1990-01-02	서울 노원구 초안산로 12 인덕대학교 2
☐	수정	복사	삭제	3	배인정	01091419758	0	1990-01-03	서울 노원구 초안산로 12 인덕대학교 3
☐	수정	복사	삭제	4	윤수진	01091315099	0	1990-01-04	서울 노원구 초안산로 12 인덕대학교 4
☐	수정	복사	삭제	5	김민주	01012715951	1	1990-01-05	서울 노원구 초안산로 12 인덕대학교 5
☐	수정	복사	삭제	6	고향에	01164712495	0	1990-01-06	서울 노원구 초안산로 12 인덕대학교 6
☐	수정	복사	삭제	7	이창기	01094567737	0	1990-01-07	서울 노원구 초안산로 12 인덕대학교 7

결과화면

4.1.3 주소록 목록

실습목적

juso 테이블에 있는 주소록 자료를 읽어 아래 그림과 같이 주소록 목록을 출력시키는 프로그램을 만들어라.

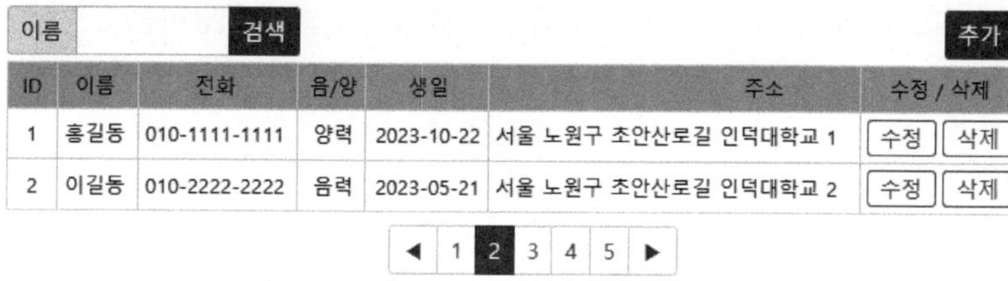

주소록 목록화면(juso_list.html)

실습이론

1 **sj_list.php 프로그램 참고** : 아래의 성적프로그램 목록화면(sj_list.php)의 구성을 보면 알겠지만, 이번에 만들 주소록프로그램과 거의 동일한 구성과 기능을 가지고 있다. 따라서 프로그램을 처음부터 만드는 것보다는 기존에 만들어진 성적프로그램인 sj_list.php를 최대한 이용하여 juso_list.php를 만들면 효율적인 작업이 될 것이다.

성적프로그램의 목록화면 이용하여 작업

2 **양력/음력 표시** : sm 필드는 정수로서, 양력은 0, 음력은 1로 사용하기로 하였다. 만약 $row["sm"]을 이용하여 값을 출력한다면, 0과 1로 표시가 될 것이다. 따라서 아래 프로그램과 같이 if문을 이용하여 0일 때는 양력, 1일 때는 음력으로 표시되도록 임시변수 $sm을 지정하고, $sm을 출력해야한다.

```
if ($row[sm]==0) $sm="양력"; else $sm="음력";
```

3 **전화번호 000-0000-0000 표시** : tel 필드에 저장된 전화번호는 지역(3), 국(4), 번호(4)인 "00000000000" 형식으로 저장되어 있다. 따라서 이 값을 "000-0000-0000" 형

식으로 출력하려면, 전화번호에서 지역, 국, 번호에 해당하는 부분 문자열을 추출할 수 있어야 한다. 그리고 추출된 문자열들은 문자열 연결연산자(.)를 이용하여 다시 합치면 된다.

0	1	2	3	4	5	6	7	8	9	10
0	0	0	0	0	0	0	0	0	0	0
지역(3)			국(4)				번호(4)			

```
$tel1=trim(substr($row["tel"],0,3));       // 0번 위치에서 3자리 문자열 추출
$tel2=trim(substr($row["tel"],3,4));       // 3번 위치에서 4자리
$tel3=trim(substr($row["tel"],7,4));       // 7번 위치에서 4자리
$tel=$tel1 . "-" . $tel2 . "-" . $tel3;   // 추출된 문자열 합치기
```

[PHP] trim("문자열")

문자열 앞, 뒤에 있는 빈 문자열을 제거해주는 함수.

예제1 〉 trim("   abc   ")   ➜   "abc"

STEP 01 common.php 복사하기

① **주소록용 common.php 만들기** : sj 폴더의 common.php를 복사하여 juso폴더에 복사한다.

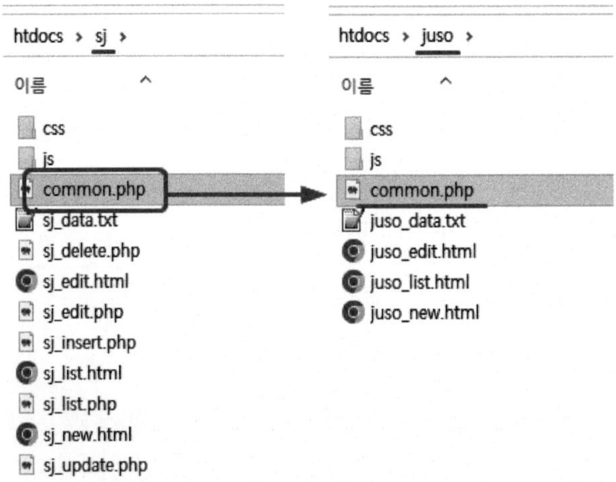

성적프로그램의 common.php와 주소록프로그램의 common.php는 똑같은 프로그램이다. 따라서 새로 작성하는 것보다는 성적프로그램의 common.php를 복사하여 juso 폴더에 저장하는 것이 작업시간을 줄일 수 있다. 앞으로 작업시간 단축을 위하여 이와 같은 작업을 많이 하게 된다. Window용 APM사용자인 경우는 윈도우 탐색기를 이용하여 복사하면 편리할 것이다.

STEP 02 juso_lis.php 만들기

① **juso_list.html→juso_list.php로 복사** : juso폴더의 juso_list.html을 복사하여 juso_list.php로 저장한다.

② **juso_list.php 수정1** : 먼저 sj_list.php을 sj폴더에서 읽어온다. 그리고 아래 그림과 같은 부분을 선택하여 Ctrl+C를 눌러 복사한다. 그리고 juso_list.php에서 같은 부분에 Ctrl+V를 눌러 [붙여넣기]를 한다.

sj_list.php | juso_list.php

```
<?
  include "common.php";

  $text1=$_REQUEST["text1"] ? $_REQUEST["text1"] : "";

  $sql="select * from sj where name like '%$text1%' order by name ";
  $args="text1=$text1";
  $result=mypagination($sql, $args, $count, $pagebar); ;
?>

<!doctype html>
<html lang="kr">
<head>
```

sj_list.php에서 영역 복사

sj_list.php | juso_list.php

```
<?
  include "common.php";

  $text1=$_REQUEST["text1"] ? $_REQUEST["text1"] : "";

  $sql="select * from sj where name like '%$text1%' order by name ";
  $args="text1=$text1";
  $result=mypagination($sql, $args, $count, $pagebar); ;
?>

<!doctype html>
<html lang="kr">
<head>
```

juso_list.php에서 붙여넣기

③ **juso_list.php 수정2** : 붙여넣기한 내용중 주소록 프로그램에 맞게 $sql에서 테이블이름을 sj 대신에 juso로 수정한다.

```
<?
  include "common.php";

  $text1=$_REQUEST["text1"] ? $_REQUEST["text1"] : "";
  $args="text1=$text1";

  $sql="select * from juso where name like '%$text1%' order by name ";
  $result=mypagination($sql, $args, $count, $pagebar); ;
?>
```

④ **juso_list.php 수정3** : form tag에서 juso_list.html에서 juso_list.php로 수정하고, text1의 value 값이 표시되도록 수정한다.

```
<div class="container">
  <br>
<!---------------------------------------------------------------------------------->
  <form name="form1" method="post" action="          ">
    <div class="row">
      <div class="col-3" align="left">
        <div class="input-group input-group-sm">
          <span class="input-group-text">이름</span>
          <input type="text" name="text1" value="          " class="form-control">
          <button class="btn mycolor1" onclick="form1.submit();">검색</button>
        </div>
      </div>
      <div class="col-9" align="right">
        <a href="juso_new.html" class="btn btn-sm mycolor1">추가</a>
      </div>
    </div>
  </form>

  <table class="table table-sm table-bordered table-hover mymargin5">
```

⑤ **juso_list.php 수정4** : 과정 ② ~ ③번과 같이 juso_list.php 나머지 부분에 대해서도 프로그램을 복사, 붙여넣기를 한 후, 주소록 프로그램에 맞게 수정한다. 수정 작업할 곳은 다음과 같다. 다음 그림은 수정할 내용의 예를 보여주고 있다.

1) $avg 대신에 $sm, $tel에 대한 프로그램 작성.

```
if ($row["sm"]==0) $sm="양력"; else $sm="음력";
$tel1=trim(substr($row["tel"],0,3));
$tel2=trim(substr($row["tel"],3,4));
$tel3=trim(substr($row["tel"],7,4));
$tel=$tel1 . "-" . $tel2 . "-" . $tel3;
```

2) sj테이블의 필드 출력부분을 juso테이블의 필드내용으로 수정.

```
<table class="table table-sm table-bordered table-hover mymargin5">
  <tr class="mycolor2">
    <td>ID</td>
    <td>이름</td>
    <td>전화</td>
    <td>음/양</td>
    <td>생일</td>
    <td>주소</td>
    <td width="15%">수정 / 삭제</td>
  </tr>
<?
  foreach( $result as $row )
  {
     ┌──────────────────────────────────────────────┐
     │ - sm값 "양력" or "음력"으로 변경하기              │
     │ - tel1, tel2, tel3 분해한 후,  - 기호 삽입 하여 합치기 │
     └──────────────────────────────────────────────┘
?>
  <tr>
    <td>[        ]</td>
    <td>[                ]</td>
    <td>[        ]</td>
    <td>[        ]</td>
    <td>[                  ]</td>
    <td align="left">[                ]</td>
    <td>
      <a href="juso_edit.[  ]?id=[        ]"
        class="btn btn-sm btn-outline-primary py-0 my-0">수정</a>
      <a href="juso_delete.[  ]?id=[        ]"
        class="btn btn-sm btn-outline-danger py-0 my-0"
        onClick="return confirm('삭제할까요 ?');">삭제</a>
    </td>
  </tr>
<?
  }
?>
  </table>
```

⑥ **juso_list.php 수정5** : pagination출력을 위해 juso_list.php 하단 부분도 수정한다.

```
?>
  </table>

<?
  [              ]
?>

<!------------------------------------------------------------------------>
</div>

</body>
</html>
```

⑦ **실행 및 결과확인** : 웹브라우저에서 다음 주소를 입력하여 결과를 확인한다.

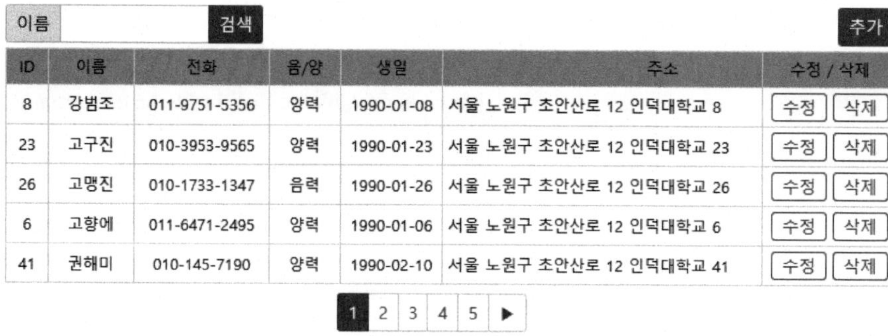

이름 [검색] [추가]

ID	이름	전화	음/양	생일	주소	수정 / 삭제
8	강범조	011-9751-5356	양력	1990-01-08	서울 노원구 초안산로 12 인덕대학교 8	수정 삭제
23	고구진	010-3953-9565	양력	1990-01-23	서울 노원구 초안산로 12 인덕대학교 23	수정 삭제
26	고맹진	010-1733-1347	음력	1990-01-26	서울 노원구 초안산로 12 인덕대학교 26	수정 삭제
6	고향에	011-6471-2495	양력	1990-01-06	서울 노원구 초안산로 12 인덕대학교 6	수정 삭제
41	권해미	010-145-7190	양력	1990-02-10	서울 노원구 초안산로 12 인덕대학교 41	수정 삭제

1 2 3 4 5 ▶

http://localhost/juso/juso_list.php

4.1.4 주소록 추가

실습목적

아래 그림과 같이 새 주소록 정보를 추가할 수 있도록 juso_new.html과 juso_insert.php를 작성하여라.

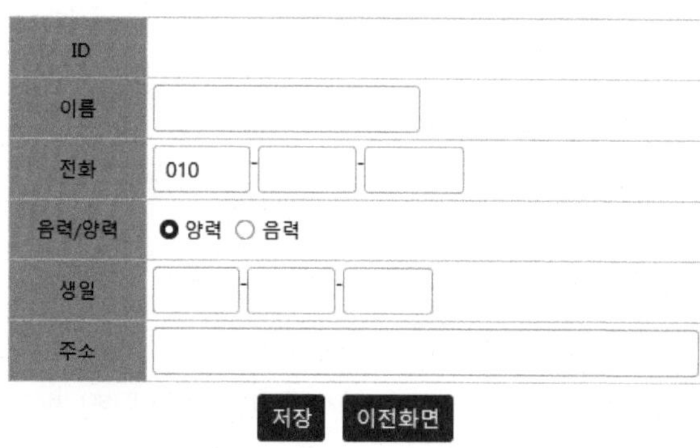

추가화면(juso_new.html)

실습이론

1 **자료추가 파일구조** : 새로운 자료를 추가하는 주소록프로그램의 파일구성은 다음과 같다.

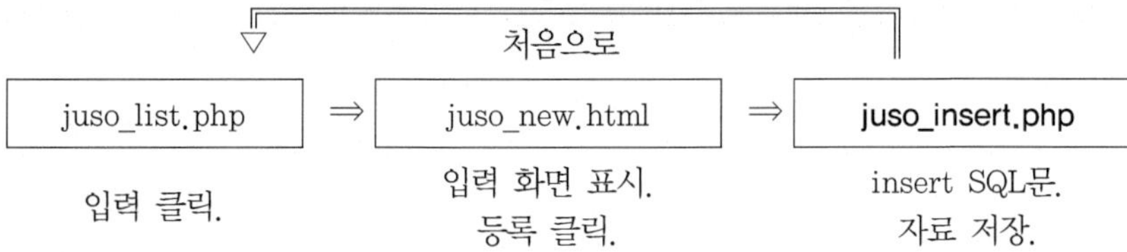

[2] **음력/양력** : 양력/음력 입력형식이 옵션버튼으로 되어 있으나, 프로그램 작업은 이전 작업과 동일하다. 옵션버튼에서 선택한 값은 sm에 저장되므로, 양력을 선택했으면, sm은 0이 되며, 음력인 경우는 1이 된다. 따라서 juso_insert.php에서 insert SQL문과 sm을 이용하여 프로그램을 처리하면 된다.

```
〈input type="radio" name="sm" value="0" checked〉양력
〈input type="radio" name="sm" value="1"〉음력
```

[3] **전화번호** : juso_list.php에서는 숫자로만 되어 있던 전화번호사이에 "-"기호를 삽입하는 처리를 했지만, 이번에는 반대로 "-"기호없이 tel1, tel2, tel3에 각각 있는 지역, 국, 번호들을 지정된 길이 3, 4, 4에 맞추어 "01012341234"와 같은 문자열로 만들어야 한다. 이 처리는 sprintf함수를 이용하면 쉽게 처리할 수 있다. 아래 프로그램 중의 형식기호 중, "%-3s"에서 3s는 3자리 길이의 문자를 의미하며, - 기호는 왼쪽부터 문자열을 채우라는 의미다. 예를 들어 서울 지역번호 02인 경우에는 "02 "와 같은 형식으로 변환된다. 동일한 방법을 적용하면 전화번호 조합을 위한 형식기호는 아래와 같이 쓸 수 있다.

```
$tel = sprintf("%-3s%-4s%-4s", $tel1, $tel2, $tel3);
```

[4] **생일** : 생일은 date 자료형이므로, 각각 분리되어 있는 birthday1, birthday2, birthday3을 "0000-00-00"형식으로 변환해야 한다. 이 처리도 전화번호와 마찬가지 방식으로 처리하면 된다. 형식기호 "%02d"에서 2d는 2자리 정수라는 의미이며, 0은 빈칸이 발생하는 경우 0으로 채우라는 의미이다. 예를 들어 1월인 경우 "01"로 변환된다.

```
$birthday = sprintf("%04d-%02d-%02d", $birthday1, $birthday2, $birthday3);
```

STEP 01 주소록자료 추가 만들기

① **juso_new.html의 form tag link 수정하기** : 등록버튼을 클릭했을 때, 입력한 정보를 저장하는 juso_insert.php 를 호출할 수 있도록 form tag 내용을 수정한다.

```
<div class="container">
<!------------------------------------------------------------------------------------------>
<br>

<form name="form1" method="post" action="            ">

<table class="table table-sm table-bordered mymargin5">
  <tr height="40">
    <td width="20%" class="mycolor2">ID</td>
    <td width="80%"align="left" class="bg-light"> </td>
  </tr>
  <tr>
```

② **juso_insert.php 만들기** : sj폴더의 sj_insert.php를 복사하여 juso폴더에 juso_insert.php 라는 파일 이름으로 저장한다.

③ **juso_insert.php 수정** : 성적처리의 sj_insert.php를 참고하여 juso_insert.php를 주소록 테이블 내용에 맞게 수정한다.

```
<?
  include "common.php";

  $name=$_REQUEST["name"];
  $kor=$_REQUEST["kor"];
  $eng=$_REQUEST["eng"];
  $mat=$_REQUEST["mat"];
  $hap=$_REQUEST["hap"];
  $avg=$_REQUEST["avg"];

  $sql="insert into sj (name, kor, eng, mat, hap, avg)
    values('$name', $kor, $eng, $mat, $hap, $avg)";
  $result=mysqli_query($db, $sql);
  if (!$result) exit("에러: $sql");

  echo("<script>location.href='sj_list.php'</script>");
?>
```

성적 sj_insert.php

```
<?
  include "common.php";

  - 저장할 변수들 REQUEST 하기
  - tel1, tel2, tel3 합치기
  - birthday1, birthday2, birthday3 합치기

  insert SQL문 실행

  echo("<script>location.href='juso_list.php'</script>");
?>
```

④ **실행 및 결과 확인** : 실행하여 결과를 확인한다.

4.1.5 주소록 삭제

실습목적

주소록 목록화면에서 삭제를 클릭한 경우, 해당 자료를 삭제할 수 있는 프로그램을 작성하여라.

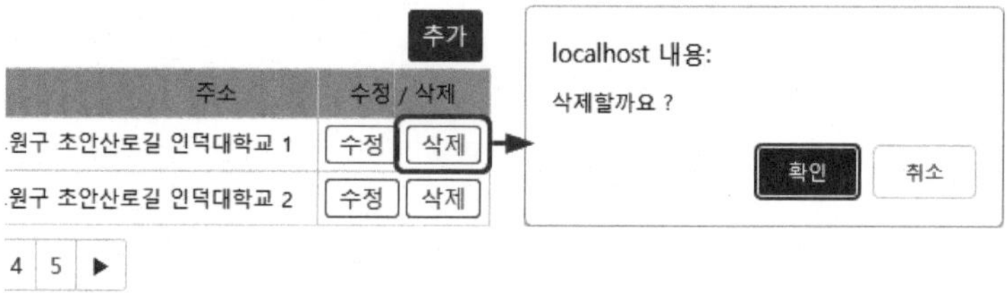

주소록 목록화면(juso list.html)　　　　삭제 메시지박스

실습이론

[1] **자료삭제 파일 및 처리** : 기존의 자료를 삭제하는 프로그램의 구성은 다음과 같다.

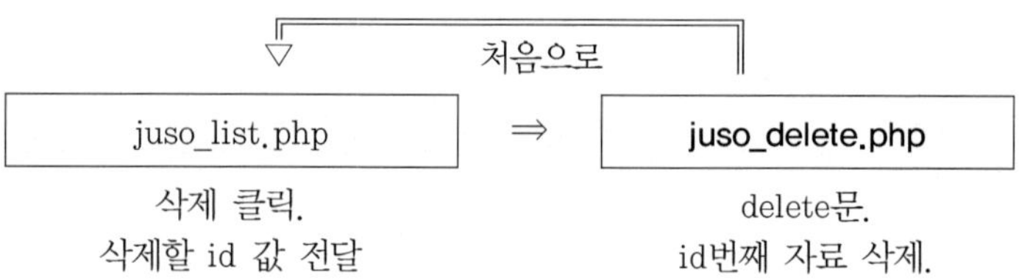

juso_list.php에서 삭제할 사람의 삭제버튼을 클릭하면, 몇 번째 사람의 자료인지에 대한 id 정보를 juso_delete.php에 전달한다. 그리고 juso_delete.php에서는 id번째 자료를 delete SQL문을 이용하여 삭제를 한 후, 다시 juso_list.php로 돌아간다.

STEP 01 주소록자료 삭제 만들기

① **juso_delete.php 만들기** : sj폴더의 sj_delete.php를 복사하여 juso 폴더에 juso_delete.php 라는 이름으로 저장한다.

② **juso_delete.php 수정** : juso_delete.php를 주소록 프로그램에 맞게 수정한다.

```
<?
  include "common.php";

  $id=$_REQUEST["id"];

  $sql="delete from sj where id=$id";
  $result=mysqli_query($db, $sql);
  if (!$result) exit("에러: $sql");

  echo("<script>location.href='sj_list.php'</script>");
?>
```

성적 sj_delete.php

```
<?
  include "common.php";

  ┌──────────────────────────┐
  │    delete SQL문 실행       │
  └──────────────────────────┘

  echo("<script>location.href='juso_list.php'</script>");
?>
```

③ **실행 및 결과 확인** : 실행하여 결과를 확인한다.

4.1.6 주소록 수정

실습목적

아래 그림과 같이 주소록 목록화면에서 수정버튼을 클릭하면 해당 자료를 수정할 수 있는 프로그램을 작성하여라.

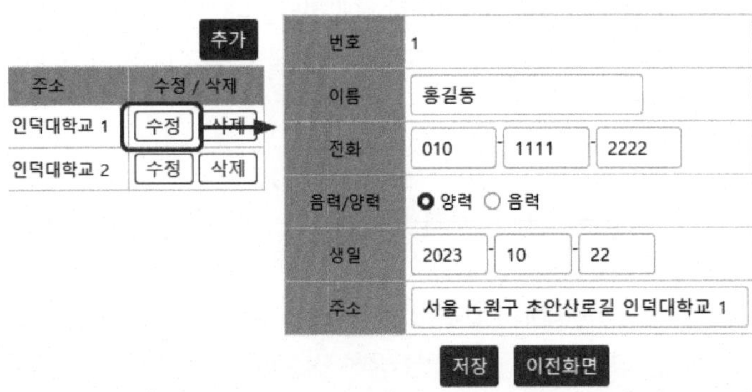

주소록 목록화면(juso_list.html)　　　　수정화면(juso_edit.html)

실습이론

1 **처리순서** : 기존의 주소록 자료를 수정하는 프로그램의 처리 순서는 다음과 같다.

처음으로

juso_list.php	⇒	juso_edit.php	⇒	juso_update.php
수정버튼 클릭할 때, id값 전달		id번째 자료읽어 표시. id값 hidden으로 기억.		id번째 레코드에 update문 이용해 저장.

juso_list.php에서 수정할 사람의 이름을 클릭하면, 몇 번째 사람의 자료인지에 대한 id 정보를 juso_edit.php에 전달한다. juso_edit.php에서는 이 id값을 이용하여 해당 사람의 성적자료를 읽어 수정할 수 있도록 처리한다. 그리고 이 id값을 다음 juso_update.php에서 사용하기 위하여 hidden으로 문서에 저장한다.

〈input type="hidden" name="id" value="값"〉

자료를 수정하고, 저장 버튼을 클릭하면, juso_update.php를 호출한다. 수정한 자료는 juso테이블에 저장되며, 다시 juso_list.php 문서로 돌아간다.

2 **전화, 생일** : 수정화면에서 전화번호를 각각 분리하여 초기화하려면, 주소록 목록화면에서 마찬가지로 substr함수를 이용하여 쉽게 처리할 수 있다. 또한 "0000-00-00"형식인 생일도 마찬가지 방법을 이용하면 년, 월, 일을 쉽게 분리할 수 있다.

```
$tel1=trim(substr($row["tel"],0,3));
$tel2=trim(substr($row["tel"],3,4));
$tel3=trim(substr($row["tel"],7,4));
```

0	1	2	3	4	5	6	7	8	9	10
0	0	0	0	0	0	0	0	0	0	0
지역(3)			국(4)				번호(4)			

```
$birthday1=substr($row["birthday"],0,4);
$birthday2=substr($row["birthday"],5,2);
$birthday3=substr($row["birthday"],8,2);
```

0	1	2	3	4	5	6	7	8	9
0	0	0	0	-	0	0	-	0	0
년(4)					월(2)			일(2)	

juso_insert.php와 juso_update.php에서는 나누어진 전화 $tel1, $tel2, $tel3을 다시 합쳐서 저장해야 한다. 이 처리는 다음과 같이 sprintf문을 이용하여 처리할 수 있다. 형식기호는 문자열 %s를 이용하며, - 기호는 왼쪽부터 채우라는 의미이다.

```
$tel = sprintf("%-3s%-4s%-4s", $tel1, $tel2, $tel3);
```

생일 $birthday1, $birthday2, $birthday3인 경우도 sprintf문을 이용하여 합칠 수 있다. 형식기호는 정수 %d와 빈칸은 0으로 채우라는 의미이다.

```
$birthday = sprintf("%04d-%02d-%02d", $birthday1, $birthday2, $birthday3);
```

3 **양력/음력** : input type이 radio인 경우, 옵션버튼의 초기값 선택은 해당 버튼의 html에 checked 를 삽입하면 된다. 따라서 양력/음력 값에 따라 옵션버튼의 초기값을 선택하려면 아래와 같이 if문을 이용해야 한다.

1) **옵션버튼을 이용하는 경우 :** ◉ 양력 ◎ 음력

```
if ($row["sm"]==1)
   echo("<input type='radio' name='sm' value='0'>양력
         <input type='radio' name='sm' value='1' checked>음력");
else
   echo("<input type='radio' name='sm' value='0' checked>양력
         <input type='radio' name='sm' value='1'>음력");
```

2) **콤보박스를 이용하는 경우 :** 양력 ▾

```
$sm_name=array("양력","음력");

echo("<select name='sm'>");
for ($i=0;$i<2;$i++)
{
  if ($row["sm"]==$i)
     echo("<option value='$i' selected>$sm_name[$i]</option>");
  else
     echo("<option value='$i'>$sm_name[$i]</option>");
}
echo("</select>");
```

3) **checkbox를 이용하는 경우 :** 음력 : ☑

```
if ($row["sm"]==1)
   echo("음력 : <input type='checkbox' name='sm' value='1' checked>");
else
   echo("양력 : <input type='checkbox' name='sm' value='1'>");
```

위와 같이 checkbox를 사용한 경우, 체크를 한 경우 sm은 1, 체크하지 않은 경우는 null값이 된다. 따라서 juso_insert.php나 juso_update.php에서 update SQL문을 실행하기 전에 먼저 $row["sm"]에 대하여 다음과 같은 프로그램을 이용하여 $sm값을 결정해야 한다.

```
if ($row["sm"]==1) $sm=1; else $sm=0;
```

STEP 01 juso_edit.php 만들기

① **juso_edit.html → juso_edit.php로 저장** : juso폴더의 juso_edit.html을 복사하여 이름을 juso_edit.php로 변경하여 저장한다.

② **juso_edit.php 수정1** : id번째 자료를 읽어 표시할 수 있도록 수정한다. 이때 전화는 해당 입력양식에 맞게 $tel1, $tel2, $tel3로, 생일은 해당 입력양식에 맞게 $birthday1, $birthday2, $birthday3로 미리 자료를 준비한다.

```
<?
  include "common.php";

  ┌───────────────────────┐
  │   id번째 자료 읽기      │
  └───────────────────────┘

  ┌─────────────────────────────────────────────┐
  │ - 실습이론[2] 참고                            │
  │ - $tel1,$tel2,$tel3 로 분해하기               │
  │ - $birthday1,$birthday2,$birthday3 로 분해하기 │
  └─────────────────────────────────────────────┘
?>

<!doctype html>
<html lang="kr">
<head>
```

③ **juso_edit.php 수정2** : form tag의 action, id, 이름, 전화 부분을 수정한다.

```
<div class="container">
  <br>

  <form name="form1" method="post" action="juso_update.     ">
    <input type="hidden" name="id" value="          ">

    <table class="table table-sm table-bordered mymargin5">
      <tr  height="40">
        <td width="20%" class="mycolor2">ID</td>
        <td width="80%"align="left">          </td>
      </tr>
      <tr>
        <td class="mycolor2">이름</td>
        <td align="left">
          <div class="d-inline-flex">
            <input type="text" name="name" size="20" value="          "
              class="form-control form-control-sm">
          </div>
        </td>
      </tr>
      <tr>
        <td class="mycolor2">전화</td>
        <td align="left">
          <div class="d-inline-flex">
            <input type="text" name="tel1" size="3" value="          "
              class="form-control form-control-sm"> -
            <input type="text" name="tel2" size="4" value="          "
              class="form-control form-control-sm"> -
            <input type="text" name="tel3" size="4" value="          "
              class="form-control form-control-sm">
          </div>
        </td>
      </tr>
```

④ juso_edit.php 수정3 : 음력/양력, 생일, 주소 부분을 수정한다.

```
      <tr  height="40">
        <td class="mycolor2">음력/양력</td>
        <td align="left">
<?

            실습이론 [3] 참고

?>
        </td>
      </tr>
```

```
<tr>
  <td class="mycolor2">생일</td>
  <td align="left">
    <div class="d-inline-flex">
      <input type="text" name="birthday1" size="4" value="[          ]"
        class="form-control form-control-sm"> -
      <input type="text" name="birthday2" size="2" value="[          ]"
        class="form-control form-control-sm"> -
      <input type="text" name="birthday3" size="2" value="[          ]"
        class="form-control form-control-sm">
    </div>
  </td>
</tr>
<tr>
  <td class="mycolor2">주소</td>
  <td align="left">
    <input type="text" name="juso" value="[          ]"
      class="form-control form-control-sm">
  </td>
</tr>
</table>
```

⑤ **실행 및 결과 확인** : 실행하여 클릭한 주소록 자료가 나오는지 결과를 확인한다.

STEP 02 juso_update.php 만들기

① **juso_update.php 작성** : sj폴더의 sj_update.php를 복사하여 juso_update.php 라는파일로 저장한다.

② **juso_update.php 수정** : 성적 sj_update.php를 이용하여 juso_update.php를 주소록 프로그램에 맞게 수정한다.

```
<?
  include "common.php";

  $id=$_REQUEST["id"];

  $name=$_REQUEST["name"];
  $kor=$_REQUEST["kor"];
  $eng=$_REQUEST["eng"];
  $mat=$_REQUEST["mat"];
  $hap=$_REQUEST["hap"];
  $avg=$_REQUEST["avg"];

  $sql="update sj set name='$name', kor=$kor, eng=$eng, mat=$mat,
          hap=$hap, avg=$avg where id=$id";
  $result=mysqli_query($db, $sql);
  if (!$result) exit("에러: $sql");

  echo("<script>location.href='sj_list.php'</script>");
?>
```

성적 sj_update.php

```
<?
  include "common.php";

  ┌──────────────────────────────────────────┐
  │ - 저장할 값들 REQUEST 하기                   │
  │ - tel1, tel2, tel3 합치기                   │
  │ - birthday1, birthday2, birthday3 합치기    │
  └──────────────────────────────────────────┘

  ┌──────────────────────────────────────┐
  │ update SQL문                          │
  └──────────────────────────────────────┘

  echo("<script>location.href='juso_list.php'</script>");
?>
```

③ **실행 및 결과 확인** : 실행하여 자료가 수정되는지 결과를 확인한다.

4.2 PHP 기본 소스 정리

지금까지 성적프로그램과 주소록 프로그램을 만들면서 사용한 PHP 기본 프로그램에 대해 정리해보도록 하겠다. 이 프로그램은 쇼핑몰 프로그램을 만들 때 사용할 기본 소스가 되며, 이것을 이용하여 작업을 하게 된다. 따라서 이 기본 소스를 잘 이해하길 바란다.

1 **값 출력 방법** : PHP에서 값을 출력하는 방법은 <?=값; ?>과 echo함수를 이용하는 2가지 방법이 있다.

```
<b><?=$name; ?></b>                    // html에서 값 출력 방법

<?
    echo "<b>$name</b>";               // echo함수 이용
?>
```

2 **자료 목록 출력 소스** : 이 소스는 select문을 이용하여 테이블의 자료들을 읽어 출력하

는 가장 기본이 되는 소스다.

```
$sql="select SQL문";                          // select문
$result=mysqli_query($db,$sql);               // 쿼리 실행
if (!$result) exit("에러: $sql");             // 실행결과 조사
foreach( $resul as $row )                     // foreach 반복문
{
    echo("값 출력");                          // $row[필드이름]
}
```

foreach문을 이용하는 경우

```
$sql="select SQL문";                          // select문
$result=mysqli_query($db,$sql);               // 쿼리 실행
if (!$result) exit("에러: $sql");             // 실행결과 조사
$count=mysqli_num_rows($result);              // 레코드 개수
for($i=0; $i<$count; $i++)                    // for 반복문
{
    $row=mysqli_fetch_array($result);         // 1 레코드 읽기
    echo("값 출력");                          // $row[필드이름]
}
```

for문을 이용하는 경우

③ **특정 자료 알아내는 소스** : 다음 프로그램은 id가 $id인 자료를 알아내는 소스다.

```
$sql="select … where id=$id";                 // select문
$result=mysqli_query($db,$sql);               // 쿼리 실행
if (!$result) exit("에러: $sql");             // 에러 조사

$row=mysqli_fetch_array($result);             // 1 레코드 읽기
```

④ **레코드 개수 알아내는 소스** : 다음 프로그램은 select문에 의해 얻어진 자료의 레코드 개수를 알아내는 소스다.

```
$sql="select … ";                              // select문
$result=mysqli_query($db,$sql);                // 쿼리 실행
if (!$result) exit("에러: $sql");              // 에러 조사

$count=mysqli_num_rows($result);               // 레코드 개수
```

5 **실행쿼리 SQL문 소스** : 다음 프로그램은 insert, update, delete, create table, … 같은 실행쿼리 SQL문을 실행할 때 사용하는 소스다.

```
$sql="실행쿼리 SQL문";                          // 실행쿼리 SQL문
$result=mysqli_query($db,$sql);                // 쿼리 실행
if (!$result) exit("에러: $sql");              // 에러 조사
```

6 **mypaination 사용** : 다음 프로그램은 mypagination 함수를 이용하여 페이지 막대를 표시할 때 사용하는 소스다.

```
$sql="select … ";                                      // SQL문
$args=변수명=값& ... " ;                                // 전송할 변수 정의
$results=mypagination($sql, $args, $count, $pagebar);
…
echo $pagebar;                                         // 페이지 막대 출력
```

Chapter 05

회원관리

5.1 쇼핑몰 구성

앞에서 성적프로그램과 주소록프로그램을 만들면서, PHP 언어와 mysql 데이터베이스간의 연동, 그리고 주요 화면처리에 대해 공부를 했다. 비록 최소한의 내용이긴 하지만, 이 내용만으로도 웹에서 간단한 프로그램을 할 수 있다. 이제는 이 정보를 가지고 본격적으로 인터넷 쇼핑몰을 만들어 보도록 하겠다.

5.1.1 인터넷 쇼핑몰 구성

일반적으로 인터넷 쇼핑몰은 크게 사용자와 관리자 영역으로 나눌 수 있다. 사용자 영역은 일반 고객이 상품을 검색하고 주문하는 영역이며, 관리자 영역은 주인이 상품을 등록하고 주문정보 확인 및 처리를 하는 영역이다. 이 영역을 좀 더 세분화시키면 회원관리, 상품관리, 주문관리, 기타관리와 같은 4 영역으로 나눌 수 있다. 물론 쇼핑몰의 규모나 성격에 따라 더 다양한 영역이 있을 수 있지만, 여기서는 쇼핑몰에서 기본적으로 꼭 필요한 내용만을 갖는 최소 규모의 온라인 쇼핑몰을 만드는 과정을 소개하도록 하겠다.

- 쇼핑몰
  - 사용자
    - 회원 : 가입, 수정, ID/암호 찾기, 로그인
    - 상품 : 메인화면 진열, 카테고리별, 상품상세정보, 상품 검색, 상품이미지 크게 보기
    - 주문 : 장바구니, 주문, 결제, 주문내역조회
    - 기타 : 게시판, FAQ, QA
  - 관리자
    - 회원관리 (수정, 삭제, 검색)
    - 상품관리 (등록, 수정, 삭제, 검색)
    - 주문관리 (목록, 검색, 주문상태 수정)
    - 기타관리 (옵션, 메일, …)

좀 더 이해를 돕기 위하여 인터넷 쇼핑몰의 사용자 영역에서 고객이 주로 사용하는 화면들에 대해 알아보도록 하자.

1 **쇼핑몰 사용자용 화면** : 다음 그림들은 회원 관련 화면으로서, 로그인, 회원가입, ID/암호 찾기, 회원정보 수정 등이다. 일반적인 쇼핑몰인 경우에는 이밖에도 관심 상품 등록, 1:1 상담, 자신의 블로그 등 다양한 기능이 있을 수 있지만, 여기서는 최소한의 기능만 만들도록 할 생각이다. 자세한 것은 실제로 만들 때 다시 설명하도록 하겠다.

로그인 화면

회원가입 화면

ID/암호 분실 조회화면

다음 그림은 상품에 관련된 화면들로서, 메인화면과 메뉴별 상품 진열화면, 상세화면, 검색화면 등이 있다.

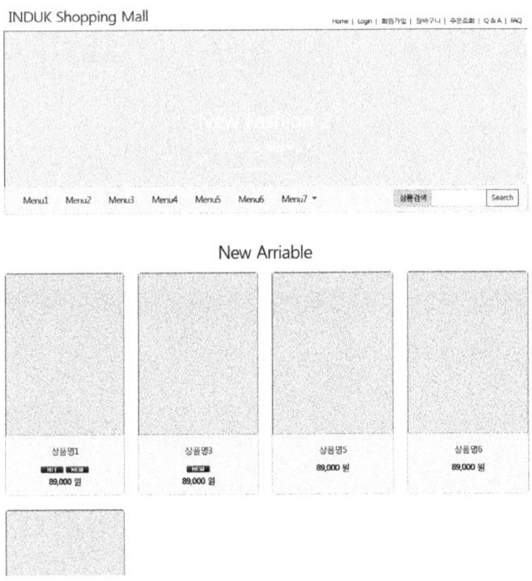

메인 화면

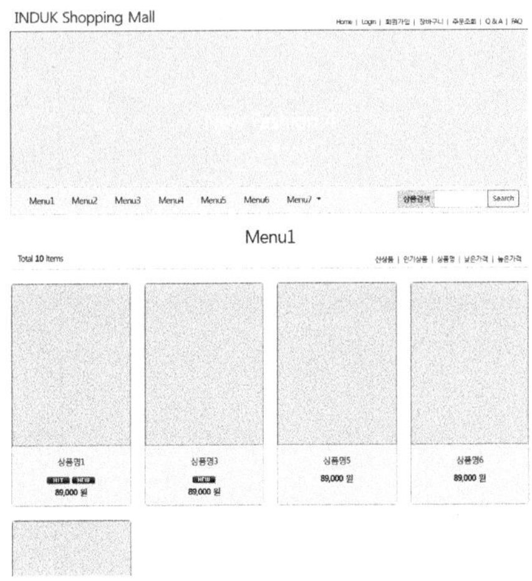

카테고리별 상품진열 화면

상품정보 상세 화면

상품검색 화면

다음 그림은 주문에 관련된 화면들로서, 장바구니에 담은 상품을 주문정보에 입력하고 온라인상에서 카드나 무통장 입금으로 주문할 수 있는 화면, 그리고 주문한 상품의 주문 및 배송정보를 확인할 수 있는 화면들이다.

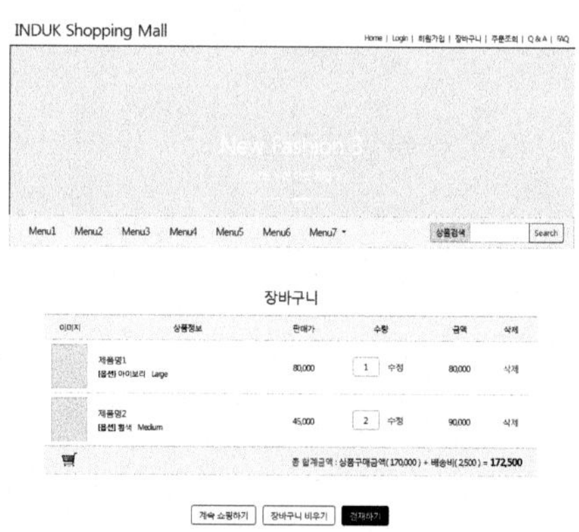

장바구니 화면

주문조회 화면

주문정보 입력화면

결제정보 입력화면

주문 상세 화면

다음 그림은 그밖에 관리자에게 문의를 위한 게시판, 자주 묻는 질문, 회사정보 등 쇼핑몰에 대한 일반적인 정보에 관련된 화면들이다.

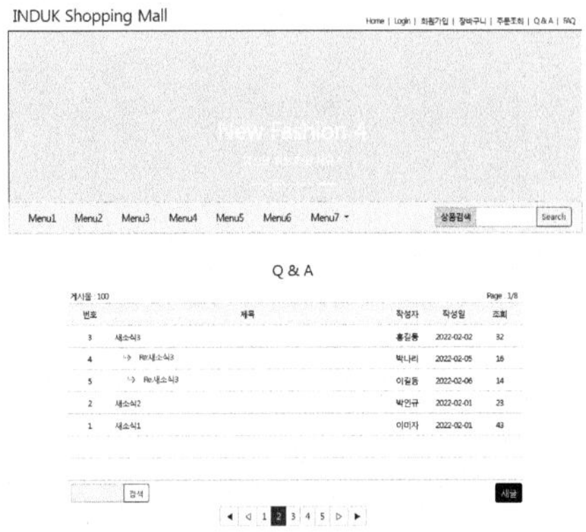

Q & A 화면

FAQ 화면

회사소개 화면

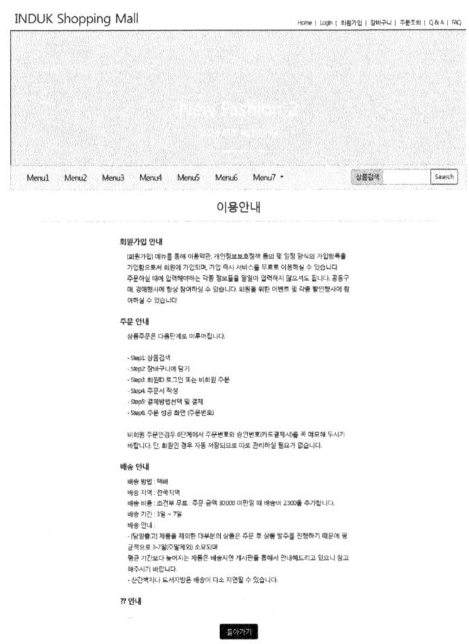

이용안내 화면

2 **쇼핑몰 관리자용 화면** : 앞서 설명한 그림들은 고객들이 사용하는 영역이라면, 지금부터 보여주는 그림들은 관리자가 쇼핑몰을 운영하기 위하여 필요한 관리자 영역의 화면들로서, 회원관리, 상품관리, 주문관리 및 쇼핑몰에 대한 기초정보관리에 필요한 화면들이다.

회원목록 화면

회원정보 상세화면

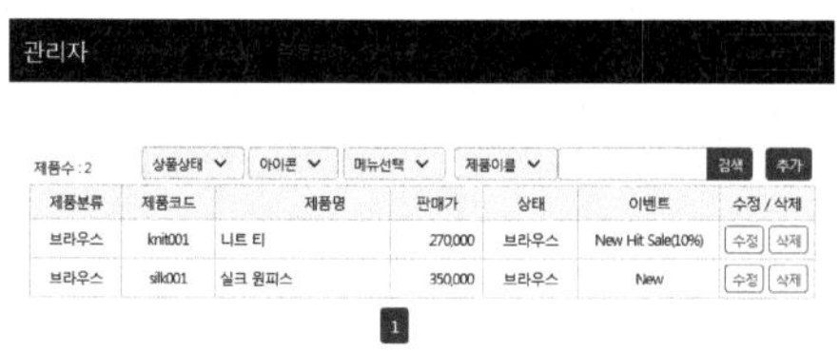

상품목록 화면

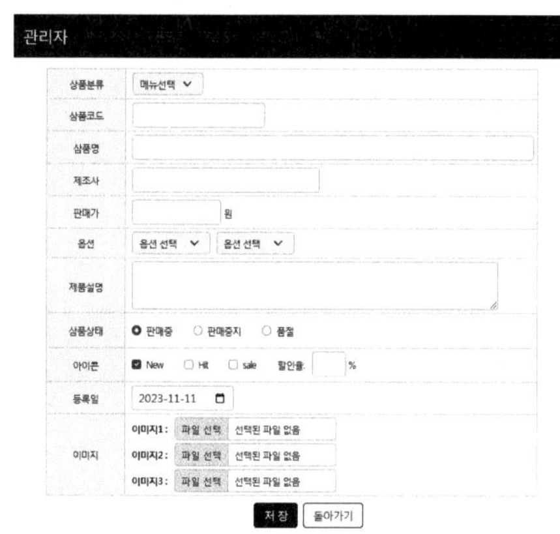

상품등록 화면

주문목록 화면

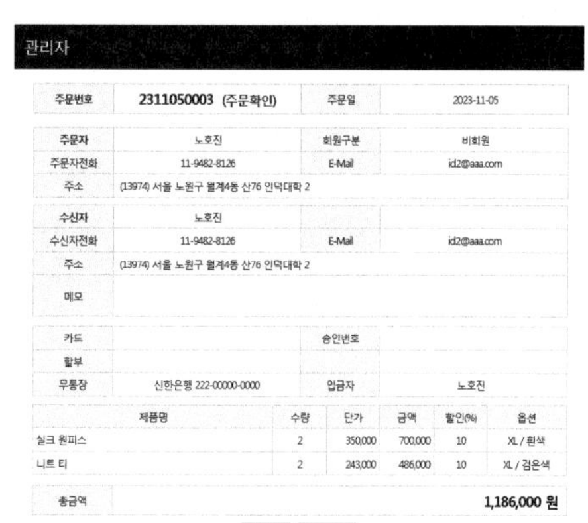

주문정보 상세화면

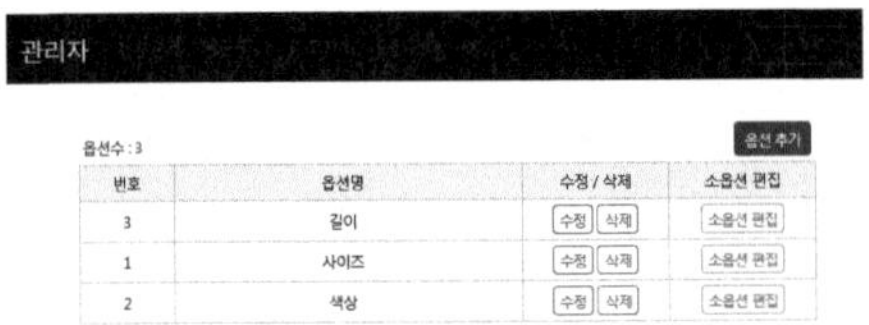

옵션 목록 화면

소옵션 목록 화면

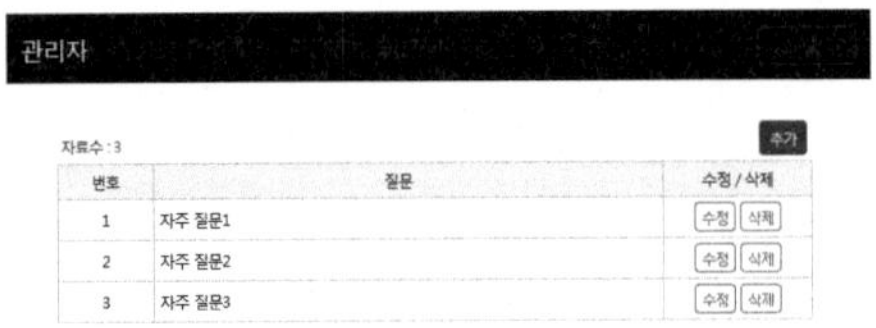

FAQ 화면

③ **쇼핑몰 폴더구조** : 독자들이 앞으로 만들 인터넷 쇼핑몰에 대해 대강 이해하였다면, 앞에서 설명한 쇼핑몰의 디자인 html 소스가 어디에 어떻게 있는지 알아보자. 부록파일에서 제공한 쇼핑몰 디자인 html 소스의 폴더 구조는 다음과 같다.

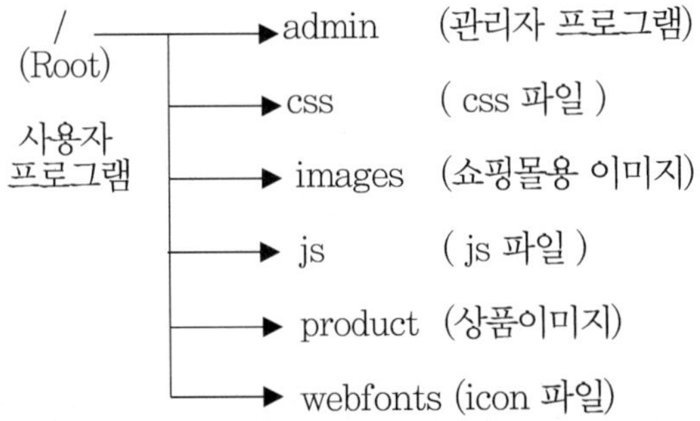

쇼핑몰에서 고객이 사용할 html 문서가 있는 폴더는 자기 계정의 Root(/)폴더로서, 회원, 상품, 그리고 주문 등에 관련된 모든 파일들이 있다. admin 폴더에는 일반 사용자는 볼 수 없고 관리자만 접근이 가능하여 고객관리, 상품관리, 주문관리 등을 할 수 있는 관리자 프로그램들이 있다. css, js, webfonts 폴더에는 bootstrap 관련 파일들과 아이콘 파일 등 이 있으며, images폴더에는 웹문서에 필요한 이미지들이 있다. 그리고 product폴더에는 모든 제품 이미지를 저장할 폴더이다.

이제, 준비가 되었다면, 본격적인 작업을 시작해보도록 하자.

5.1.2 공통 소스와 main.php

실습목적

메인화면인 main.html을 이용하여 main_top.php, main_bottom.php를 만들고, 이 파일들을 이용하여 main.php를 만들어라.

실습이론

1 **화면의 공통영역의 모듈화** : 인터넷 쇼핑몰을 만드는 일은 매우 긴 시간과 노력을 필요로 하는 지루한 작업이다. 따라서 가능한 적은 시간과 노력으로 작업을 하기 위해서는 프로그램에서 공통으로 들어가는 작업내용을 찾아 작업을 최소화시켜야 한다. 이러한 방법에 대해 알아보자. 다음 4개의 그림들은 앞으로 만들 쇼핑몰의 주요 화면들이다. 그림들을 잘 보면 공통으로 반복되는 부분이 있는 것을 알 수 있다.

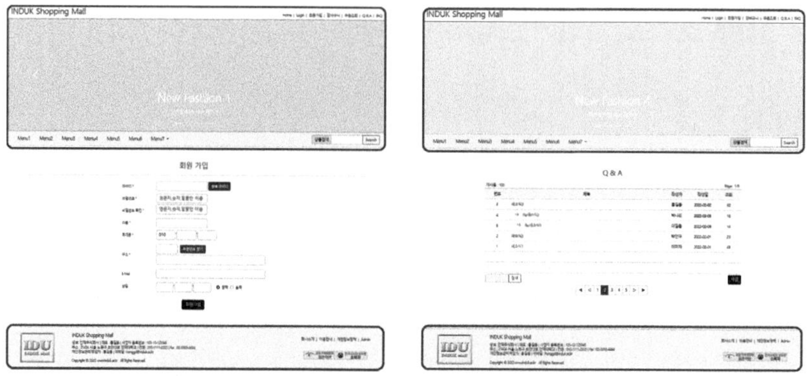

쇼핑몰에 사용되는 웹문서들은 수십, 수백 개가 될 수 있는데, 매 문서마다 공통영역에 대해 동일한 PHP 작업을 한다면 엄청난 시간과 노력이 필요할 것이다. 이 문제를 해결할 수 있는 방법은 앞서 배운 PHP의 include명령을 이용하는 것이다.

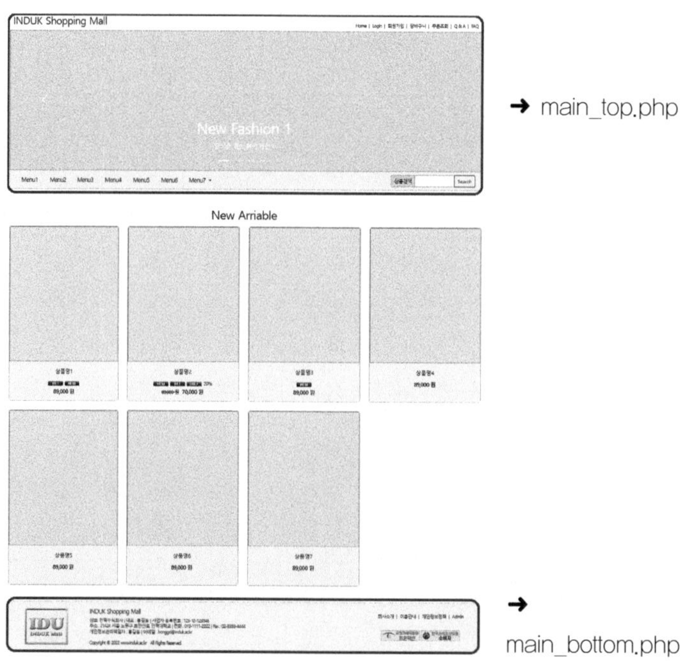

main.php

여기서는 위 그림과 같이 공통영역을 2개의 영역으로 나누었고, 풀다운메뉴가 있은 화면 상단 html부분은 main_top.php로, 회사소개가 있는 화면 하단 html은 main_bottom.php라는 파일이름으로 각각 저장하였다.

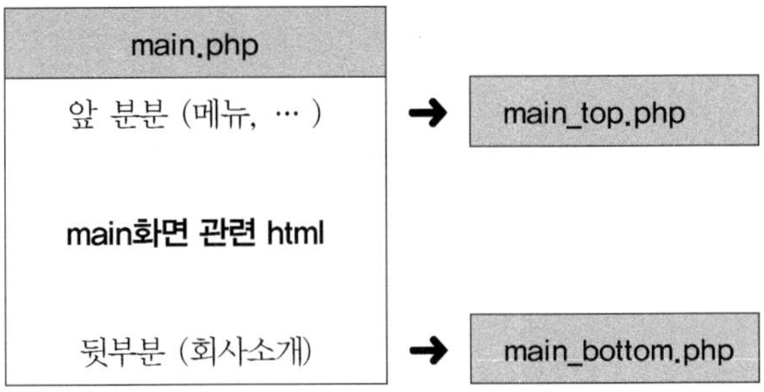

그러면 main.php는 include 명령어와 2개의 php 파일을 이용하면 아래와 같이 만들 수 있다. 앞으로 만들 모든 쇼핑몰의 웹문서들은 include를 이용한 main.php와 같은 구조로 만들도록 하겠다.

```
main.php

<? include "main_top.php"; ?>
...
        main화면 관련 html
...
<? include "main_bottom.php";  ?>
```

STEP 01 공통파일 만들기

① **main_top.php 만들기** : main.html을 읽은 후, 아래와 같이 화면 상단 부분과 관련된 html 부분만 남기고 나머지는 모두 삭제한다. 그리고 [파일]→[다른 이름으로 저장하기] 메뉴를 이용하여 "main_top.php"라는 파일이름으로 저장한다.

```
          </ul>
        </li>
      </ul>

      <form name="form1" method="post" action="product_search.html">
        <div class="input-group input-group-sm pt-1" >
          <span  class="input-group-text" style="font-size:13px;">상품검색</span>
          <input type="text" name="find_text" size="10" class="form-control form
          <button type="button" class="btn btn-sm btn-outline-secondary" style="f
            onClick="form1.submit();">Search</button>
        </div>
      </form>

    </div>
  </div>
</div>

<!------------------------------------------------------------------------------>
<!-- 시작 : 다른 웹페이지 삽입할 부분 -->
<!------------------------------------------------------------------------------>
```

삭제

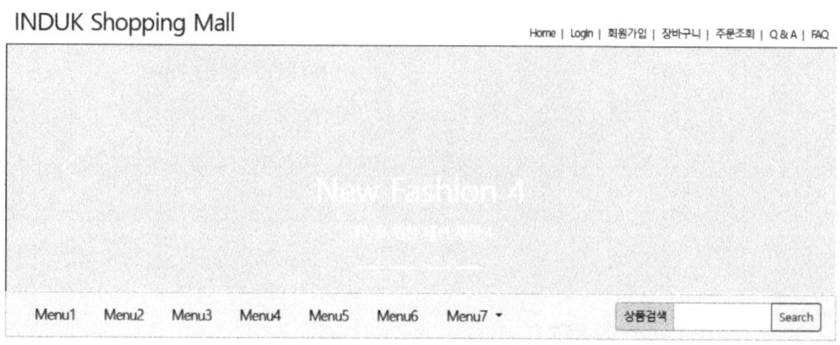

화면 상단 부분

② **main_bottom.php 만들기** : 다시 main.html을 읽은 후, 아래와 같이 화면 하단 부분과 관련된 html 부분만 남기고 앞부분을 모두 삭제한다. 그리고 [파일]→[다른 이름으로 저장하기] 메뉴를 이용하여 "main_bottom.php"라는 파일이름으로 저장한다.

화면 하단 부분

삭제

```
<!--------------------------------------------------------------------------------->
<!-- 끝 : 다른 웹페이지 삽입할 부분 -->
<!--------------------------------------------------------------------------------->

<!-- 화면 하단 (main_bottom) : 회사소개/이용안내/개인보호정책 -->
<hr class="m-0">
<div class="row bg-light py-3  m-0 mb-5">
  <div class="col-2" align="center">
    <a href="index.html"><img src="images/footer_logo.png" width="120"></a>
  </div>
  <div class="col-7" align="left" style="line-height:15px;">

    <h6>INDUK Shopping Mall</h6>
    <font style="font-size:12px;">
      상호: 인덕주식회사 | 대표 : 홍길동 | 사업자 등록번호 : 123-12-123345<br>
      주소 : 21424 서울 노원구 초안산로 인덕대학교  | 전화 : 010-1111-2222 | Fax : 0
      개인정보관리책임자 : 홍길동 | 이메일 : honggd@induk.ac.kr<br>
```

STEP 02 main.php 만들기

① **main.php 저장하기** : main.html을 읽은 후, [파일]→[다른 이름으로 저장하기] 메뉴를 이용하여 "main.php"라는 파일이름으로 저장한다.

② **main.php 상단부분 수정하기** : main.html을 읽은 후, 아래와 같이 화면 상단 부분을 삭제하고, main_top.php를 include 하는 프로그램을 작성한다.

```
<?
  include "main_top.php";
?>
<!--------------------------------------------------------------------------------->
<!-- 시작 : 다른 웹페이지 삽입할 부분 -->
<!--------------------------------------------------------------------------------->

<!--  제목  -->
<div class="row mt-5 mb-1">
  <div class="col" align="center">
    <h2>New Arriable</h2>
  </div>
</div>
```

③ **main.php 하단부분 수정하기** : 아래와 같이 화면 하단 부분을 삭제하고, main_bottom.php를 include 하는 프로그램을 작성한다.

```
<!-- 상품7 -->
<div class="col-3">
  <div class="card mb-4">
    <div class="zoom_image" align="center">
      <a href="product.html?id=109469"><img src="product/p7.png" he
    </div>
    <div class="card-body bg-light" align="center" style="font-size:15px; l
      <div class="card-title"><a href="product.html?id=109469">상품명7
      <p class="card-text"><b>89,000 원</b><br></p>
    </div>
  </div>
</div>

</div>
<br>

<!-------------------------------------------------------------------------------->
<!-- 끝 : 다른 웹페이지 삽입할 부분 -->
<!-------------------------------------------------------------------------------->

<?
  include "main_bottom.php";
?>
```

④ **실행 및 결과 확인** : 웹브라우저에서 main.php를 실행하여 main.html과 같은 실행 결과화면이 나오는지 확인한다.

STEP 03 index.html link 수정하기

① **link 수정하기** : index.html을 읽어 다음과 같이 수정한다.

```
<!doctype html>
<html lang="kr">
<head>
  <meta charset="utf-8">
  <meta name="viewport" content="width=device-width, initial-scale=1">
  <title>INDUK Shopping Mall</title>
  <script>location.href="main.php"</script>
</head>
</html>
```

② **실행 및 결과 확인** : 웹브라우저에서 main.php를 실행하여 main.html과 같은 실행 결과화면이 나오는지 확인한다. 화면 새로고침을 했는데도 안되는 경우는 Ctrl+F5키를 눌러 Cache를 고려한 새로고침을 해보길 바란다.

5.2 회원가입

5.2.1 회원관리 개요

인터넷 쇼핑몰 운영에 있어 회원관리는 매우 중요하다. 이 회원관리 프로그램은 앞서 만든 주소록프로그램과 거의 동일하므로, 앞서 만든 주소록프로그램을 최대한 이용하여 만들면 쉽게 만들 수 있다. 먼저 작업에 들어가기 전에 회원관리에 관련된 파일구조에 대해 알아보자.

1 **사용자용 파일 구조** : 앞서 언급했지만, 쇼핑몰에서는 사용자와 관리자용 프로그램이 따로 있으며, 다음 내용은 사용자측에서 작업해야 할 내용과 파일 구조이다.

1) **회원가입** : 사용자가 쇼핑몰을 보다 편리하게 사용하기 위해서는 먼저 회원가입을 해야 한다. 아래의 파일 구조는 회원가입 처리에 관련된 파일 처리순서이다. 여기서 회원 아이디가 중복되지 않도록 확인하는 절차와 우편번호 조회기능은 반드시 필요하다.

➔ member_agree (가입동의) ─► member_join (회원정보입력) ─► member_insert (정보저장) ─► member_joinend (가입축하)

member_join ─► member_check (중복ID확인)

member_join ─► zipcode (우편번호찾기)

2) **로그인** : 회원으로서 쇼핑몰을 이용하기위해서는 먼저 로그인을 하여 회원임을 인증받아야 한다. 다음 파일 구조는 내용은 고객ID와 암호를 이용하여 로그인하는 파일 처리순서이다.

➔ member_login ─► member_check ─► main

3) **로그아웃** : 로그인한 후, 로그아웃 처리를 하는 파일 처리순서이다.

➔ member_logout ─► main

4) **회원정보 수정** : 로그인을 한 후, 자신의 회원정보를 변경할 수 있는 처리의 파일 처리순서이다. 수정한 후에는 다시 회원정보 수정화면으로 이동한다.

→ member_edit → member_update
(회원정보수정)

5) **ID, 암호 문의** : 회자신의 ID나 암호를 잊어 버렸을 때 등록된 자신의 기본정보를 이용하여 ID나 암호를 확인할 수 있는 파일 처리순서이다.

→ member_idpw (본인 확인 정보 입력)
  ├─► member_searchid (문의한 ID 표시)
  └─► member_searchpw (문의한 암호표시)

2 **관리자용 파일 구조** : 관리자 쪽에서는 모든 회원에 대한 정보를 관리할 수 있는 기능이 필요하며 이러한 파일의 구조는 다음과 같다.

1) **회원목록** : member
2) **회원수정** : member_edit (회원정보수정) → member_update (수정)
  └─► zipcode (우편번호 찾기)
3) **회원삭제** : member_delete

5.2.2 member 테이블

실습목적

회원의 정보를 저장할 member 테이블을 만들어라.

실습이론

1 **member 테이블 구조** : 다음 표는 회원 테이블의 구조로서, 가능한 최소한의 개인정보가 되도록 구성하였다. 이 밖에도 주민등록번호, 결혼여부, 마일리지, 취미, 정보수신여부 등 더 많은 회원정보가 있을 수 있다. 원한다면, 독자가 추가하여 작업해보길 바란다. 테이블의 내용에 대해서는 자세한 설명을 하지 않아도 충분히 이해할 것이라 생각된다.

	필드명	자료형	Null	인덱스	A_I	비고
번호	id	unsigned integer	☐	primary	V	기본키
고객 ID	uid	varchar(20)	V			
암호	pwd	varchar(20)	V			
이름	name	varchar(20)	V			
전화	tel	varchar(11)	V			000-0000-0000
우편번호	zip	varchar(5)	V			00000
주소	juso	varchar(255)	V			
E-Mail	email	varchar(50)	V			
생일	birthday	date	V			
회원상태	gubun	tinyint	V			회원=0, 탈퇴=1

STEP 01 member 테이블 만들기

① **테이블 만들기 1** : phpmyadmin을 이용하여 데이터베이스 shop0에 member 테이블을 만든다. 여기서는 테이블의 이름이 "member"이고, 필드 수는 "12"이다.

② **테이블 만들기 2** : member테이블의 구조를 입력한 후, 저장버튼을 클릭한다. gubun필드는 〈사용자정의〉를 이용하여 "0"으로 초기화한다,

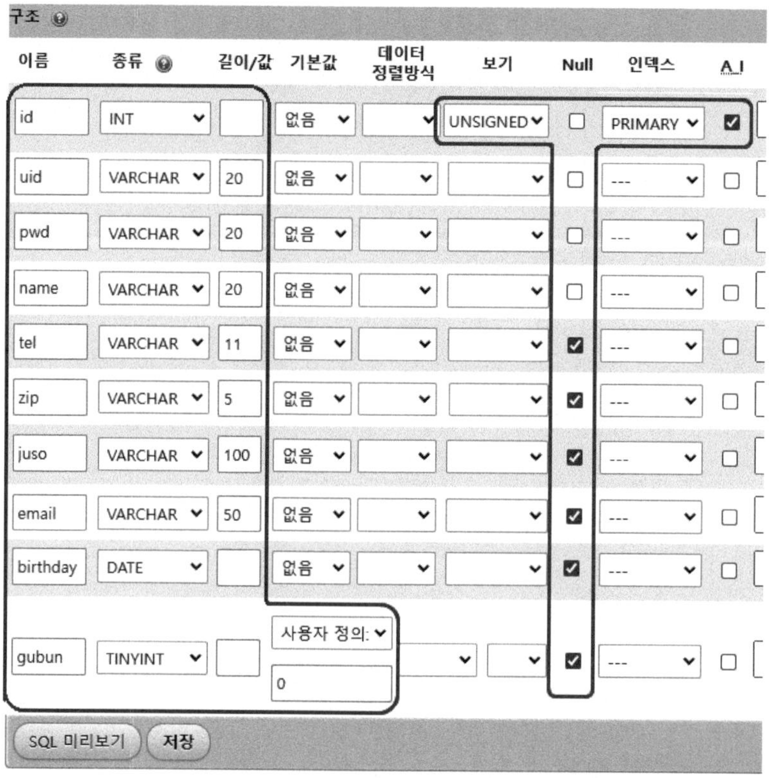

5.2.3 회원 가입

실습목적

회원가입 처리는 동일 ID가 있는지를 조사하는 ID중복 검사와 우편번호 찾기와 같은 처리가 추가된 것을 제외하고는 주소록프로그램과 거의 동일하다. 먼저 ID중복검사 및 우편번호 찾기 기능을 제외한 회원가입 프로그램을 작성하여라.

실습이론

1 **회원가입 파일구조** : 회원을 가입 처리하는 프로그램의 파일구성과 각 해당 화면은 다음과 같다. 회원가입을 클릭하면 회원정보를 입력하는 member_join.html로 이동한다. 정보를 입력하면, member_insert.php를 호출하여 입력정보를 저장하고, 회원가입 감사 인사를 보여주는 member_joinend.html로 이동한다. 이 과정에서 회원의 아이디중복 검사와 우편번호 찾기를 할 수 있도록 만들어야 한다.

member_join ➡ member_insert ➡ member_joinend

member_join: ⬇ 회원정보입력

member_insert: insert문, 저장.

member_joinend: 가입 완료

member_idcheck

⬇ ID중복검사

zip_code

우편번호 찾기

회원정보 입력화면(member_join.html)

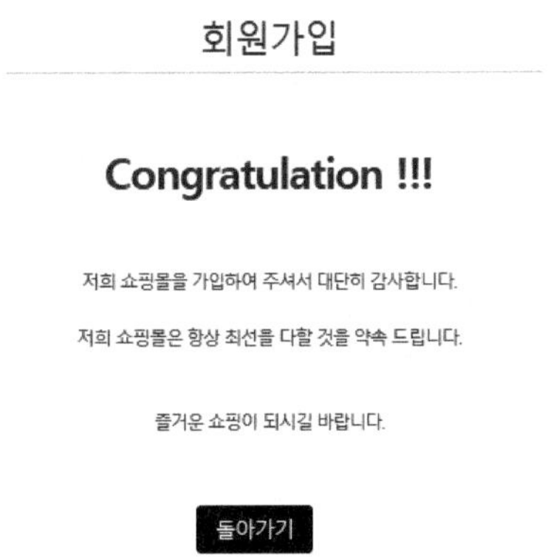

회원가입 축하화면(member_joinend.html)

ID중복검사, 우편번호 찾기는 다음 절에서 설명하도록 하겠다.

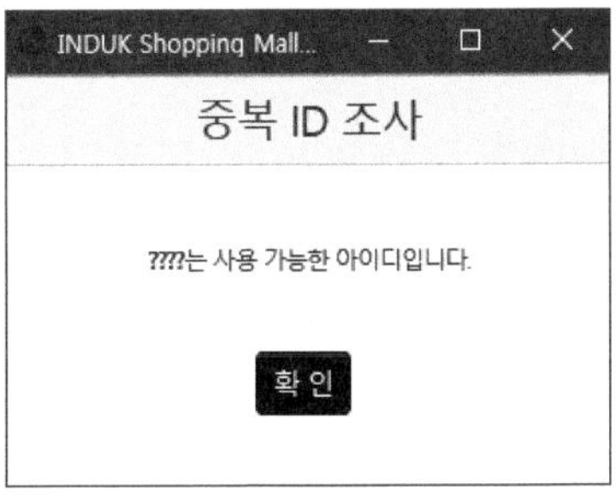

중복ID검사 (member_idcheck.html)

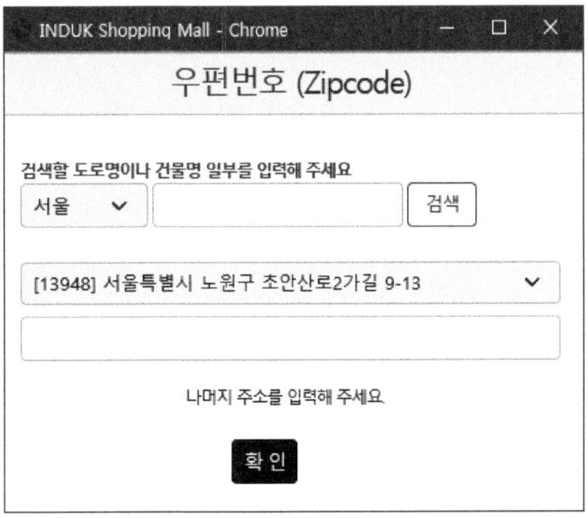

우편번호찾기(zipcode.html)

② **모든 html 문서에 공통부분 include 하기** : 앞으로 만들 모든 사용자 영역의 모든 html 문서는 화면 공통부분에 해당하는 main_top.php와 main_bottompe.php를 문서 앞과 뒷부분에 include시켜야 한다. 예를 들어 main_join.php인 경우, 다음과 같다.

member_join.php	member_joinend.php
<? include "main_top.php"; ?> … **<회원정보 입력 부분>** … <? include "main_bottom.php"; ?>	<? include "main_top.php"; ?> … **<회원가입 감사인사 부분>** … <? include "main_bottom.php"; ?>

…

모든 파일에 대해 이런 작업을 한다는 것은 귀찮은 작업일 수 있다. 그러나 이 작업을 하지 않으면, 앞에서 설명했듯이 공통적인 부분에 대해 모든 파일마다 똑 같은 PHP 프로그램 작업을 해야 한다. 따라서 작업을 최소화하기 위해서는 반드시 해야 한다.

③ **link 수정하기(*.html → *.php)** : html 디자인 소스에서는 모든 파일이름 확장자가 html이므로, a tag와 같이 문서와 문서간의 이동처리를 하는 link의 파일이름 확장자는 php로 모두 수정해야 한다. 예를 들어 아래 그림에서 화면 좌측상단의 회원가입 메뉴를 클릭했을 때, 회원가입 화면으로 이동하는 link부분을 보여주고 있다. 이 경우 member_join.html을 member_join.php로 이름을 바꾸어야 한다.

```
<div class="col" align="right">
  <table class="mt-3" style="font-size:12px;">
    <tr height="30">
      <td><a href="index.html">Home</a> |  </td>
      <td><a href="member_login.html">Login</a> |  </td>
      <td><a href="member_join.html">회원가입</a> |  </td>
      <td><a href="cart.html">장바구니</a> |  </td>
      <td><a href="jumun_login.html">주문조회</a> |  </td>
      <td><a href="qa.html">Q & A</a> |  </td>
      <td><a href="faq.html">FAQ</a>   </td>
    </tr>
  </table>
</div>
```

main_join.html → main_join.php 로 수정

[4] **member_insert.php** : 회원정보를 저장하는 member_insert.php는 juso_insert.php와 거의 동일하다. 다른 점은 uid, pwd, gubun, email, gubun 필드가 더 추가됐다는 점이다. 따라서 juso_insert.php를 복사하여 작성하면 편하다. 그리고 gubun값은 회원가입이므로, 0으로 초기화해야한다는 점이다.

```
insert into member (uid, ··· , gubun) values('$uid', ··· , 0);
```

STEP 01 *.html ➜ *.php 만들기

① **member_join.php 새로 만들기** : member_join.html을 복사하여 member_join.php로 새로 저장한다.

② **member_join.php include 하기** : member_join.php를 읽어 아래 프로그램처럼 상단부분에 main_top.php를 include하고, 하단부분에는 main_bottom.php로 include한다.

```
<?
  include "main_top.php";
?>
<!------------------------------------------------------------------------------>
<!-- 시작 : 다른 웹페이지 삽입할 부분 -->
<!------------------------------------------------------------------------------>
<!-- 현재 페이지 자바스크립 ------------------------------------------->
<script>
  function FindZip(zip_kind)
  {
~~~~~~~~~~~~~~~~~~~~~~~~~~~~~~~~~~~~~~~~~~~~~~~~~~~~~~
  </div>
</div>
<br><br>
<!------------------------------------------------------------------------------>
<!-- 끝 : 다른 웹페이지 삽입할 부분 -->
<!------------------------------------------------------------------------------>
<?
  include "main_bottom.php";
?>
```

③ **member_joinend.php 만들기** : 과정 ①, ②를 반복하여 member_joinend.html을 include가 된 member_joinend.php로 만든다.

```
<?
  include "main_top.php";
?>

<!---------------------------------------------------------------------------------->
<!-- 시작 : 다른 웹페이지 삽입할 부분 -->
<!---------------------------------------------------------------------------------->

<div class="row m-5 mb-0">
  <div class="col" align="center">
    <h4>회원가입</h4>
  </div>
</div>
~~~~~~~~~~~~~~~~~~~~~~~~~~~~~~~~~~~~~~~~~~~~~~~~~~
  </div>
</div>
<br><br><br><br><br><br>

<!---------------------------------------------------------------------------------->
<!-- 끝 : 다른 웹페이지 삽입할 부분 -->
<!---------------------------------------------------------------------------------->

<?
  include "main_bottom.php";
?>
```

STEP 02 link 수정하기

① **member_join.php를 호출하는 link 수정하기** : main_top.php을 읽은 후, 내용 중 member_join.html을 찾아 member_join.php로 link를 수정한다.

```
<!-- Title과 메뉴(로그인/회원가입/장바구니/주문조회/게시판/Q&A) -->
<div class="row">
  <div class="col fs-3" align="left">
     <a href="index.html"><font color="#777777">INDUK Shopping Mall</font></a>
  </div>
  <div class="col" align="right">
    <table class="mt-3" style="font-size:12px;">
      <tr height="30">
        <td><a href="index.html">Home</a> |  </td>
        <td><a href="member_login.html">Login</a> |  </td>
        <td><a href="                    ">회원가입</a> |  </td>
        <td><a href="cart.html">장바구니</a> |  </td>
        <td><a href="jumun_login.html">주문조회</a> |  </td>
        <td><a href="qa.html">Q & A</a> |  </td>
        <td><a href="faq.html">FAQ</a>   </td>
      </tr>
    </table>
  </div>
</div>
```

② **member_join.php의 link 수정하기** : 입력한 회원 정보를 저장하는 member_insert.php를 호출하도록 form tag의 action을 member_joinend.html에서 member_insert.php로 link를 수정한다.

```
<div class="row m-5 mb-0">
  <div class="col" align="center">

    <h4 class="m-0">회원 가입</h4>

    <hr size="4px" class="mt-3">

    <!-- form2 시작 -->
    <form name="form2" method="post" action="                    ">
    <input type="hidden" name="check_id" value="">

    <table style="font-size:12px;">
      <tr height="40">
        <td align="left" width="120">아이디 <font color="red">*</font></td>
```

⑤ **실행 및 결과확인** : 쇼핑몰을 반드시 새로 고침한 후, 회원가입 메뉴 클릭부터 회원정보 입력 화면까지 제대로 표시되는지 확인한다.

index.html ➜ main.php ➜ member_agree.php ➜ member_join.php
회원가입 클릭 회원동의 클릭

STEP 03 회원추가 insert SQL

① **common.php 만들기** : 주소록프로그램 juso폴더에 있는 common.php를 복사하여 root폴더인 htdocs에 common.php로 저장하여라.

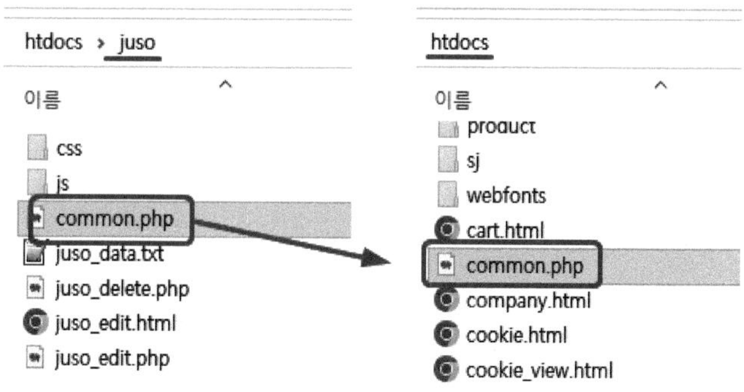

② **member_insert.php 만들기** : 주소록프로그램 juso폴더에 있는 juso_insert.php를 복사하여 member_insert.php로 저장한다. 그리고 실습이론 4를 참고하여 회원관리에 맞게 member_insert.php를 수정한다. 저장한 후에는 가입감사 화면(member_joinend)으로 이동한다.

```
<?
  include "common.php";

  juso_insert.php 참조
  - 저장할 값들 REQUEST
  - tel1, tel2, tel3 합치기
  - birthday1, birthday2, birthday3 합치기

  insert SQL문 작성

  echo("<script>location.href='member_joinend.php'</script>");
?>
```

③ **실행 및 결과확인** : 실행하여 회원 가입이 되는지 확인한다. 확인방법은 자료를 추가한 후, phpmyadmin을 이용하여 member테이블의 내용을 확인하면 된다.

←T→	id	uid	pwd	name	tel	zip	juso	email	birthday	gubun
☐	26	id26	1234	고망현	01116371347	13974	서울 노원구 월계4동 산76 인덕대학 26	id26@aaa.com	1990-01-26	0
☐	27	id27	1234	이당진	01035384656	13974	서울 노원구 월계4동 산76 인덕대학 27	id27@aaa.com	1990-01-27	0
☐	28	id28	1234	박지영	01034593479	13974	서울 노원구 월계4동 산76 인덕대학 28	id28@aaa.com	1990-01-28	0
☐	29	id29	1234	이영성	01023213028	13974	서울 노원구 월계4동 산76 인덕대학 29	id29@aaa.com	1990-01-29	0
☐	30	id30	1234	박자재	01032624503	13974	서울 노원구 월계4동 산76 인덕대학 30	id30@aaa.com	1990-01-30	0
☐	31	hgd	1234	홍길동	01012341234	13948	서울특별시 노원구 초안산로2가길 9-13 1234	hgd@aaa.com	2000-01-01	0

5.2.4 중복 ID 검사

실습목적

아래 그림과 같이 입력한 ID와 동일한 ID가 있는지를 검사하여 표시해주는 중복 ID 검사 프로그램을 작성하여라. 만약 중복된 ID가 있는 경우에는 회원등록을 못하도록 한다.

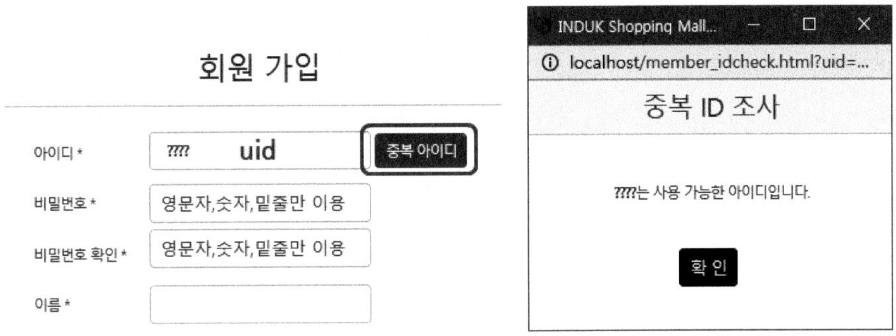

실습이론

1 **처리과정** : 아이디는 어떤 특정 사이트에서만 자신의 이름 대신에 사용하는 일종의 별칭으로서, 해당 사이트 내에서는 절대로 동일한 아이디가 있어서는 안된다. 따라서 동일한 아이디를 등록하는 실수를 막기 위해서는 아이디를 등록할 때 등록되어 있는 아아디 중 같은 아이디가 있는지 조사하는 기능이 필요하다. 중복 아이디 검사 과정은 다음과 같다.

```
$sql="select * from member where uid='$uid' ";
$result=mysqli_query($db, $sql);
if (!$result) exit("에러: $sql");
$count=mysqli_num_rows($result);    // 레코드개수
if ($count==0)
  echo "$uid는 사용 가능 출력 html소스";
else
  echo "$uid는 사용 못함 출력 html소스";
```

회원정보에서 입력한 uid값은 input tag 이름이 uid인 곳에 저장된다. 따라서 중복 uid 검사 방법은 member 테이블에서 필드 uid의 값이 입력한 $uid의 값과 같은 자료의 개수($count)를 세는 것이다. 만약 $count가 0이면 중복 uid가 없는 경우가 되며, 0보다 크면 중복 uid가 있음을 의미한다. 따라서 없는 경우는 다음 내용을 출력해야 하며

```
<b>????</b>는 사용 가능한 아이디입니다.
<br><br><br>
<a href="close_me('yes');" class="btn btn-sm btn-dark text-white myfont">확 인</a>
```

있는 경우는 다음 내용을 출력하면 된다.

```
<b>????</b>는 사용할 수 없는 아이디입니다.
<br><br><br>
<a href="close_me('');" class="btn btn-sm btn-dark text-white myfont">확 인</a>
```

② **사용자가 중복 아이디 검사를 했는지 알아내는 방법** : 회원가입을 할 때 사용자가 중복 아이디 검사를 했는지를 알아내어, 않한 경우에는 회원등록을 못하도록 하는 방법에 대해 알아보자. 먼저 회원가입 html에 아래와 같은 hidden 변수로 check_id를 선언한다. 그리고 member_idcheck.php 문서에 member_join.php의 check_id에 값을 대입하는 javascript함수 closeme()를 작성한다.

member_join.php		member_idcheck.php
<input type="hidden" name="**check_id**" value="">	←	close_me()

입력한 uid가 사용 가능한 경우에는 확인버튼을 클릭할 때, closeme("yes")를 호출하여 check_id에 "yes"값을 입력한다. 아닌 경우에는 close_me(" ")를 호출하여 빈 문자열을 저장한다. 그리고 Check_Value함수에서 검사를 했는지를 구분할 수 있다.

member_idcheck.php

```
function close_me(v)
{
   opener.form2.check_id.value = v;
   self.close();
}
```

member_join.php

```
function Check_Value()
{
   if (!form2.check_id.value) {
      alert("중복ID 조사를 먼저 하십시요.");
      form2.uid.focus(); return;
   }
   if (!form2.uid.value) {
      alert("아이디가 잘못되었습니다.");
      ...
```

③ **프로그램 작성할 때, 주의사항** : echo()함수에서 closeme("yes")를 처리할 때 중복 따옴표 문제로 에러나 결과가 나오지 않을 수 있다. 작성할 때 주의하기를 바란다.

echo "　…　Closeme(₩"yes₩")　…　";

[PHP] 문자열 표시에서 중첩 따옴표 처리

문자열표시에서 따옴표를 중첩되게 사용할 때는 는 따옴표("), 싱글따옴표('), Escape따옴표(₩") 순으로 사용해야 한다. 만약 싱글때옴표를 이용하는 경우에는 반대로 싱글따옴표, 따옴표, Escape싱글따옴표 순으로 사용해야 한다.

"　'　₩"　₩"　'　"
1번째　2번째　3번째

예제〉 echo "<a href='javascript:Closeme(₩"문자열₩");'>닫기</a>" ;
echo '<a href="javascript:Closeme(₩'문자열₩');">닫기</a>' ;

STEP 01 중복 아이디 검사 만들기

① **member_idcheck.html을 member_idcheck.php로 저장** : member_idcheck.html을 복사하여 member_idcheck.php로 저장한다.

② **프로그램 작성** : 실습이론 [1]과 [3]을 이용하여 중복 ID 검사처리 프로그램을 작성한다.

③ **link 수정하기** : member_join.php에서 중복 아이디 검사창을 호출하도록 링크를 수정한다.

```
<!-- 현재 페이지 자바스크립 ------------------------------------------->
<script>
  function FindZip(zip_kind)
  {
    w=window.open("zipcode.html?zip_kind="+zip_kind, "zip",
      "width=490,height=320,scrollbars=no");
  }

  function check_id()  {
    if(!form2.uid.value) {
      alert("ID를 입력하십시요.");   form2.uid.focus(); return;
    }
    window.open("[                    ]?uid="+form2.uid.value,"",
      "width=300,height=200,scrollbar=no");
  }
```

④ **실행 및 결과확인** : 이미 등록한 ID를 이용하여 중복 ID 검사가 제대로 되는지 확인한다.

5.2.5 우편번호 찾기

실습목적

회원가입에서 [우편번호 찾기]버튼을 클릭하면 아래 그림과 같이 우편번호찾기 창이 열려, 도로명이나 건물이름 일부분으로 우편번호와 주소 앞부분을 검색할 수 있는 프로그램을 작성하여라.

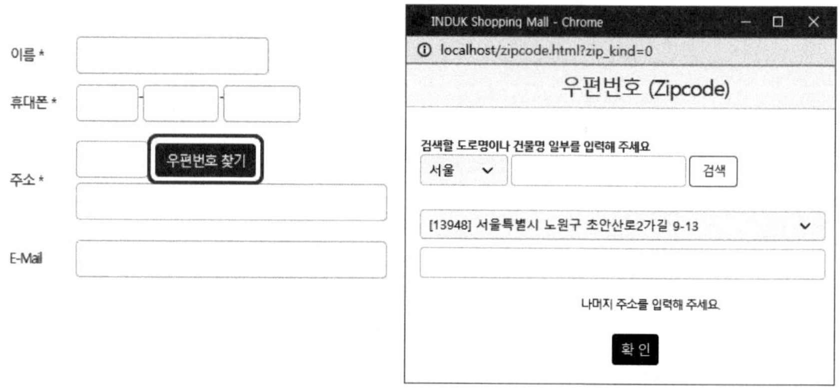

우편번호찾기(zipcode.html)

실습이론

1 **우편번호 파일과 테이블** : 도로명이나 건물명 일부로 주소와 우편번호 검색을 하려면, 도로명과 우편번호가 저장된 파일이 필요하다. 이 파일은 인터넷우체국(www.epost.go.kr)에서 구할 수 있으며, 최신의 우편번호 정보를 원한다면 해당 사이트를 참조하길 바란다.

www.epost.go.kr

도로명을 이용하는 우편번호인 경우는 전국의 모든 건물들에 대한 정보를 가지고 있어서 파일 크기가 매우 크다. 영문이름 등 쇼핑몰에서는 불필요한 정보도 포함되어 있어 검색속도를 저하시킨다. 따라서 검색속도를 개선하기 위해 전국 우편번호를 하나의 테이블에 저장하지 않고, 다음과 같이 각 시, 도에 따라 여러 개의 우편번호 테이블을 이용하는 것이 효율적이다. 그리고 검색할 때는 먼저 시도를 선택하여 테이블을 결정하여 검색하도록 프로그램을 작성하면 된다.

서울	zip1	충남	zip7	경남	zip13
경기	zip2	대전	zip8	전북	zip14
인천	zip3	경북	zip9	전남	zip15
강원	zip4	대구	zip10	광주	zip16
충북	zip5	울산	zip11	제주	zip17
세종	zip6	부산	zip12		

시도별 테이블 이름

이 책의 부록에는 2023년 2월 1일 기준의 전국 새우편번호 파일이 있으며, 필자는 서울지역 우편번호 정보에서 필요한 부분만 발췌하여 사용할 생각이다. 그 이외 지역 정보는 독자가 같은 방식으로 처리하길 바란다. 먼저 도로명 방식의 데이터는 다음 그림과 같으며, 서울지역 zip1 테이블의 구조는 다음과 같다. 그리고 각 필드의 varchar 길이는 우체국 사이트에서 제공하는 우편번호DB설명_지역별주소(참고자료).hwp의 내용을 참고하길 바란다.

도로명을 이용하는 서울 우편번호 zip1 테이블구조

	내용	필드명	자료형	비고
1	번호	id	unsigned integer	auto_increment, 기본키
2	우편번호	zip	varchar(5)	
3	시, 도	juso1	varchar(20)	
4	시, 군, 구	juso2	varchar(20)	
5	읍, 면	juso3	varchar(20)	
6	도로명	juso4	varchar(80)	
7	건물번호본	juso5	varchar(5)	
8	건물번호부	juso6	varchar(5)	
9	건물명	juso7	varchar(200)	

zip	juso1	juso2	juso3	juso4	juso5	juso6	juso7
13984	서울	노원구		초안산로2길	25	19	성지독서실

[2] **우편번호 콤보상자 post_id 초기상태** : 우편번호 검색창이 처음 표시될 때는 아무것도 검색되지 않도록 처리를 해야 한다. 그렇지 않으면 모든 우편번호가 표시될 때까지 지연되기 때문이다. 이 처리는 다음과 같이 text1값이 있는 경우에만 우편번호를 검색하도록 프로그램을 작성해야 한다.

```
$sel = $_REQUEST["sel"] ? $_REQUEST["sel"] : 1;
$text1 = $_REQUEST["text1"] ? $_REQUEST["text1"] : "";
    …
〈select name="post_no" … 〉
〈?
  if ($text1)  // 검색어가 있는 경우
  {
    우편번호 검색하여 콤보상자 목록에 정보 추가( [3]과 [4] 내용참고 )
  }
  else
     echo "〈option〉〈/option〉";
?〉
〈/select〉
```

[3] **우편번호 검색쿼리** : 도로명방식의 전국 우편번호파일 크기가 매우 크므로, 검색속도가 떨어진다. 따라서 아래 그림과 같이 시도를 선택하는 콤보상자 sel 을 이용하여 sel 번호를 알아내어 테이블을 선택하고, zip테이블의 도로명인 juso3, 건물명인 juso7 중 하나를 이용하여 검색할 수 있도록 만들어 보겠다. 따라서 검색할 정보를 가지고 있는 입력란 text1에 따라 다음과 같은 쿼리를 이용하여 검색할 수 있다.

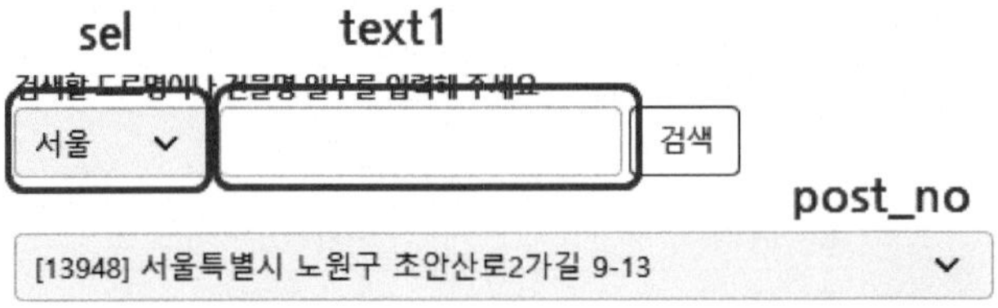


```
$sql = "select * from zip$sel where juso4 like '%$text1%' or juso7 like '%$text1%'";
                              도로명                    건물명
```

[4] **우편번호정보 목록값** : 우편번호정보를 선택하는 post_no 콤보상자 목록값은 다음과

같은 표시방식을 이용한다.

```
[13948] 서울특별시 노원구 초안산로2가길 9-13
[13948] 서울특별시 노원구 초안산로2가길 15-11
[13948] 서울특별시 노원구 초안산로2가길 5-11
[13948] 서울특별시 노원구 초안산로2가길 25-17
[13948] 서울특별시 노원구 초안산로2가길 25-19 성지독서실
[13948] 서울특별시 노원구 초안산로2가길 9
[13948] 서울특별시 노원구 초안산로2가길 5-5
[13948] 서울특별시 노원구 초안산로2가길 5-10
[13948] 서울특별시 노원구 초안산로2가길 9-10
[13949] 서울특별시 노원구 초안산로 12 인덕대학
[13948] 서울특별시 노원구 초안산로 29 신계초등학교
[13948] 서울특별시 노원구 초안산로 7 월계2단지주공아파트
[13913] 서울특별시 노원구 초안산로 89 월계청백1단지아파트
[13948] 서울특별시 노원구 초안산로 2 월계2치안센터
```

```
〈select name="post_no"〉
    〈option value="13984^^서울특별시 노원구 초안산로2가길 9-13 성지독서실"〉
      [13984] 서울특별시 노원구 초안산로2가길 9-13 성지독서실
    〈/option〉
    ...
〈/select〉
```

따라서 우편번호정보를 표시하는 프로그램은 주소록 프로그램인 juso_list.php에서 자료를 "**〈td〉정보〈/td〉**"가 아니라 콤보상자의 "**〈option〉정보〈/option〉**"으로 표시하는 식으로 수정하면 된다. 여기서 ^^표시는 우편번호와 주소를 구분하는 임의의 기호이다.

```
...
foreach($result as $row)
{
   $zip = $row["zip"];
   $A= ...
   echo("〈option value='$zip^^$A'〉[$zip] $A〈/option〉");
}
...
```

$A	서울특별시 juso1	노원구 juso2	______ juso3	초안산로2가길 juso4	25 - 19 juso5-juso6	성지독서실 juso7

여기서 주의할 점은 도로명을 표시할 때 juso5, juso6, juso7에 따라 다음과 같이 4가지 출력 결과가 생긴다.

juso5 있는 경우 :	서울 … 초안산로5길 25
juso5, juso6 있는 경우 :	서울 … 초안산로5길 25-19
juso5, juso7 있는 경우 :	서울 … 초안산로5길 25 …빌딩
juso5, juso6, juso7 있는 경우 :	서울 … 초안산로5길 25-19 …빌딩

이러한 출력 처리는 다음 프로그램을 이용하면 쉽게 해결할 수 있다. juso6값은 값이 없는 경우 0값이 입력되어 있으므로, 0인 경우는 표시하지 않도록 처리하였다.

```
$A = $row["juso1"] . " " . $row["juso2"] . " " . $row["juso3"] . " " . $row["juso4"];
if ($row["juso5"])      $A .= $row["juso5"];
if ($row["juso6"]!="0") $A .= "-" . $row["juso6"];
if ($row["juso7"])      $A .= " " . $row["juso7"];
```

5 **Sendzip 함수** : 우편번호 검색창의 콤보박스의 value값을 보면, 우편번호와 주소 자료 표시형식이 ^^기호를 이용하여 하나의 문자열(우편번호5자리^^주소앞부분)로 저장되어 있는 것을 알 수 있다.

```
<select name="post_no">
  <option value="13977^^서울 노원구 초안산로5길 주공아파트">
    [13977] 서울 노원구 초안산로5길 주공아파트
  </option>
  …
</select>
```

^^ 기호를 사용한 이유는 하나의 문자열로 되어 있는 우편번호와 주소정보를 javascript split()함수를 이용하면, 각 정보를 분리하여 문자열 배열로 저장하기 편리하기 때문이다.

```
var str, zip, juso;
str = form1.post_no.value;
str = str.split("^^");
```

```
zip = str[0];
juso = str[1] + " " + form1.juso.value;
```

선택된 우편번호와 주소값은 opener를 이용하여 브라우저에 현재 표시되고 있는 고객 회원가입 문서의 우편번호, 주소 입력란에 저장하면 된다.

```
opener.form2.zip.value = zip;
opener.form2.juso.value = juso;
```

그리고 이 우편번호 검색은 회원가입이외에도 주문처리할 때도 필요하다. 따라서 나중에 다시 작성하는 것보다는 이 문서를 다시 이용하는 것이 효율적일 것이다. 이 처리는 Sendzip함수의 인수 zip_kind 변수값에 따라 다른 처리가 되도록 프로그램하면 쉽게 처리할 수 있다.

```
if (zip_kind==1)
  { 주문처리의 주문자 주소 우편번호 }
else if (zip_kind==2)
  { 주문처리의 배송지 주소 우편번호 }
else
  { 회원가입 우편번호 }
```

STEP 01 도로형 우편번호 엑셀파일 만들기

이번에는 인터넷우체국에서 제공하는 도로형 우편번호 파일 중 서울지역 파일만 이 책에서 사용하는 우편번호 구조로 만드는 과정을 알아보도록 하겠다. 도로형 우편번호파일은 크기가 매우 크기 때문에 서울지역만 이용할 생각이다. 나머지 지역은 책 부록이나 인터넷우체국 사이트에 text 파일이 있으므로, 독자가 직접 만들어 보길 바란다.

만약 이 작업을 건너뛰기를 원하는 독자는 STEP 02로 이동하여 책 부록에 있는 "서울특별시.xlsx"파일을 이용하길 바란다.

① **엑셀에서 우편번호파일 읽기** : 엑셀을 이용하여 책 부록에 있는 "서울특별시.txt" 파일을 읽어 온다.

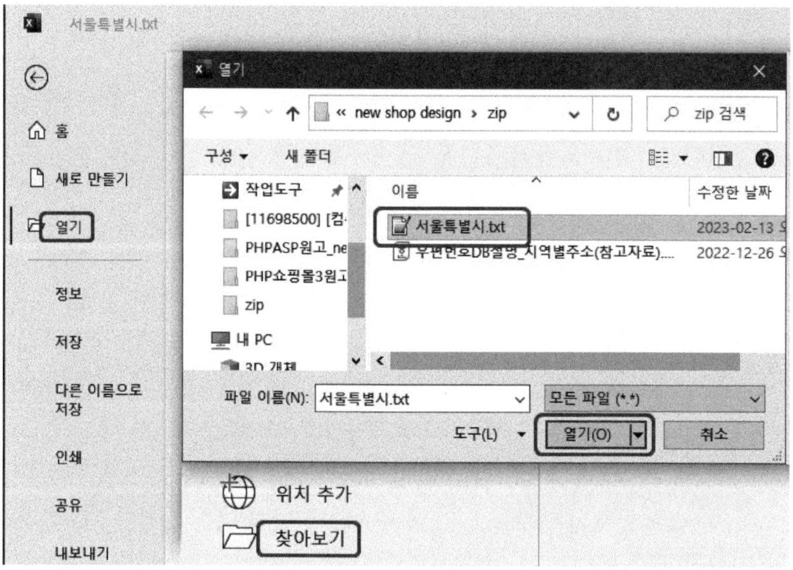

② **텍스트 마법사** : "서울특별시.txt"를 엑셀로 읽어 들인 후, 다음 그림에서의 작업과 같이 작업을 한다.

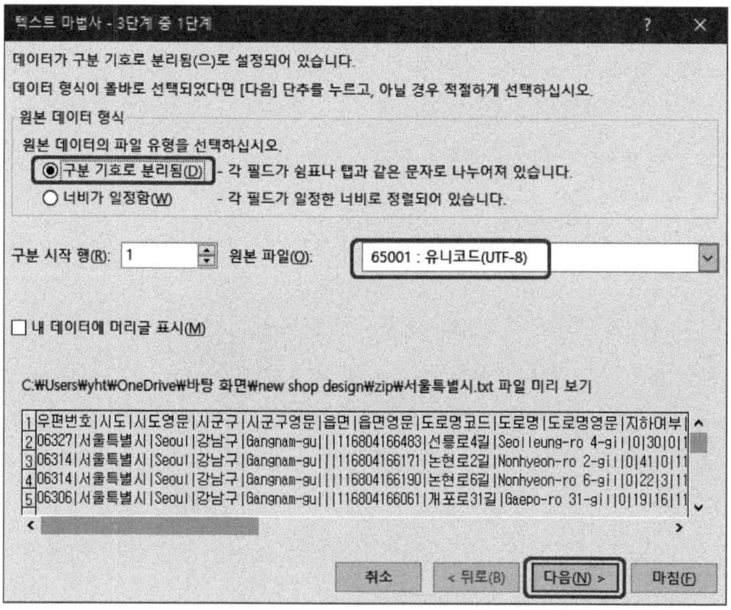

[다음]버튼을 클릭.

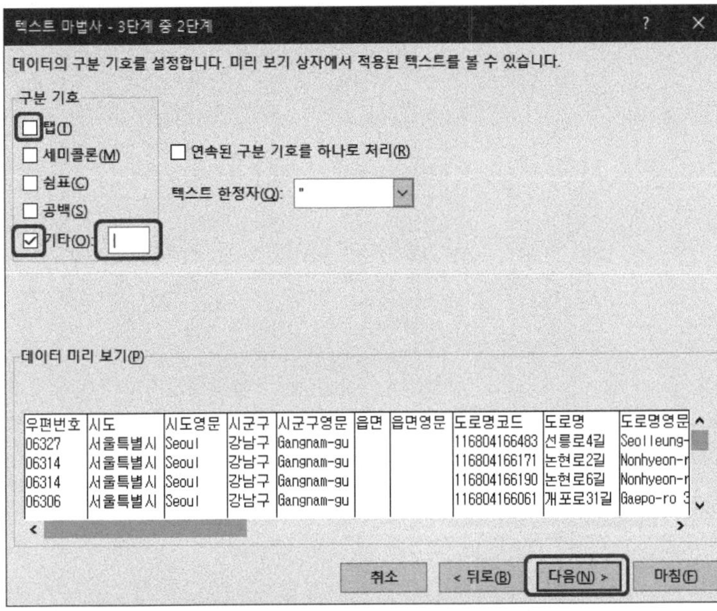

〈기타〉 확인란을 체크한 후, "¦ "을 입력한다.

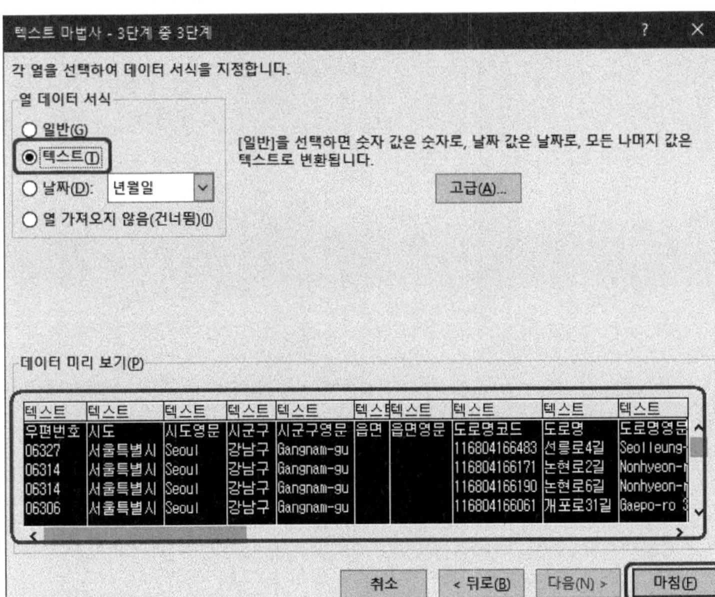

〈데이터 미리보기〉에 모든 내용을 선택한 후, 〈열 데이터 서식〉에서 "텍스트"를 선택한다.

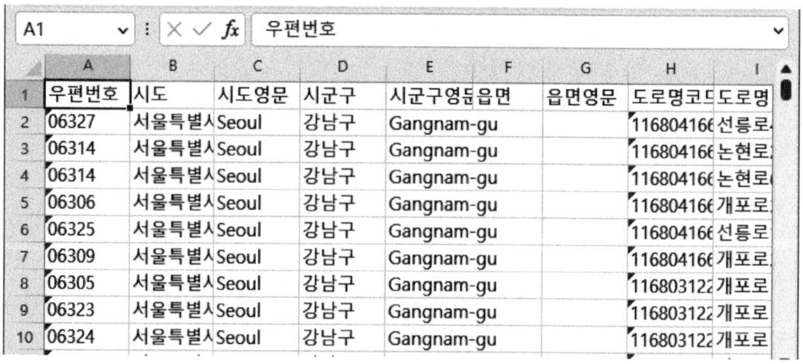

결과화면

③ **불필요한 칼럼 삭제하기** : 아래 그림과 같이 "**구역번호, 시도, 시군구, 읍면, 도로명, 건물번호본번, 건물번호부번, 시구군용건물명**"를 제외한 나머지 칼럼들은 모두 삭제를 한다.

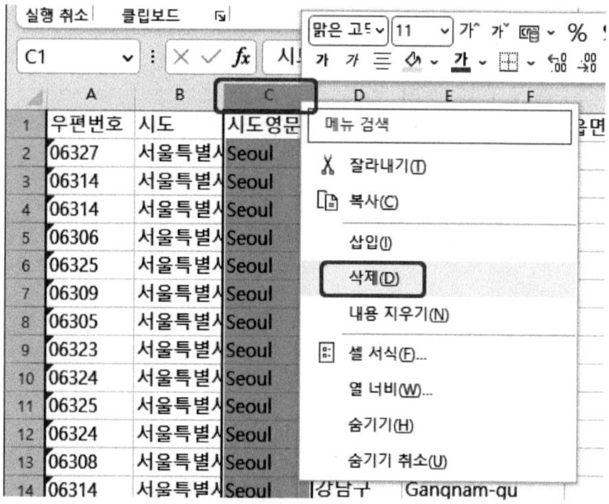

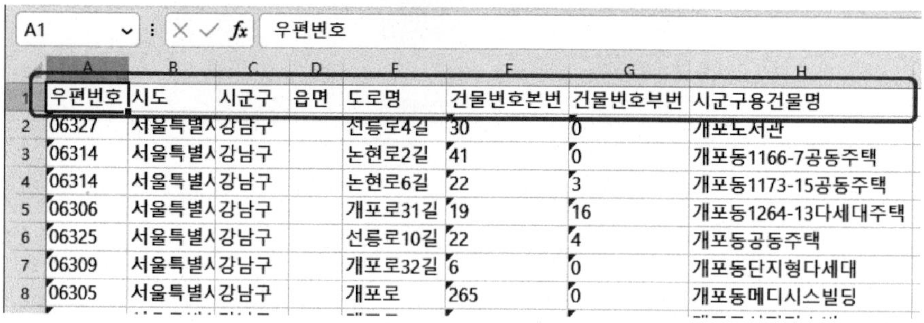

결과화면

④ **제목부 삭제** : 아래 그림과 같이 첫번째 줄, 맨 앞 "1" 위에서 마우스 오른쪽을 클릭한 후, "삭제"메뉴를 선택하여 첫번째 줄을 삭제한다.

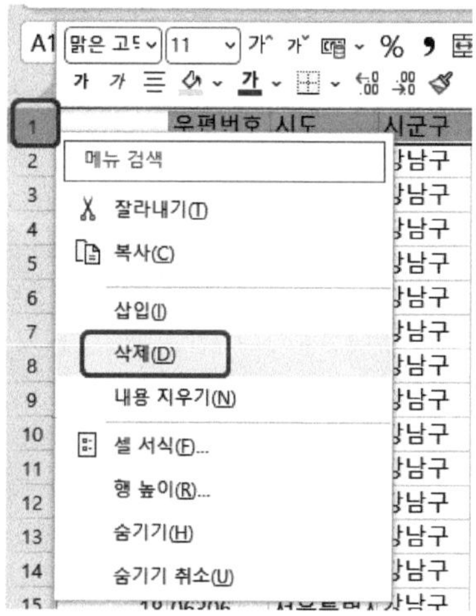

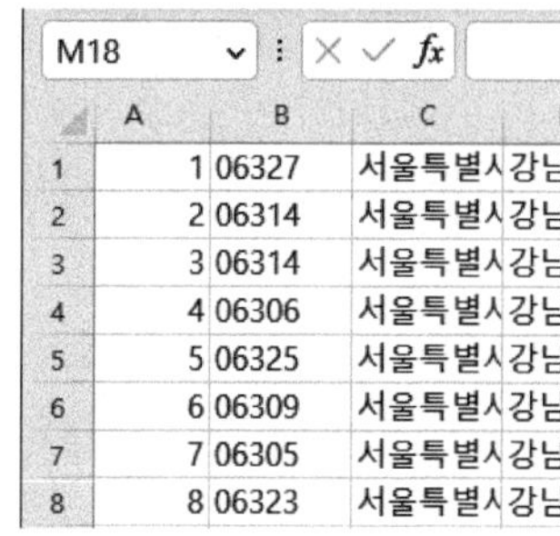

⑤ **새 칼럼 삽입하기** : A칼럼 머리글부에서 마우스 오른쪽 버튼의 팝업 메뉴에서 [삽입]메뉴를 실행하여 빈 칼럼을 삽입한다.

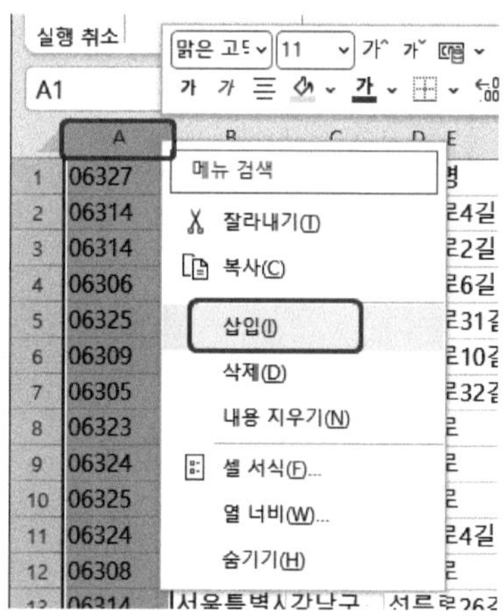

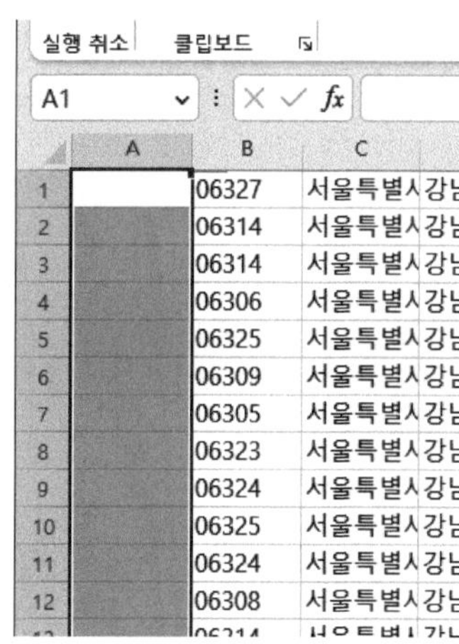

⑥ **일련번호 입력하기1** : A칼럼 1행에 "1"을 입력한다. 그리고 맨 끝 자료의 행 번호를 기억한다. 여기서는 533488 이다.

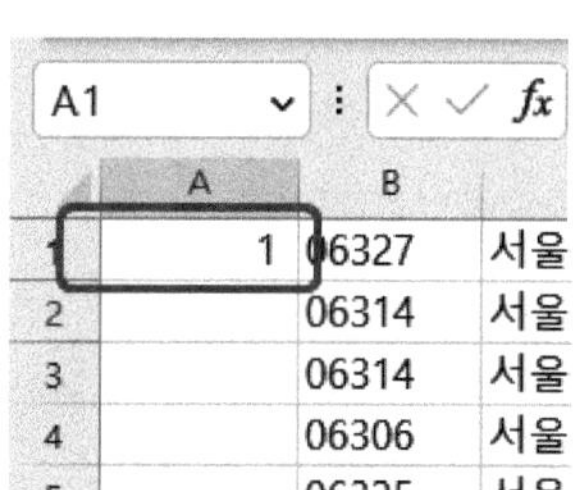

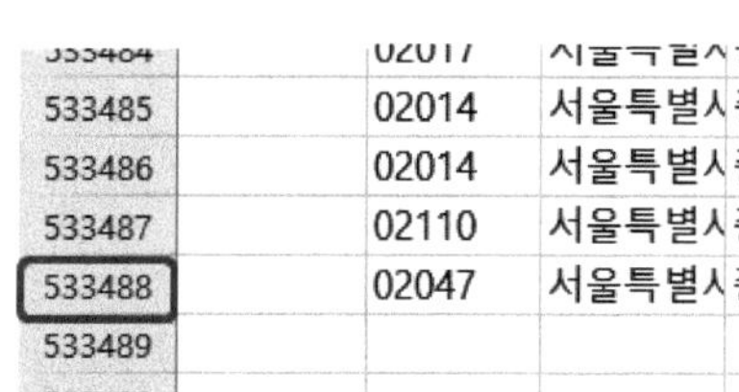

⑦ **일련번호 입력하기2** : 상단 메뉴에서 〈채우기〉콤보상자의 "계열"메뉴를 선택한다. 〈연속 데이터〉창에서 〈방향〉은 "열"을 선택하고, 〈종료값〉은 "533488"을 입력한다. 그리고 [확인] 버튼을 클릭한다.

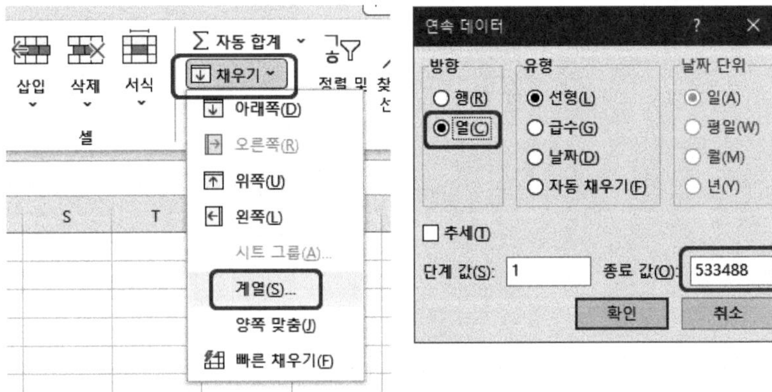

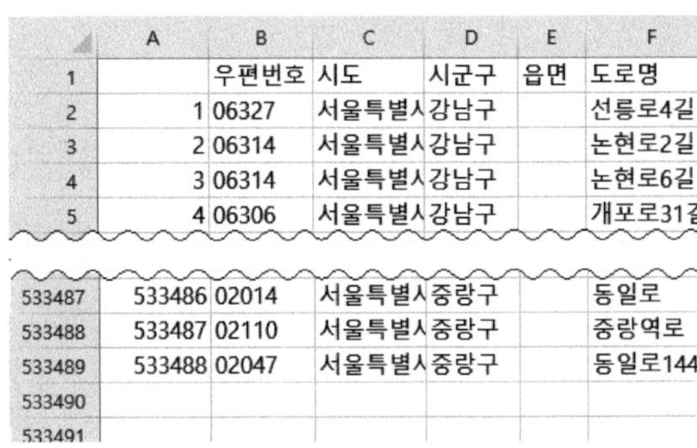

결과화면

⑧ **csv 파일 저장하기** : [파일]➔[다른 이름으로 저장] 메뉴를 선택한다. 〈파일형식〉을 반드시 "CSV UTF-8(쉼표로 분리) (*.csv)"를 선택하고, 〈파일이름〉은 "서울특별시.csv"로 저장한다.

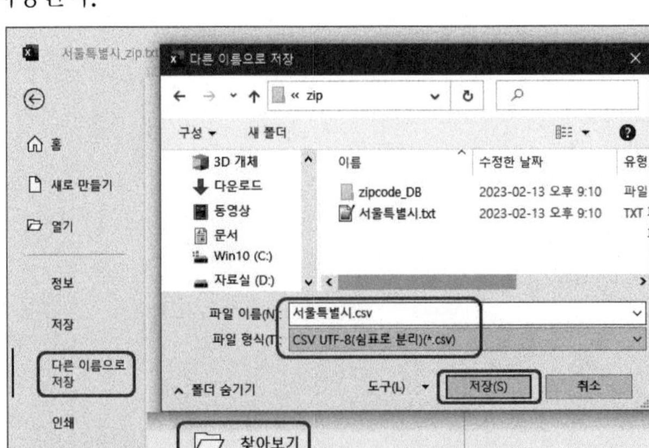

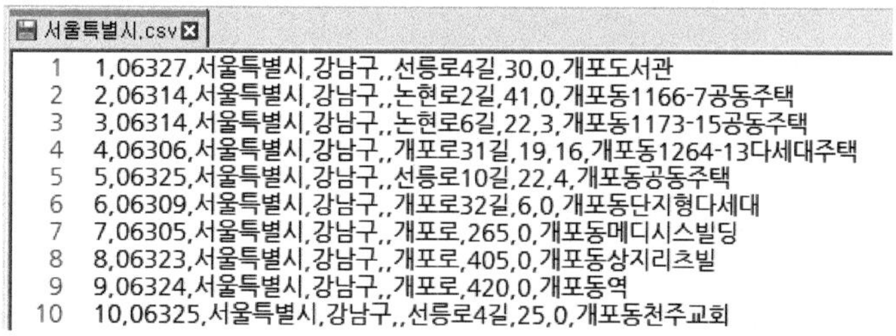

```
1,06327,서울특별시,강남구,,선릉로4길,30,0,개포도서관
2,06314,서울특별시,강남구,,논현로2길,41,0,개포동1166-7공동주택
3,06314,서울특별시,강남구,,논현로6길,22,3,개포동1173-15공동주택
4,06306,서울특별시,강남구,,개포로31길,19,16,개포동1264-13다세대주택
5,06325,서울특별시,강남구,,선릉로10길,22,4,개포동공동주택
6,06309,서울특별시,강남구,,개포로32길,6,0,개포동단지형다세대
7,06305,서울특별시,강남구,,개포로,265,0,개포동메디시스빌딩
8,06323,서울특별시,강남구,,개포로,405,0,개포동상지리츠빌
9,06324,서울특별시,강남구,,개포로,420,0,개포동역
10,06325,서울특별시,강남구,,선릉로4길,25,0,개포동천주교회
```

저장된 결과화면

STEP 02 도로용 서울 우편번호 테이블 만들기와 Import하기

① **zip1 테이블 만들기** : phpmyadmin을 이용하여 데이터베이스 shop0에 zip1 테이블을 만든다. 〈테이블이름〉은 "zip1"을, 〈칼럼수〉는 "9"를 입력한다.

	필드명	자료형	비고
1	id	unsigned integer	auto_increment, primary
2	zip	varchar(5)	우편번호
3	juso1	varchar(20)	시, 도
4	juso2	varchar(20)	시, 군, 구
5	juso3	varchar(20)	읍, 면
6	juso4	varchar(80)	도로명
7	juso5	varchar(5)	건물번호본
8	juso6	varchar(5)	건물번호부
9	juso7	varchar(200)	건물명

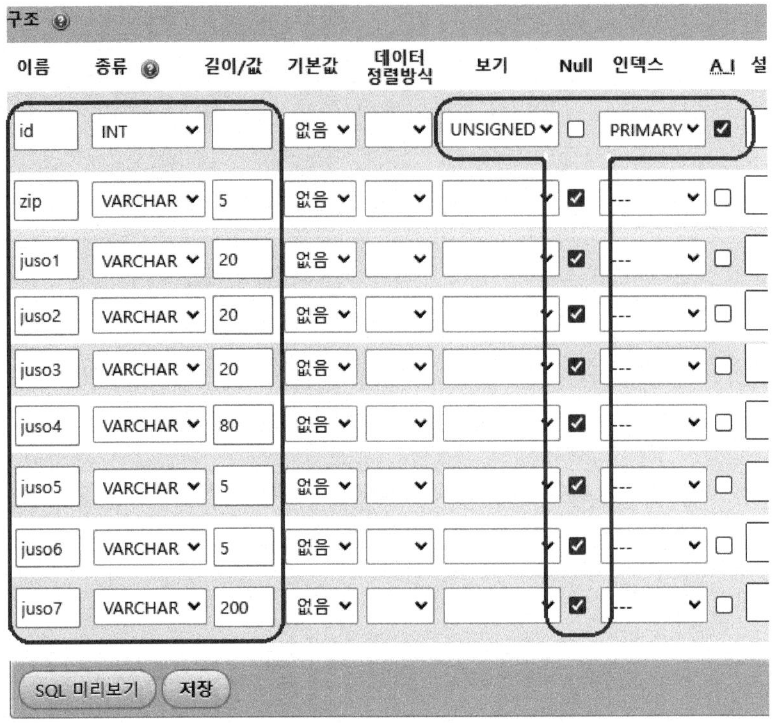

STEP 03 서울 우편번호 자료 Import하기

우편번호 테이블에 자료를 읽어오는 방법은 load data sql문을 이용하는 방법과 phpmyadmin을 이용하는 2가지 방법이 있다. 여기서는 2가지 방법 모두 소개하지만, 가급적 시간이 적게 걸리는 load data 방법을 이용하길 바란다.

1) load data SQL문 이용방법 : SQL 명령어를 직접 실행하므로, 아주 빨리 자료를 읽을 수 있다. 아래 sql문은 지정한 csv파일의 자료를 읽어 지정한 테이블에 저장하라는 문이다. 여기서 자료구분자는 콤마이고 줄바꿈은 ₩n 기호라는 의미이다.

```
load data local infile '경로₩파일명.csv'
  into table 테이블명
  columns terminated by ','
  lines terminated by '₩n';
```

① **csv 파일 복사 :** 서울특별시.csv 파일을 c:₩apm₩mariadb11₩bin 폴더에 zip1.csv

로 이름을 변경하여 복사한다. 영문이름으로 바꾸는 이유는 한글 인코딩 문제로 실행시 에러가 날 수 있기 때문이다.

② **zip1.sql 새로 만들기** : c:₩apm₩mariadb10₩bin 폴더에 zip1.sql 파일을 새로 만들고, 다음과 같은 sql문을 작성한다.

```
use shop0;

load data local infile 'zip1.csv' into table zip1
columns terminated by ','
lines terminated by '₩n';
```

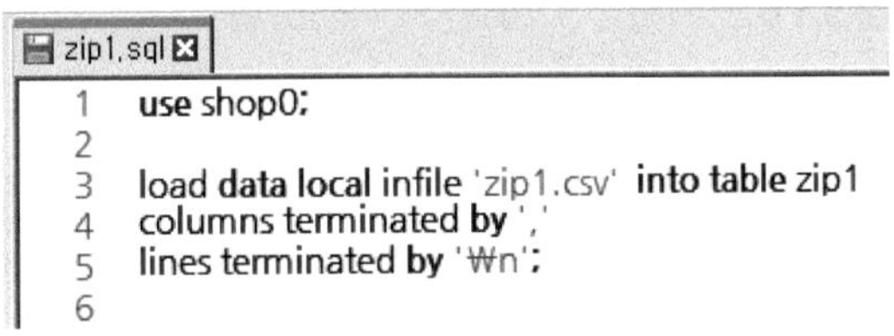

② **load data SQL문 실행** : [명령 프롬프트]를 실행한 후, c:₩apm₩mariadb11₩bin으로 경로를 변경한다. 그리고 다음과 같이 실행하여 import를 한다. 아래 명령어는 zip1.sql 파일을 입력하여 shop0 데이터베이스에서 실행하라는 내용이다. 여기서 -u는 사용자계정이름, -p는 사용자계정암호를 의미한다.

```
cd /apm/mariadb11/bin

mysql -ushop0 -p1234 shop0 < zip1.sql
```

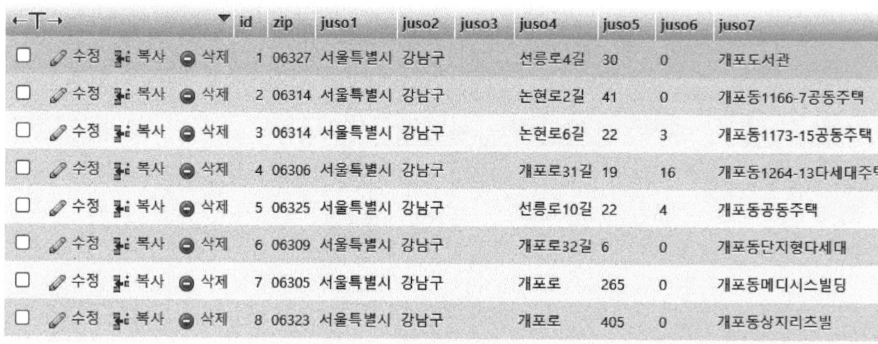

←T→				id	zip	juso1	juso2	juso3	juso4	juso5	juso6	juso7
☐	수정	복사	삭제	1	06327	서울특별시	강남구		선릉로4길	30	0	개포도서관
☐	수정	복사	삭제	2	06314	서울특별시	강남구		논현로2길	41	0	개포동1166-7공동주택
☐	수정	복사	삭제	3	06314	서울특별시	강남구		논현로6길	22	3	개포동1173-15공동주택
☐	수정	복사	삭제	4	06306	서울특별시	강남구		개포로31길	19	16	개포동1264-13다세대주택
☐	수정	복사	삭제	5	06325	서울특별시	강남구		선릉로10길	22	4	개포동공동주택
☐	수정	복사	삭제	6	06309	서울특별시	강남구		개포로32길	6	0	개포동단지형다세대
☐	수정	복사	삭제	7	06305	서울특별시	강남구		개포로	265	0	개포동메디시스빌딩
☐	수정	복사	삭제	8	06323	서울특별시	강남구		개포로	405	0	개포동상지리츠빌

결과화면

2) phpmyadmin 이용방법 : 이 방법은 사용하기 쉬우나, 파일 크기에 따라 자료 처리 시간이 매우 오래 걸리며, 실행시간제한에 걸려 자료 일부만 읽을 수 있다. 따라서 큰 자료를 읽으려면, phpmyadmin 설정에서 시간제한을 수정해야한다. 서울 우편번호인 경우, 약 15분 이상 걸렸다.

① **config.inc.php 수정 :** htdocs/phpmyadmin 폴더에 있는 congif.inc.php를 읽은 후, 맨 끝줄에 다음과 같은 프로그램을 추가한다. 0은 무제한 시간이라는 의미이다.

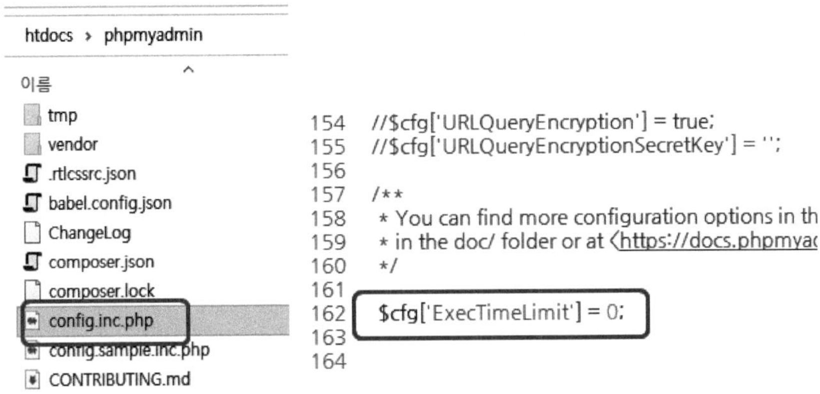


```
$cfg['ExecTimeLimit'] = 0;
```

② **서울특별시.csv 선택** : zip1 테이블을 선택한 후, [가져오기]메뉴를 선택한다. 그리고 [찾아보기]버튼을 이용하여 앞에서 만든 "서울특별시.csv" 파일을 선택한다.

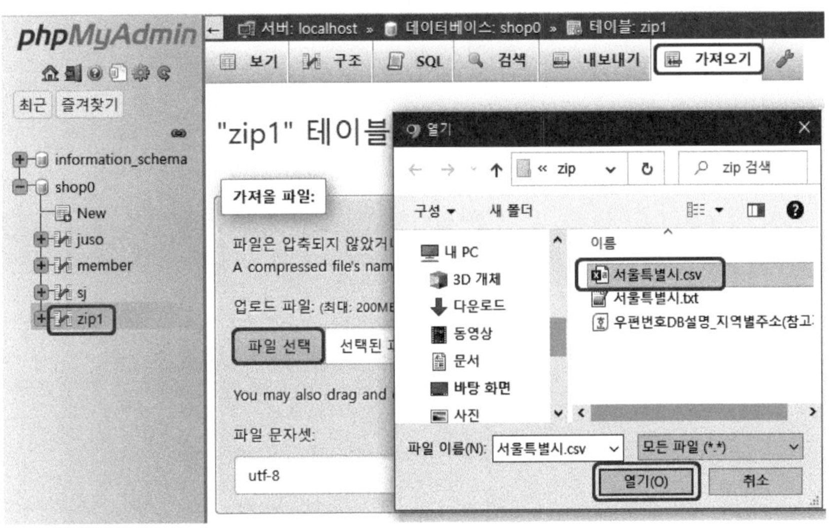

③ **CSV 가져오기** : 〈형식〉은 "CSV"를 선택한 후, [가져오기]버튼을 클릭한다. 파일 크기와 컴퓨터 종류에 따라 아주 오래 걸릴 수 있다.

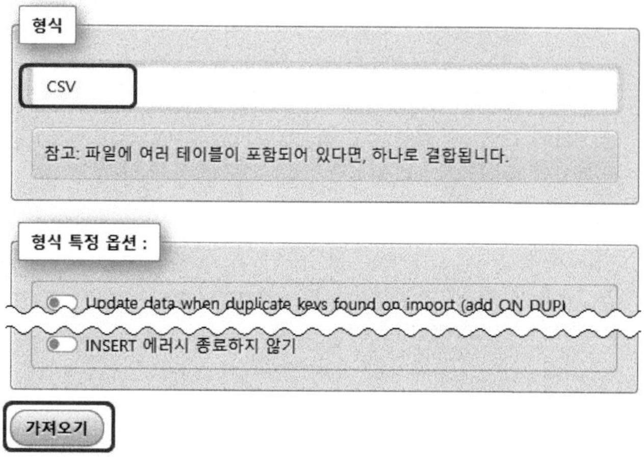

STEP 04 다른 시, 도용 테이블 만들기

앞에서 서울특별시 우편번호 테이블 zip1을 만들고 자료를 "가져오기"하는 방법에 대해 소개했다. 이 과정을 이용해 경기도(zip2)부터 제주도(zip17)까지 나머지 우편번호 테이블을 만들고, "가져오기"는 것은 독자가 직접 해보길 바란다. 만약 서울 우편번호만을 이용하고자하는 독자는 이 STEP 04 과정을 건너뛰기를 바란다.

① **zip2 만들기** : 아래 그림처럼 zip1을 선택한 후, [테이블 작업]메뉴를 클릭한다. 〈Copy table to〉에서 "구조만"을 선택한 후, "zip2"를 입력한다. 그리고 [실행]버튼을 클릭하여 복사를 한다.

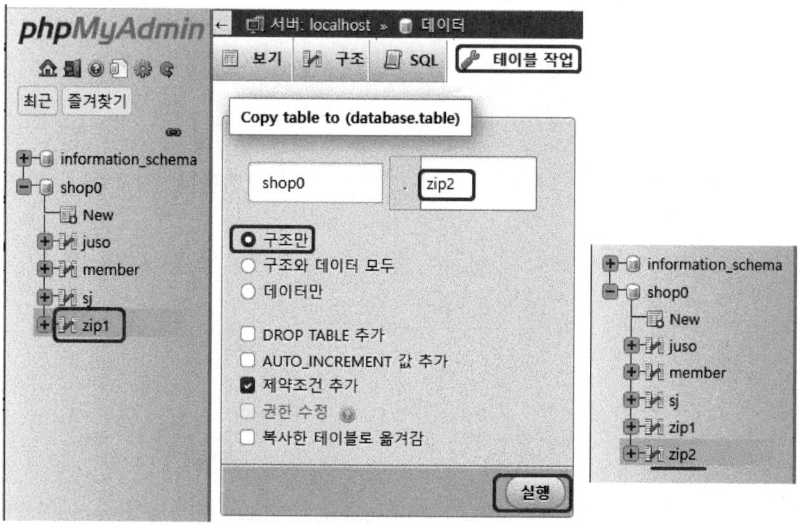

② **zip3 ~ zip17 테이블 만들기** : ① 과정을 반복하여 zip3부터 zip17을 만든다.

③ **zip3 ~ zip17 Import 하기** : 다른 시도의 우편번호 파일을 이용해 각 테이블에 해당 우편번호 정보를 import한다.

STEP 05 zipcode.php 만들기

① **zipcode.html ➜ zipcode.php로 저장하기** : zipcode.html파일을 복사하여 zipcode.php파일을 만든다.

② **zipcode.php 작성하기** : 실습이론 [2], [3], [4]를 참고하여 zipcode.php를 작성한다.

③ **zipcode.php link 수정하기** : zipcode.php에서 우편번호 검색을 위한 link인 form tag의 "zipcode.html"을 "zipcode.php"로 수정한다.

```
<div class="row">
  <div class="col">
    <hr style="height:2px" class="my-0">

    <!-- form 시작 -->
    <form  name="form" method="post" action="[          ]">
    <input type="hidden" name="zip_kind" value="0">

    <table class="table table-sm table-borderless ms-3 mt-4">
      <tr>
        <td align="left" class="px-2" style="font-size:12px">
```

④ **member_join.php link 수정하기** : member_ join.php에서 우편번호 검색창을 호출하는 findzip 함수에서 "zipcode.html"를 "zipcode.php"로 수정한다.

```
<!------------------------------------------------------------------------------------------->
<!-- 시작 : 다른 웹페이지 삽입할 부분 -->
<!------------------------------------------------------------------------------------------->

<!-- 현재 페이지 자바스크립 ------------------------------------------->
<script>
  function FindZip(zip_kind)
  {
    w=window.open("[          ]?zip_kind="+zip_kind, "zip",
      "width=490,height=320,scrollbars=no");
  }

  function check_id()  {
    if (!form2.uid.value) {
      alert("ID를 입력하십시요.");  form2.uid.focus(); return;
```

⑤ **실행 및 결과확인** : 실행하여 결과를 확인한다.

5.3 회원 로그인, 로그아웃

자신이 주문했던 정보나 개인 정보를 변경하는 경우에는 본인임을 확인하는 인증절차를 거쳐야 한다. 이 인증절차는 보통 로그인 화면에서 자신의 ID와 암호를 입력하여 인증을 받는다. 로그인이 되면, 화면상단의 로그인 표시가 로그아웃으로 변경되며, 이 사이트 어느 문서에서든지 로그인을 하였다는 정보를 가지고 있어야 한다. 이 처리는 쿠키를 이용하여 할 수 있으며, 쿠키를 이용하여 로그인하는 방법에 대하여 알아보겠다.

5.3.1 쿠키(Cookie)

실습목적

아래 그림과 같이 cookie.html을 실행하여 입력한 값을 쿠키로 저장하고, 이 쿠키 값이 cookie_view.html에서 표시되도록 프로그램을 작성하여라.

cookie.html

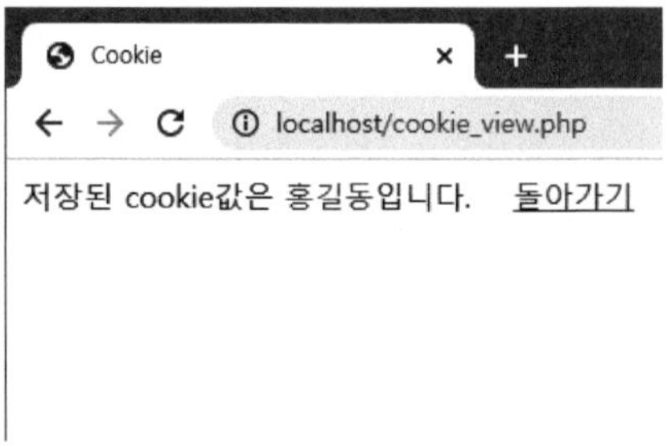

cookie_view.html

실습이론

1 **setcookie 함수** : 아마도 독자는 어떤 사이트에 로그인을 한 경우, 로그인 메뉴글자가 로그아웃으로 바뀌고 자신의 이름이 계속해서 표시되는 것을 본 적이 있을 것이다. 이런 처리는 보통 쿠키(cookie)나 세션(session)을 이용하여 로그인했다는 정보를 계속 유지해야 한다. 쿠키는 클라이언트에, 세션은 서버에 저장되는 일종의 변수로서, 웹브라우저가 열려 있는 한 언제든지 사용할 수 있는 일종의 전역변수라고 생각할 수 있다. 여기서는 쿠키를 이용할 생각이며, 세션에 대한 내용은 다른 책을 참고하길 바란다. setcookie 함수는 쿠키 변수를 선언하는 PHP 함수이며, 사용법은 다음과 같다.

[PHP] setcookie("변수명","값",시간,"경로")

cookie란 인터넷사용자가 홈페이지를 접속할 때 생성되는 정보를 담기위하여 생성되는 임시 파일로서, 클라이언트 컴퓨터에 값을 저장시키는 함수이다.

쿠키값 설정 ➜ setcookie("변수명", "값")
쿠키값 삭제 ➜ setcookie("변수명", "")

- 변수명 : 저장될 변수 이름
- 값 : 저장할 값으로서, 빈 문자열을 지정하면 변수를 삭제한다.
- 시간 : cookie의 소멸시간을 지정한다. 예를 들어 1시간 뒤에 자동삭제를 하려면 time()+3600이라고 초로 지정하면 된다. 만약 0을 지정하거나 생략하면 웹브라우저를 종료할 때 자동으로 삭제된다.
- 경로 : cookie값을 저장할 경로로서, 생략할 때는 현재 폴더가 된다.

예〉 a = 5 ➜ setcookie("a", "5");
$a = 5 ➜ setcookie("a", $a);

2 **쿠키 예제 파일구조** : 실습할 쿠키의 파일 구성은 다음과 같다.

cookie.html	⇒	cookie_save.php	⇒	cookie_view.php
값 입력.		setcookie함수 이용하여 쿠키 저장		쿠키값 표시

cookie.html은 form tag에서 cookie_save.php를 호출한다. cookie_save.php는 넘겨받은 $name값을 setcookie 함수를 이용하여 cookie로 저장한다. 그리고 cookie_view.php에서 저장된 cookie 값을 가져와 화면에 출력한다.

STEP 01 cookie.html 수정하기

① **링크 수정하기** : 아래 그림처럼 cookie.html 을 읽은 후, Action의 cookie_view.html을 cookie_save.php 로 수정한다.

```
…
</head>
<body>
<form name="form1" method="post" action="cookie_save.php">
쿠키 : <input type="text" name="name" value="">
<input type="submit" value="저장하기">
…
```

STEP 02 cookie_save.php 만들기

① **새 문서 cookie_save.php 만들기** : htdocs폴더에 cookie_save.php 라는 새 파일을 만든다. 그리고 다음과 같은 프로그램을 작성한다.

```
<?
   $name=$_REQUEST["name"];

   setcookie("cookie_value", $name);

   echo("<script>location.href='cookie_view.php'</script>");
?>
```

STEP 03 cookie_view.php 만들기

① **cookie_view.php 만들기** : cookie_view.html을 복사하여 새로운 cookie_view.php 파일을 만든다. 그리고 다음과 같은 프로그램을 작성한다.

```
<?
   $cookie_value = $COOKIE["cookie_value"];
?>
<html>
...
저장된 cookie값은 <font color="blue"><?=$cookie_value; ?></font>입니다.
  
<a href="cookie.html">돌아가기</a>
...
```

② **실행 및 결과확인** : 다음과 같이 실행하여 cookie값에 대한 실습을 한다.

1) 임의의 값을 입력하여 cookie값이 저장되었는지 확인한다.
2) 다른 사이트로 이동했다가, 다시 cookie_view.php를 실행하여 cookie값이 그대로 인지를 확인한다.
3) 웹브라우저를 종료한 후, 다시 cookie_view.php를 실행하여 cookie값이 삭제되었는지를 확인한다.

쿠키값을 확인하는 또 다른 방법은 F12키를 눌러 크롬개발자도구를 호출한다. 그리고 아래그림과 같이 [애플리케이션]→[쿠키]→[http://localhost]를 선택하여 입력한 쿠키값이 있는지 확인을 한다. 한글을 입력한 경우는 특수문자로 변환되어 알아보기 힘들 것이다.

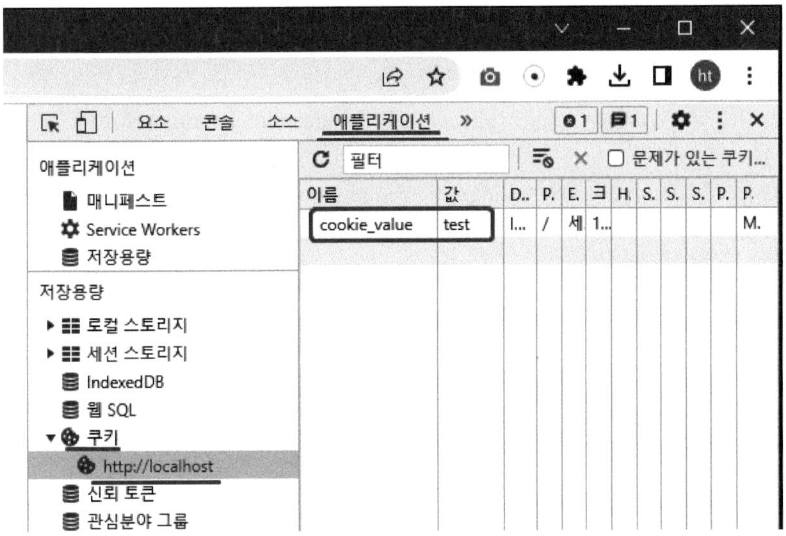

5.3.2 로그인, 로그아웃

실습목적

아래 그림과 같이 로그인 화면에서 고객의 ID와 암호를 입력하여 로그인을 하면, 상단메뉴의 로그인과 회원가입 메뉴가 로그아웃과 회원정보수정으로 변경되도록 프로그램 처리를 하여라.

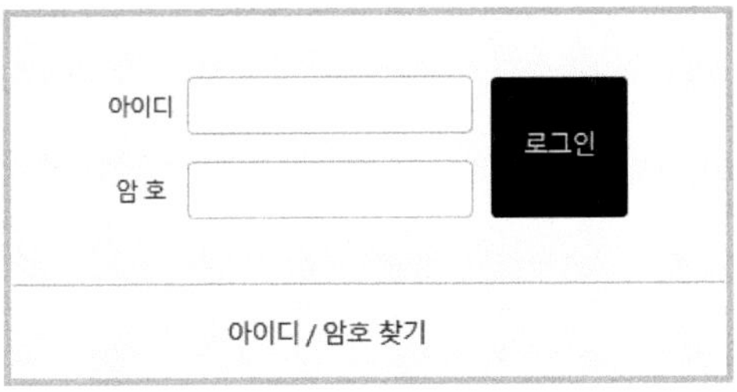

로그인 화면

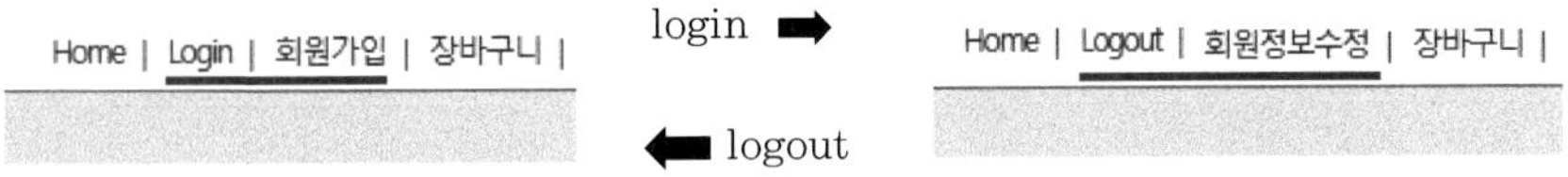

실습이론

1 **로그인 처리** : 로그인을 위한 파일처리 구성은 다음과 같다.

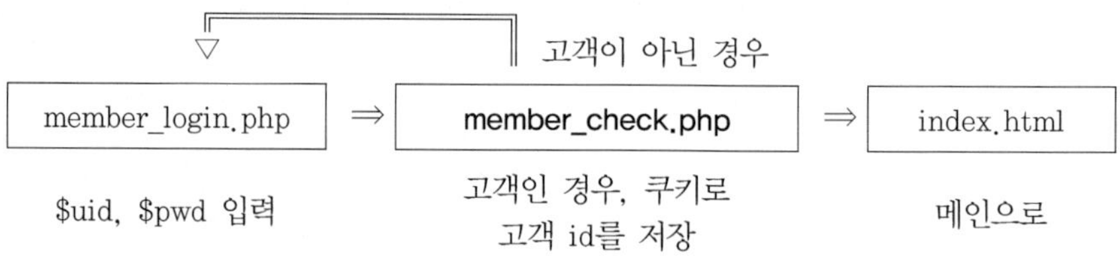

로그인 처리는 member_login.php에서 입력한 고객 아이디 uid와 암호 pwd를 갖는 고객이 실제로 있는지를 조사해야 한다. 이 처리는 member_check.php에서 그런 아이디와 암호를 갖는 레코드개수를 조사하여 처리할 수 있다. 만약 레코드개수가 0이 아니면 해당 고객이 있으므로, 고객번호(id)를 쿠키로 저장하고 메인화면으로 이동 처리하면 된다. 그러나 0이면, 해당 고객이 없으므로, 다시 아이디와 암호를 입력하도록 로그인 화면으로 이동시켜야 한다.

```
$uid  =$_REQUEST["uid"];
$pwd=$_REQUEST["pwd"];

$sql="select id from member where uid='$uid' and pwd='$pwd'";
...
$row = 레코드 읽기
$count = 레코드개수
if ($count>0)
{
   고객번호 id를 쿠키변수 cookie_id로 저장
   index.html로 이동.
}
else
   member_login.php 로 이동.
```

2 **로그아웃 표시** : 로그인을 한 경우에는 상단 메뉴가 "로그인 회원가입"에서 "로그아웃 회원정보수정"으로 변경되어야 한다. 이 처리는 main_top.php에서 쿠키로 저장된 쿠키변수 cookie_id (고객번호)에 값이 있는지를 조사하여 처리하면 된다. 따라서 아래 프로

그램과 같이 $cookie_id 값에 따라 link 문서 이름과 해당 메뉴 이름을 수정하면 된다.

```
$cookie_id = $_COOKIE["cookie_id"];
if (!$cookie_id)
{
  login 메뉴 출력 :  로그인 ➜ member_login.php
                     회원가입 ➜ member_agree.php
}
else
{
  logout메뉴 출력 :  로그아웃 ➜ member_logout.php
                     회원정보수정 ➜ member_edit.php
}
```

3 **로그아웃 처리** : 로그아웃 처리는 쿠키변수 cookie_id 를 쿠키에서 제거함으로서 간단하게 처리할 수 있다.

화면	⇒	member_logout.php	⇒	index.html
logout 클릭		cookie_id 삭제		메인으로

```
setcookie("cookie_id", "" );
```

STEP 01 로그인 만들기

① **member_login.html➜member_login.php 만들기** : member_login.html을 복사하여 main_top.php와 main_bottom.php가 include 된 member_login.php를 만든다.

② **member_check.php 만들기** : 실습이론 1을 이용하여 htdocs폴더에 member_check.php 라는 이름의 새 파일을 만든다. 그리고 고객의 아이디와 암호를 확인할 수 있는 프로그램을 작성한다.

③ **main_top.php 수정하기** : 실습이론 2를 이용하여 cookie_id를 이용하여 로그인한 경우와 안한 경우에 따라 화면 상단 메뉴가 다르게 표시되도록 프로그램을 작성한다.

④ **member_logout.php 만들기** : htdocs폴더에 member_logout.php라는 이름의 새 파일을 만든다. 실습이론 3를 이용하여 고객번호인 쿠키 cookie_id 를 삭제하고 index.html로 이동하는 프로그램을 작성한다.

⑤ **실행 및 결과확인** : 등록된 아이디와 암호를 이용하여 결과를 확인한다.

5.3.3 회원정보 수정

실습목적

로그인을 하면, 상단 메뉴의 회원가입이 회원정보 수정 메뉴로 변경된다. 이 메뉴를 통해 아래 그림과 같은 개인 정보를 수정할 수 있도록 프로그램을 작성하여라.

회원정보 수정 화면

실습이론

1 **회원정보 수정 처리** : 회원정보를 수정하는 프로그램의 파일구조는 다음과 같다.

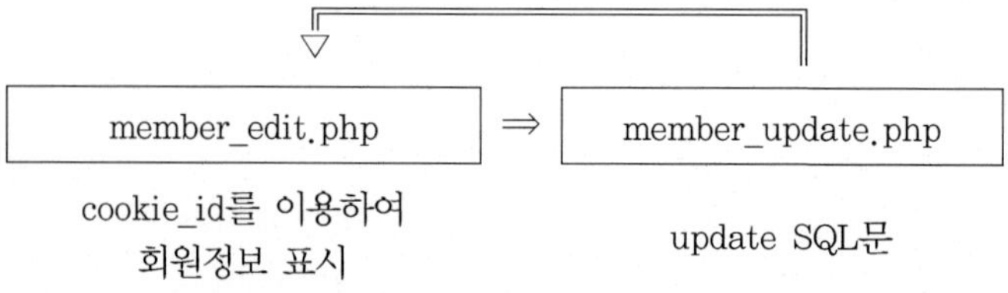

로그인을 한 경우, 회원의 정보는 아래 SQL문과 $cookie_id 변수를 이용하여 조회할 수 있으며, member_update.php에서 update SQL문을 이용하여 수정하면 된다.

```
$sql = "select * from member where id=$cookie_id ";
```

[2] **비밀번호 처리** : 비밀번호 변경처리는 아래와 같이 새 비밀번호($pwd1)를 입력한 경우에만 저장하도록 2개의 update SQL문을 작성하면 된다. 이때 SQL문의 조건은 id가 $cookie_id와 같은 자료가 되도록 작성해야 한다.

```
if ($pwd1)
   $sql="비밀번호 수정이 있는 Update SQL문";
else
   $sql="비밀번호 수정이 없는 Update SQL문;
```

이때 update SQL문의 조건은 id가 cookie_id와 같은 자료가 되도록 작성해야 한다.

```
$sql="update  …  where id=$cookie_id ";
```

[3] **우편번호 검색** : 우편번호 검색처리는 회원 가입할 때 사용했던 우편번호 검색창 zipcode.php를 그대로 이용하면 된다.

STEP 01 회원정보 수정 만들기

① **member_top.php link 수정하기** : member_top.php에서 회원정보수정의 A tag의 href "member_edit.html"을 "member_edit.php"로 수정한다.

② **member_edit.html → member_edit.php 만들기** : member_edit.html을 복사하여 member_edit.php를 새로 만든다. 그리고 프로그램 상단과 하단 부분을 main_top.php와 main_bottom.php로 include 시킨다.

③ **member_edit.php link 수정하기** : 우편번호 검색창을 호출하는 FindZip() 자바스크립트 함수의 link에서 "zipcode.html"를 "zipcode.php"로 수정한다.

④ **고객정보 표시 처리** : 실습이론 [1]과 주소록프로그램의 juso_edit.php을 참고한다. 회원번호 $cookie_id를 이용하여 member_edit.php에 회원정보를 표시하는 처리를 한다.

⑤ **member_update.php 처리** : member_update.php 파일을 새로 만든다. 그리고 실습이론 [2]와 주소록프로그램의 juso_update.php를 참고하여 member_update.php를 작성한다.

⑥ **실행 및 결과확인** : 실행하여 결과를 확인한다.

5.4 관리자 회원관리

5.4.1 관리자 로그인

실습목적

관리자 ID와 암호를 common.php에 등록하고, 아래 그림과 같은 관리자 로그인 화면을 이용하여 관리자가 로그인을 할 수 있는 프로그램 처리를 하여라.

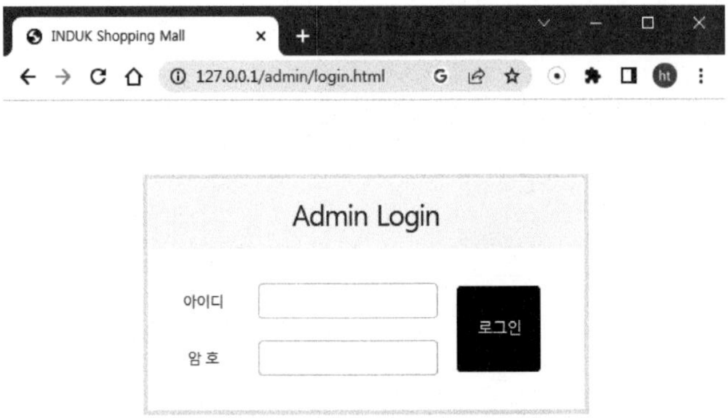

관리자 로그인 화면 (http://127.0.0.1/admin)

실습이론

1 **관리자 폴더 및 처리** : 쇼핑몰 쪽에서 고객이 회원가입 및 정보수정, 그리고 로그인, 로그아웃까지 회원에 대한 기본적인 프로그램 작업을 하였다. 이번에는 쇼핑몰 관리자가 모든 회원에 대한 관리를 할 수 있는 프로그램을 만들어 보자. 관리자가 쇼핑몰을 운영하는 데 필요한 회원관리, 상품관리, 주문관리는 관리자 영역에서 처리되어야 한다. 이 영역은 일반 사용자가 모르도록 홈페이지 밑의 admin이라는 폴더에 만들었으며, 관리자는 웹브라우저에서 다음 주소를 입력하여 접근할 수 있다.

http://127.0.0.1/admin　　혹은　　http://localhost/admin

관리자의 초기화면은 앞의 그림처럼 아무나 접근하지 못하도록 관리자 ID와 암호를 입력하는 화면으로 시작한다.

2 **관리자 ID와 암호** : 쇼핑몰에서 사용하는 기초정보는 보통 테이블을 만들고 관리 해주는 화면을 따로 만들어 관리한다. 그러나 여기서는 작업시간을 줄이기 위하여 테이블을 따로 만들지 않고 시간 절약을 위해 common.php에 전역변수로 선언하여 이용하겠다. 그리고 관리자 로그인 처리는 고객의 로그인처럼 쿠키 변수 $cookie_admin를 이용하여 관리자가 로그인했는지를 표시하면 된다.

```
$admin_id = "admin";
$admin_pw = "1234";
```

3 **common.php 경로** : db연결정보가 있는 common.php 파일은 관리자의 admin폴더에 있지 않고 admin폴더의 상위폴더인 htdocs 폴더에 있다. 따라서 admin폴더의 프로그램에서 상위폴더의 common.php를 이용하기 위해서는 상위폴더를 의미하는 상대경로 "../"를 다음과 같이 파일 앞에 사용해야 한다.

```
include "../common.php";
```

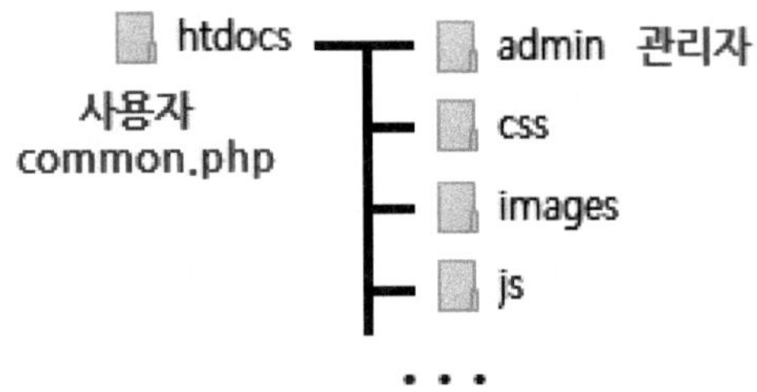

④ **관리자 로그인 파일구조** : 실습할 관리자 로그인을 위한 쿠키 처리 구성은 다음과 같다.

login.html	⇒	login_check.php	⇒	member.html
adminid, adminpw 값 입력.		id와 암호 비교. $cookie_admin으로 저장		회원관리로 이동

관리자용 login.html에서 입력한 ID(adminid)와 암호(adminpw) 값을 login_check.php에서 아래와 같이 $admin_id, $admin_pw 값과 비교를 한다. 만약 일치하면 cookie_admin에 "yes"를 저장하고, 회원관리 화면으로 이동한다. 그러나 다른 경우에는 쿠키를 저장하지 않고 index.html로 이동한다.

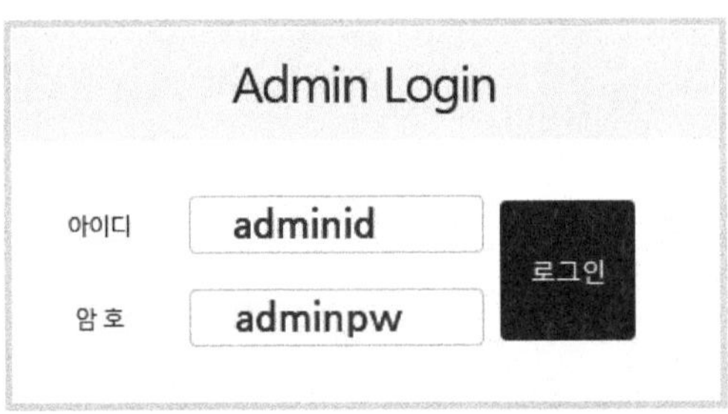


```
if ($adminid == $admin_id && $adminpw == $admin_pw)
{
    $cookie_admin 쿠키변수에 "yes"로 쿠키 저장.
    member.php로 이동.
}
else
{
    $cookie_admin 쿠키변수 삭제
    admin폴더의 index.html로 이동.
}
```

STEP 01 관리자 로그인 인증

① **관리자 ID, 암호** : 실습이론 [2]를 참고하여 htdocs 폴더에 있는 common.php에 관리자 ID와 암호를 $admin_id, $admin_pw 변수를 이용하여 선언한다.

```
mysqli_report(MYSQLI_REPORT_OFF);

$db = mysqli_connect("localhost", "shop0", "1234", "shop0" );
if (!$db) exit("연결에러");

 admin 아이디, 암호 정의

//-------------------------------------------------------------------
function mypagination($query, $args, &$count, &$pagebar)
{
   global $db;          // 서버DB 정보
```

② **login_check.php 작성하기** : 먼저 login_check.php파일을 admin폴더에 새로 만든다. 그리고 실습이론 [3]과 [4]를 참고하여 관리자가 로그인을 했을 경우 쿠키 $cookie_admin을 설정할 수 있는 프로그램을 작성한다.

③ **login.html link 수정하기** : Form tag의 Action에 등록되어 있는 "member.html"을 "login_check.php"로 수정한다.

```
<div class="row m-5 justify-content-center">
  <div class="col" align="center">

    <form name="form1" method="post" action="          "
        onSubmit="return check_id();">

    <table width="400" height="200" style="border:4px solid #eeeeee">
      <tr>
        <td align="center">
          <table width="100%" height="200">
            <tr height="60" class="bg-light">
              <td colspan="3" class="bg-light pt-2"><h3>Admin Login</h3></td>
```

④ **실행 및 결과확인** : 실행하여 관리자 로그인이 되는지 확인한다.

5.4.2 회원 목록

실습목적

아래 그림과 같이 회원목록을 표시할 수 있는 프로그램을 만들어라.

회원관리 목록화면(member.html)

실습이론

1 **주소록프로그램 소스 이용** : 위 그림을 보면 알겠지만, 이전에 만든 주소록프로그램과 거의 동일하다. 따라서 주소록프로그램의 소스를 최대한 이용하여 작성하면 된다.

2 **이름, 아이디 검색처리** : 이전에 만든 주소록프로그램과 다른 점은 콤보박스 sel1값에 따라 고객이름 이외에 아이디 검색이 추가된 점이다. 따라서 sel1에 따라 검색조건이 전체, 이름(sel1=1), 아이디(sel1=2)로 늘었다. 그러므로 기존의 SQL문을 아래와 같이 수정하면 된다.

```
if ($sel1==1)
  $sql="이름으로 검색하는 select문";
else
  $sql="아이디로 검색하는 select문 "
```

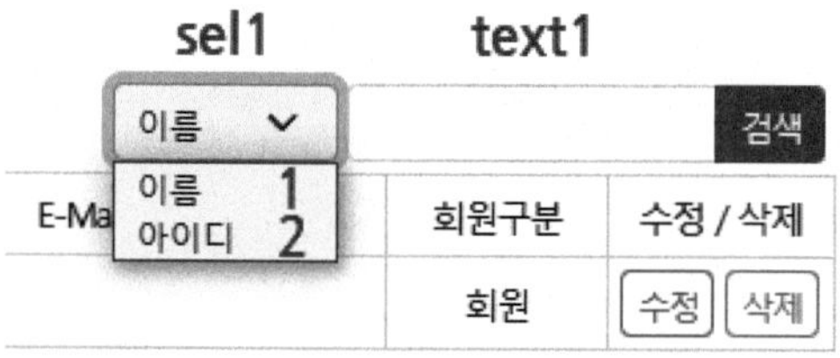

3 **검색용 콤보상자 sel1** : 검색조건 sel1이 추가 되었으므로, 다음 문서에 전달되도록 $args변수에 추가해야 한다.

```
$text1 = $_REQUEST["text1"] ? $_REQUEST["text1"] : "";
$sel1 = $_REQUEST["sel1"] ? $_REQUEST["sel1"] : 1;
...
$args="text1=$text1&sel1=$sel1";
```

STEP 01 member.php 만들기

① **member.html ➜ member.php 로 저장하기** : admin폴더에 있는 member.html을 읽어 새 파일이름 member.php로 저장한다.

② **member.php 수정하기** : 실습이론 [2], [3]과 juso_list.php 소스를 참고하여 회원목록이 나오는 프로그램을 작성한다.

③ **member.php link 수정하기** : 관리자 화면의 메뉴는 admin/js폴더의 my.js 파일에 있다. 따라서 이 파일을 읽어 내용 중 "member.html"을 "member.php"로 수정한다. 이 경우 화면을 캐쉬를 삭제한 후, 새로고침해야 한다. 이 처리는 Ctrl+F5 키를 누르면 된다.

js폴더의 my.js 파일

```
function admin_menu()
{
  var s_menu;

  s_menu="<nav class='navbar navbar-expand-lg navbar-dark bg-dark'>" + "\n"
    + "        <div class='container-fluid'>" + "\n"
    + "           <a class='navbar-brand text-white' href='../admin/index.html'>관리자</
    + "           <button class='navbar-toggler' type='button' data-bs-toggle='collapse'
      data-bs-target='#navbarNav' aria-controls='navbarNav' aria-expanded='false' ari
      navigation'>" + "\n"
    + "        <span class='navbar-toggler-icon'></span>" + "\n"
    + "        </button>" + "\n"
    + "        <div class='collapse navbar-collapse' id='navbarNav'>" + "\n"
    + "           <ul class='navbar-nav  me-auto' style='font-size:15px'>" + "\n"
    + "              <li class='nav-item'><a class='nav-link' href='[          ]'>회원관리<
    + "              <li class='nav-item'><a class='nav-link' href='product.php'>제품관리<<
    + "              <li class='nav-item'><a class='nav-link' href='jumun.html'>주문관리</
    + "              <li class='nav-item'><a class='nav-link' href='opt.html'>옵션관리</a><
    + "              <li class='nav-item'><a class='nav-link' href='faq.html'>FAQ</a></li>"
```

④ **실행 및 결과확인** : 실행하여 쇼핑몰에서 등록한 회원 목록을 확인한다.

5.4.3 회원 수정 및 삭제

실습목적

회원목록에서 수정 및 삭제를 클릭한 경우, 아래 그림과 같이 해당 회원정보를 수정하거나 삭제할 수 있는 프로그램을 작성하여라.

회원정보 수정화면(member_edit.html)

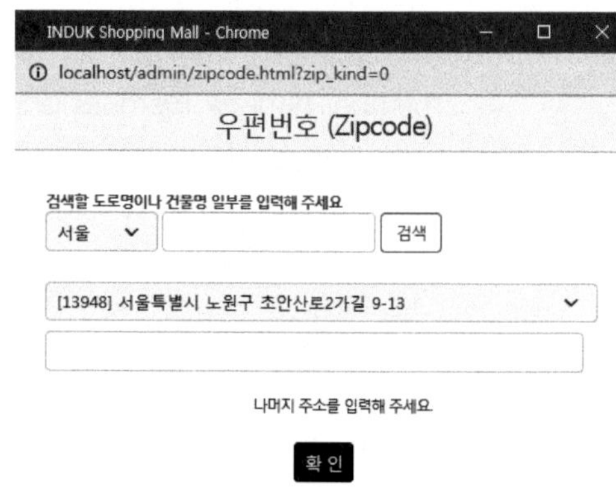

우편번호찾기(zipcode.html)

실습이론

1 **회원수정 파일구조** : 관리자화면에서 회원수정을 위한 파일 구성은 다음과 같다.

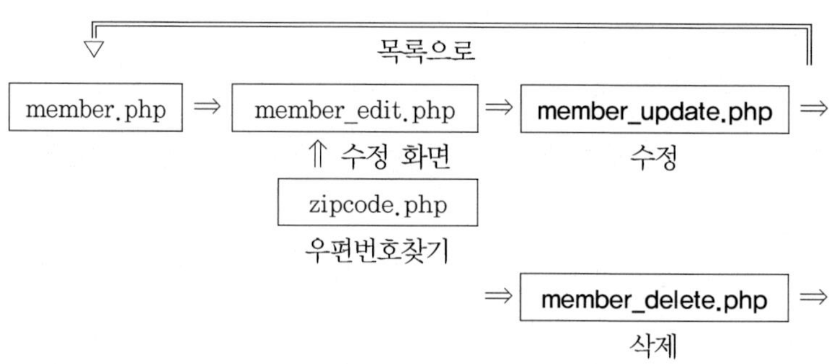

회원가입은 사용자 쇼핑몰에서 하므로, 관리자 회원관리에서는 필요없다. 따라서 중복 ID를 조사하는 기능은 필요 없으며, 전체회원에 대한 목록, 수정, 그리고 삭제기능만 있으면 된다.

2 **회원 ID, 우편번호찾기 :** 회원정보 수정에서 관리자여도 회원 ID는 수정을 할 수 없도록 하여야 한다. 그리고 우편번호 찾기는 상대경로를 이용하여 쇼핑몰쪽의 우편번호찾기 zipcode.php를 그대로 사용하면 되므로, 따로 만들 필요는 없다.

```
function FindZip(zip_kind)
{
      w=window.open("../zipcode.php?zip_kind="+zip_kind, "zip",
         "scrollbars=no,width=490,height=320");
}
</script>
```

STEP 01 회원 수정

① **member_edit.html ➔ member_edit.php 로 저장하기 :** member_edit.html을 읽어 복사하여 새 파일 member_edit.php로 저장한다.

② **member.php link 수정하기 :** 수정 버튼의 A tag에 있는 "member_edit.html"을 "member_edit.php"로 수정하고 id가 1이 아닌 $id번째 자료가 전송되도록 수정한다.

③ **member_edit.php 수정하기 :** juso_edit.php 파일을 참고하여 프로그램을 작성한다.

④ **홈페이지의 zipcode.php 연결하기 :** 실습이론 2를 참고하여 쇼핑몰 root 폴더에 작성한 zipcode.php를 호출할 수 있도록 자바스크립트함수 FindZip의 경로를 "../zipcode.php"로 수정한다.

⑤ **member_update.php 만들기 :** admin폴더에 member_update.php를 새로 만들고, juso_update.php 파일참고하여 member 테이블에 맞게 수정한다. 회원등록 member_insert.php를 이용하여 작업하면 편할 것이다.

⑥ **실행 및 결과확인 :** 실행하여 결과를 확인한다.

STEP 02 회원 삭제하기

① **member.php link 수정하기 :** 삭제 버튼의 A tag에 있는 "member_delete.html"을 "member_delete.php"로 수정한다.

② **member_delete.php 만들기 :** admin폴더에 member_delete.php파일을 새로 만들고, juso_delete.php를 참고하여 프로그램을 작성한다.

③ **실행 및 결과확인 :** 실행하여 결과를 확인한다.

Chapter 06

제품관리

6.1 분류관리

6.1.1 제품관리 개요

이번에는 쇼핑몰에서 판매하는 제품에 대한 프로그램 처리에 대해 알아보자. 제품관리는 취급하는 제품에 따라 다양하고 복잡한 구조를 가질 수 있지만, 제품처리에 대한 기본개념을 이해하는데 목적이 있으므로, 가능한 간단한 구조의 제품관리와 프로그램 처리에 대해서만 언급하도록 하겠다. 쇼핑몰에서 제품관리에 관한 작업은 회원관리와 마찬가지로 쇼핑몰 작업과 관리자 작업으로 나눌 수 있다.

[1] **관리자 제품관리** : 관리자 측에서의 관리는 크게 분류관리, 옵션관리, 제품관리와 같이 3가지로 나눌 수 있다.

➜ **제품관리 (관리자)**
- ► **분류관리** : 바지, 브라우스, 코트 …
  (부분류 바지인 경우: 청바지, 반바지 …)
- ► **옵션관리** : 사이즈, 색상 …
  (소옵션 사이즈인 경우: XL, L, M, S)
- ► **제품관리** : 제품명, 분류, 옵션, 가격, 설명, 사진, …

1) **분류관리** : 의류인 경우 바지, 브라우스, 코트와 같이 제품의 종류를 구분하는 항목을 관리하는 것으로서, 제품의 메뉴와 같은 역할을 한다. 또한 바지의 경우 반바지, 청바지, … 등 더 세분화되는 것처럼 분류는 더 작은 소분류로 나눌 수 있다. 이러한 제품의 대분류, 소분류는 쇼핑몰에서 메뉴와 같은 역할을 하여 고객이 원하는 제품을 쉽게 조회할 수 있는 기능을 한다. 쇼핑몰에서의 분류는 제품의 카테고리 역할을 하며, 쇼핑몰 화면에서는 메뉴 역할을 한다.

2) **옵션관리** : 고객이 제품을 주문할 때, 제품의 특성에 따라 고객이 선택하는 옵션사항이 있다. 예를 들어 고객이 의류 제품을 주문하는 경우, 선택할 수 있는 옵션사항은 제품의 크기(XL, X, L, M, S)와 색상(빨강, 흰색, …)이 될 것이다. 목걸이인 경우에는 길이와 재질 등이 옵션사항이 될 수 있다. 제품마다 옵션이 없거나 여러 개 일 수도 있다. 책에서는 옵션이 2개를 기준으로 하고 있지만, 독자는 취급하는 제품에 따라 다르게 해도 무방하다.

3) **제품관리** : 실제 제품에 대한 정보로서, 제품명, 앞서 설명한 제품의 분류정보, 옵션

정보, 가격, 설명, 제품사진 등 제품에 대한 자세한 정보를 등록 및 관리할 수 있는 것을 말한다.

2 **사용자 제품관리** : 사용자측의 쇼핑몰 작업은 쇼핑몰 메인화면에서 신상품 및 히트상품 등 주요 제품에 대한 사진과 기본정보 표시, 각 분류별 제품 사진과 기본정보 표시, 그리고 제품을 선택했을 때 제품에 대한 상세정보를 표시하는 처리, 그리고 제품의 이름이나 다양한 정보를 이용하여 제품을 검색하는 처리이다.

➜ **제품관리 (고객)**
- ► 메인화면 제품 표시
- ► 분류별 제품 표시
- ► 제품 상세정보 표시
- ► 제품 검색 처리

6.1.2 분류 등록

실습목적

제품 분류 정보를 common.php에 배열로 선언하여 등록하여라.

실습이론

1 **분류 처리** : 대형 쇼핑몰에서는 제품의 분류를 대분류, 중분류, 소분류 등 매우 세분화된 분류를 이용하고 있으며, 분류 정보를 저장할 테이블을 따로 만들어 관리자가 쉽게 변경을 할 수 있도록 만든다. 그러나 앞서 얘기했지만, 여기서는 가급적 간단한 구조의 쇼핑몰과 최소한의 작업으로 원하는 결과를 얻기 위하여 테이블을 이용하지 않고 배열을 이용하는 방법을 이용하도록 하겠다.
이 방법은 전역변수 배열을 선언하고, 분류의 이름들을 배열의 초기값으로 지정하는 것이다. 따라서 모든 문서에 include되는 common.php에 아래와 같이 선언하면 간단하게 처리할 수 있다. 배열의 1번째 항인 "분류선택"은 분류이름이 아니라, 관리자 화면에서 분류로 검색할 때 이용하기 위해 등록한 값이다. 착오가 없기를 바란다.

```
$a_menu = array("분류선택","메뉴1","메뉴2","메뉴3","메뉴4","메뉴5", … );
$n_menu = count($a_menu);   // 분류 개수
```

예를 들어 의류쇼핑몰인 경우에는 바지, 셔츠, 코트, 브라우스 등이 분류이름이 되며, 쇼핑몰 메인화면에서는 상품 메뉴와 같은 역할을 한다.

[php] array(초기화할 값들…) 함수

배열을 생성하는 함수로서 배열첨자는 0부터 시작한다.

```
예제> $a = array( 31, 10, 25 );
      $b = array( "a", "b", "c");
```

[php] count(배열이름) 함수

배열의 원소수를 알아 돌려주는 함수.

```
예> $b[0] = 7;
    $b[1] = 9;
    $result = count($b);  // 결과는 2
```

STEP 01 메뉴 등록

① **common.php에 분류 등록하기** : common.php에 자신이 만들 쇼핑몰의 제품 분류명을 등록한다.

```
예> $a_menu = array("분류선택","브라우스","스커트","원피스", … );
    $n_menu=count($a_menu);
```

6.2 옵션관리

6.2.1 옵션관리 개요

앞서 언급했지만, 옵션관리는 고객이 제품을 주문할 때, 제품의 특성에 따라 고객이 요구하는 옵션사항이다. 따라서 전자제품과 같이 제품에 따라 옵션이 필요 없는 경우도 있다. 만약 옵션이 없는 경우에는 이 작업을 하지 않아도 된다.

1 **옵션관리** : 먼저 옵션관리에 대한 이해를 위하여, 흰색과 파란색만 있는 T셔츠 제품을 예로 들어 설명하겠다. 이 경우에는 고객이 제품을 구입할 때, 고객이 원하는 사이즈와 색상을 선택할 수 있도록, 제품을 등록할 때 색상과 사이즈 옵션을 등록해야 한다.

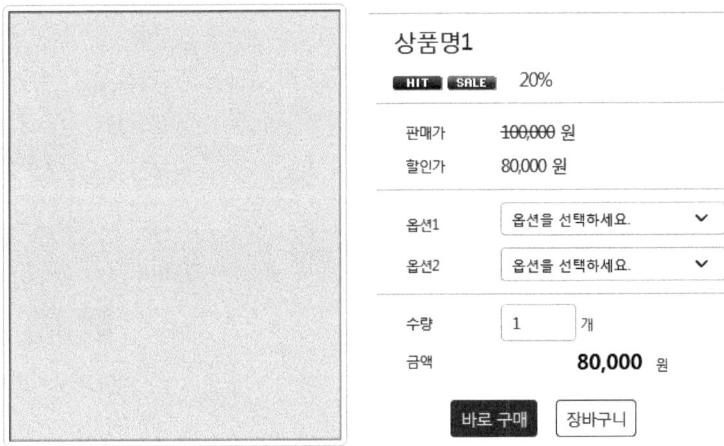

제품주문 (쇼핑몰)

그런데 문제는 판매할 제품에 따라 다양한 색상의 조합과 사이즈가 존재한다는 것이다. 이 문제는 아래 그림과 같이 opt테이블에는 다양한 옵션이름들을 등록하고 opts테이블에는 해당 옵션이름에 대한 상세 내역을 등록하여 해결할 수 있다.

no	name
1	사이즈
2	색상1
3	색상2

opt 테이블

no	opt_id	name
1	1 (사이즈)	L
2	1 (사이즈)	M
3	1 (사이즈)	S
4	2 (색상1)	흰색
5	2 (색상1)	검정색
6	2 (색상1)	파랑색
7	3 (색상2)	흰색
8	3 (색상2)	빨강색

opts 테이블

예를 들어 opt테이블의 옵션 "색상1"는 opts테이블에 소옵션 "흰색, 검정색, 파랑색"을 갖는 옵션이 된다. 따라서 아래 그림과 같이 제품을 등록할 때 옵션을 "색상1, 사이즈"를 등록하면, 고객화면에서는 선택한 옵션의 소옵션 내용 "빨강, 검정색, 파랑색"과 "L, M, S"가 표시되도록 한다면 이 문제를 해결할 수 있을 것이다.

제품등록 화면 (관리자)

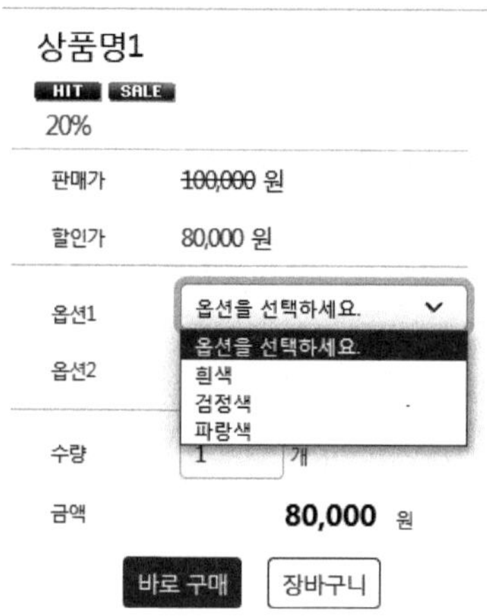

제품표시 화면 (쇼핑몰)

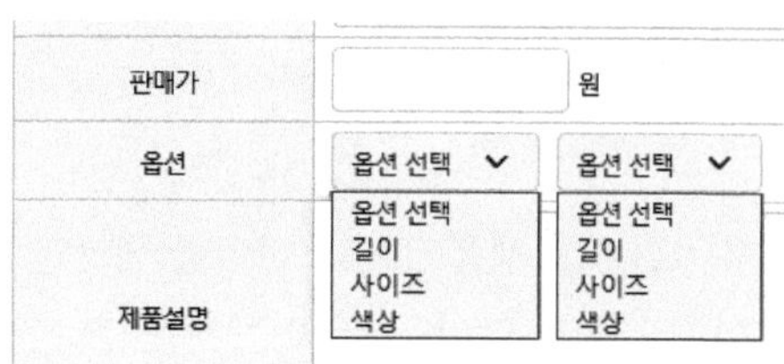

2 **파일 구조 :** 이 옵션 및 소옵션 처리를 위한 파일구조는 아래 그림과 같이 옵션 opt를 관리할 수 있는 파일 구조와 opt에 관련된 소옵션 opts를 관리할 수 있는 파일 구조로 되어 있다.

➜ opt.html (옵션)

- ► opt_new.html ─► opt_insert.php (옵션 추가)
- ► opt_edit.html ─► opt_update.php (옵션 수정)
- ► opt_delete.php (옵션 삭제)
- ► opts.html (소옵션)
    - ► opts_new.html ─► opts_insert.php (소옵션 추가)
    - ► opts_edit.html ─► opts_update.php (소옵션 수정)
    - ► opts_delete.php (소옵션 삭제)

6.2.2 옵션 테이블

실습목적

옵션 opt와 소옵션 opts테이블을 만들어라.

실습이론

1 **테이블 구조** : opt와 opts테이블의 구조는 다음과 같으며,

		필드명	자료형	Null	비고
1	옵션 번호	id	int	☐	auto_increment, 기본키
2	옵션명	name	varchar(20)	☑	

opt 테이블

		필드명	자료형	Null	비고
1	소옵션 번호	id	int	☐	auto_increment, 기본키
2	옵션 번호	opt_id	int	☑	
3	소옵션명	name	varchar(20)	☑	

opts 테이블

두 테이블의 관계는 다음과 같다.

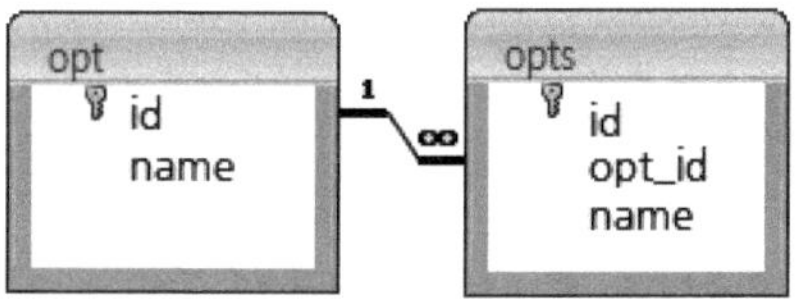

관계

STEP 01 opt 테이블 만들기

① **opt테이블 만들기** : phpmyadmin을 이용하여 〈테이블 이름〉은 "opt", 〈칼럼 수〉는 "2"를 입력하여 opt 테이블을 만든다.

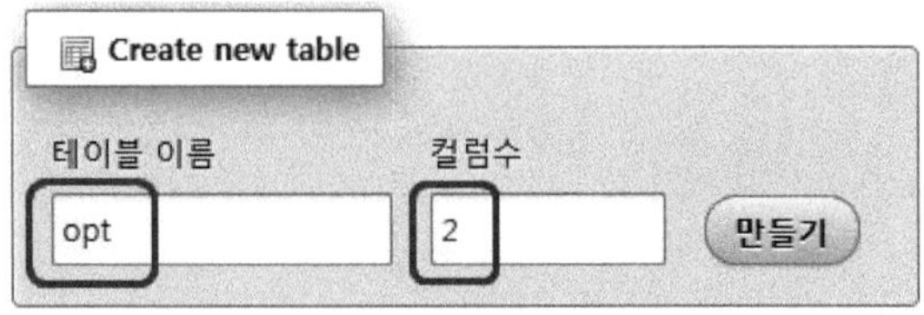

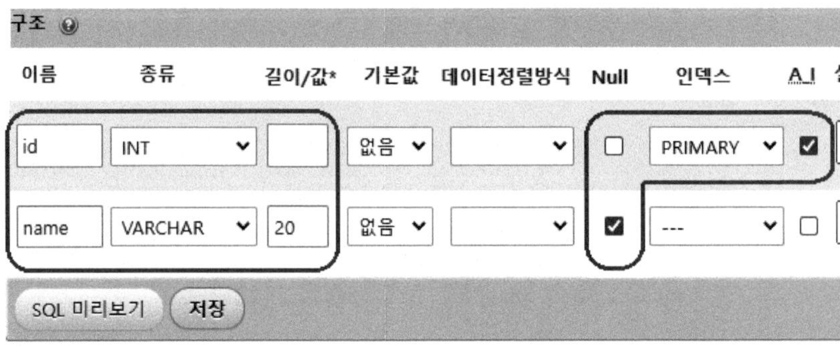

② **opts테이블 만들기** : phpmyadmin을 이용하여 〈테이블 이름〉은 "opts", 〈칼럼 수〉는 "3"을 입력하여 opts 테이블을 만든다.

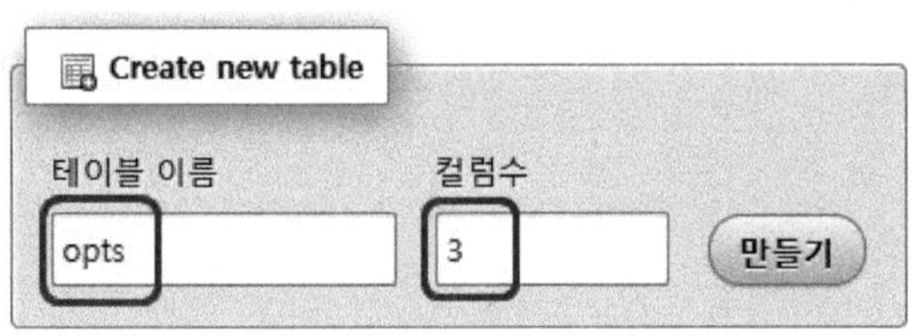

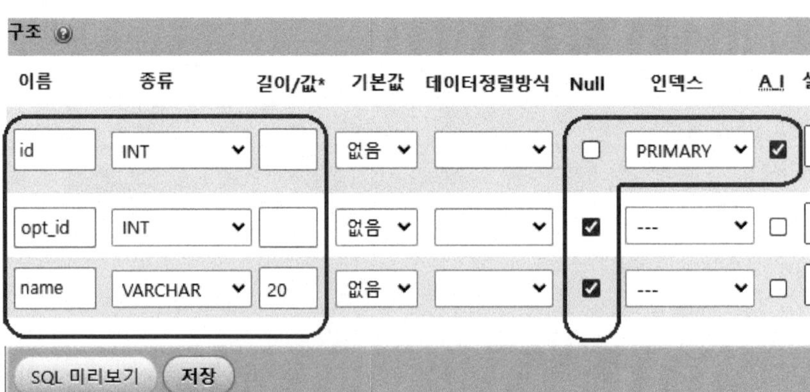

6.2.3 옵션

실습목적

opt테이블에 옵션종류 이름을 등록할 수 있는 옵션관리 프로그램을 만들어라.

옵션 목록(opt.php)

옵션 등록(opt_new.php)

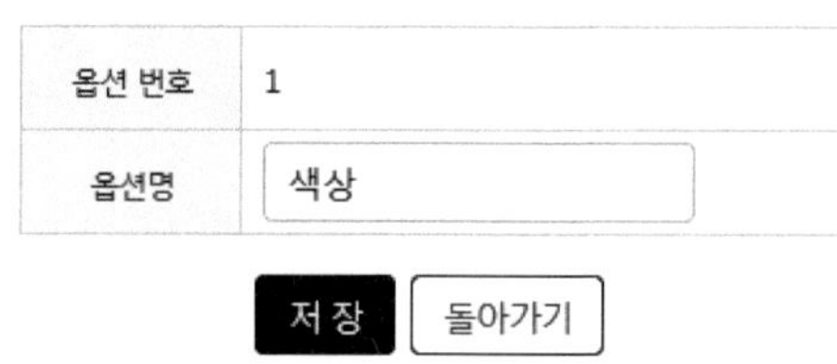

옵션 수정(opt_edit.php)

실습이론

1 **옵션처리 파일 구조** : 옵션처리의 프로그램 구성은 다음과 같다.

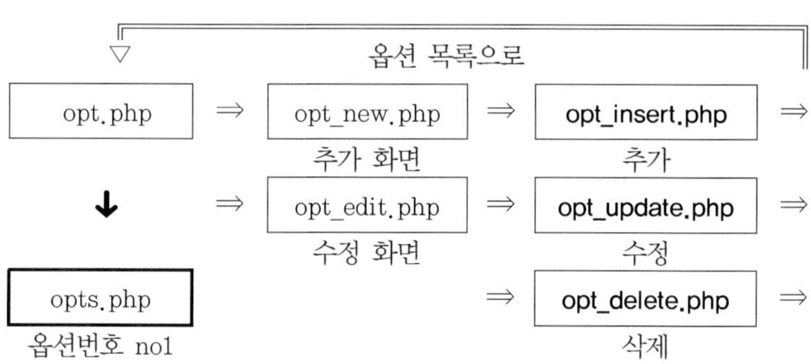

옵션관리 화면과 파일구성을 보면 페이지번호와 검색기능이 없고 옵션에 포함된 소옵

션 정보를 관리할 수 있는 opts.php를 호출하는 "소옵션편집"이라는 기능이 추가되었다. 따라서 기존의 프로그램을 최대한 이용하여 불필요한 부분은 생략하고 프로그램을 작성하면 될 것이다. 그리고 원한다면, 옵션목록 화면에서 페이지 및 검색기능을 구현하는 것도 좋을 것이다.

STEP 01 옵션 목록

① **opt.html → opt.php 저장하기** : opt.html을 읽어 새 이름 opt.php로 저장한다.

② **my.js link 수정하기** : 관리자 화면의 메뉴 소스는 js폴더의 my.js 파일에 admin_menu함수로 작성되어 있다. 옵션목록 화면을 호출하는 A tag의 "opt.html"를 "opt.php"로 수정한다. 그리고 CTRL+F5를 눌러 반드시 수정된 내용으로 새로고침되도록 해야 한다.

③ **opt.php 만들기** : admin폴더의 juso_list.php 소스를 참고하여 opt.php 프로그램을 작성한다.

1) 이름검색기능 및 페이지기능은 그대로 사용해도 되지만, 불필요하다고 생각하면 모두 삭제하거나 수정해도 무방하다.
2) 수정 버튼, 삭제 버튼, 소옵션편집 버튼의 A tag에서 opt_update.html, opt_delete.html, opts.html의 확장자를 모두 php로 수정한다.

④ **실행 및 결과확인** : 실행하여 결과를 확인한다.

STEP 02 옵션 추가

① **opt_new.html link 수정하기** : opt_new.html에서 Form tag의 "opt_insert.html"을 "opt_insert.php"로 수정한다.

② **opt_insert.php 만들기** : member_insert.php를 참고하여 opt_insert.php를 만든다.

id 필드는 자동으로 증가하는 auto_increment이므로, name 필드만 insert SQL에 이용하면 된다.

③ **실행 및 결과 확인** : 실행하여 옵션을 추가한다. 가능하면 독자가 만들려고 하는 쇼핑몰의 옵션명으로 등록하길 바란다.

STEP 03 옵션 수정

① **opt_edit.html ➜ opt_edit.php 저장하기** : opt_edit.html을 복사하여 새 이름 opt_edit.php로 저장한다.

② **opt_edit.php link 수정 및 작성하기** : opt_edit.php에서 Form tag의 "opt_update.html"을 "opt_update.php"로 수정한다. 그리고 member_edit.php를 참고하여 opt_edit.php를 작성한다.

③ **opt_update.php 만들기** : member_update.php를 참고하여 opt_update.php를 만든다.

④ **실행 및 결과확인** : 실행하여 결과를 확인한다.

STEP 04 옵션 삭제

① **opt_delete.php 만들기** : member_delete.php를 참고하여 opt_delete.php를 새로 만들고 프로그램을 작성한다.

② **실행 및 결과확인** : 실행하여 결과를 확인한다.

6.2.4 소옵션

실습목적

옵션목록 화면에서 "소옵션편집"을 클릭하면 선택한 옵션의 소옵션 항목을 관리할 수 있는 소옵션관리 프로그램을 작성하여라. 아래 그림은 사이즈 옵션에서 소옵션버튼을 클릭한 경우, 소옵션 XL, L, M, S 목록을 보여주는 예제화면이다.

옵션수 : 3 　　　　옵션 추가

번호	옵션명	수정 / 삭제	소옵션 편집
1	사이즈	수정 삭제	소옵션 편집
2	색상	수정 삭제	소옵션 편집
3	길이	수정 삭제	소옵션 편집

사이즈 소옵션편집 버튼을 클릭한 경우 (opts.php?id=1)

⬇

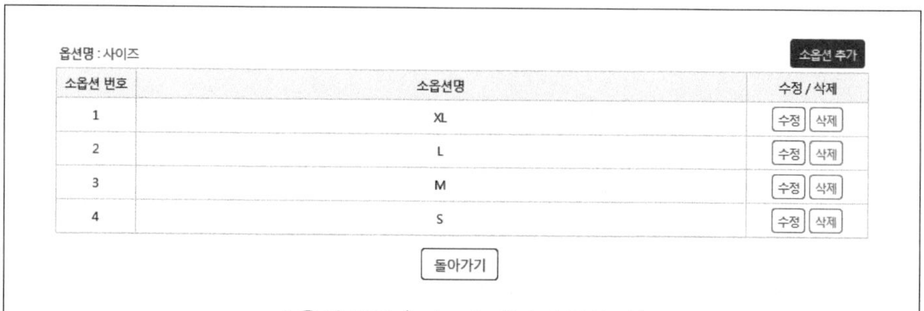

소옵션 목록 (opts.php?id=1&id1=1)

소옵션 등록(opts new.html) 소옵션 수정(opts edit.html)

실습이론

1 **소옵션관리 파일 구조** : 소옵션관리의 프로그램 구성은 다음과 같다.

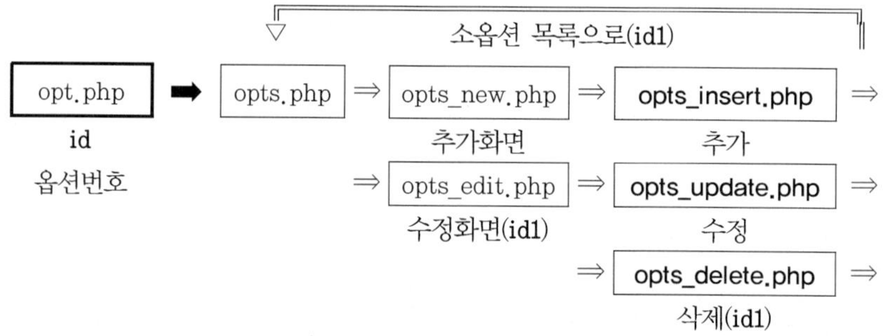

소옵션관리는 앞서 작업한 옵션관리와 거의 동일한 화면 구성과 프로그램을 가지고 있다. 따라서 옵션관리 프로그램을 최대한 참조하여 작성하면 된다.

2 **옵션번호 id, 소옵션번호 id1 변수** : 소옵션관리가 옵션관리와 다른 점은 선택한 옵션에 대한 소옵션 정보를 등록하기 위하여, 선택한 옵션번호(id)값을 모든 소옵션 문서에 계속 가지고 이동해야 한다는 점이다. 〈소옵션 편집〉에 마우스 커저를 대었을 때 표시되는 URL을 보면 id값만 표시된다.

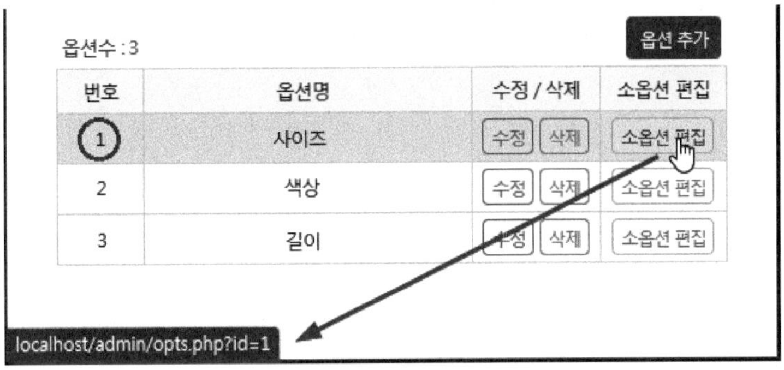

opts.php?id=1

반면에 소옵션 목록화면에서 〈수정〉에 마우스 커저를 대었을 때는 아래와 같이 id와 id1값을 같이 가지고 다니는 것을 알 수 있다.

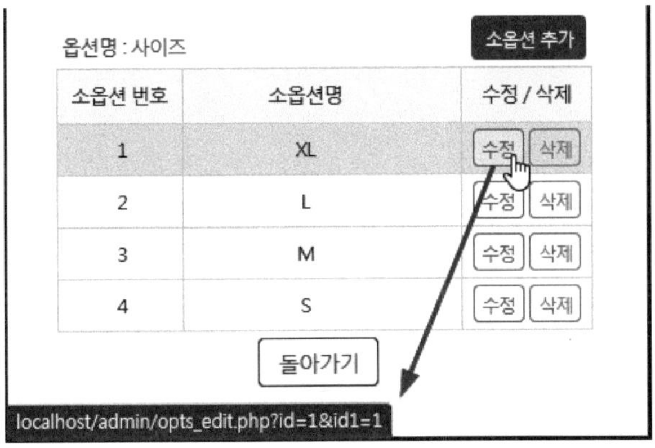

opts_edit.php?id=1&id1=1

html 소스에서는 옵션번호 id와 소옵션번호 id1을 다음 문서로 전달하가위하여 아래 프로그램과 같이 hidden 변수를 사용하고 있다. 이점을 주의하여 작성해야 한다.

```
<input type="hidden" name="id" value="<?=$id; ?>">
<input type="hidden" name="id1" value="<?=$id1; ?>">
```

3 **소옵션 목록으로 이동 처리** : 옵션관리에서 자료의 추가, 수정, 삭제(opt_insert.php, opt_update.php, opt_delete.php)처리를 한 후, 다시 목록으로 이동하는 맨 마지막 줄 프로그램은 다음과 같이 작성하였으나,

```
echo "<script>location.href='opt.php'</script>" ;
```

소옵션에서는 소옵션목록 화면으로 돌아갔을 때, 처음에 선택한 옵션명이 표시되어야 한다. 다시 말해 옵션에서 "사이즈"옵션을 선택했다면, 소옵션을 등록하고는 다시 "사이즈" 소옵션 목록화면이 표시되어야 한다. 따라서 다음과 같이 옵션 id값을 가지고 이동해야 한다.

```
echo "<script>location.href='opts.php?id=$id' </script>" ;
```

4 **소옵션 화면 처리** : 이 처리에서는 옵션명 출력을 위한 opt테이블에 대한 select문과 소옵션 목록 출력을 위한 opts테이블에 대한 select문을 각각 실행하여야 한다.

1) 옵션번호 $id와 opt테이블에 관한 select문을 실행하여 옵션명을 알아내 화면 상단의 옵션명($row["name"]) 표시를 한다.

```
$sql="select name from opt where id=$id";
```

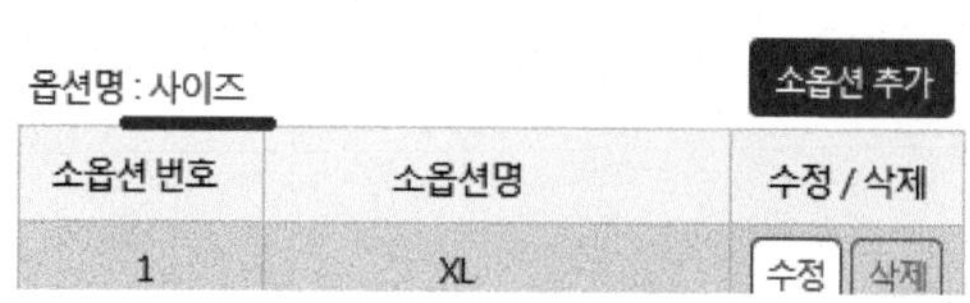

2) id 옵션의 소옵션 목록만을 표시하기 위한 select문은 다음과 같이 써야 한다.

```
$sql="select * from opts where opt_id=$id order by name";
```

소옵션 번호	소옵션명	수정 / 삭제
1	XL	수정 삭제
2	L	수정 삭제
3	M	수정 삭제
4	S	수정 삭제

STEP 01 옵션 목록

① **opts.html → opts.php 저장하기** : opts.html을 새 이름 opts.php로 저장한다.

② **opt.php link 수정하기** : opt.php에서 소옵션편집의 A tag를 수정한다. 여기서 id는 다음 문서에 전달될 옵션번호 값이다. 여기서 $id는 $row["id"]이다.

```
<a href="opts.php?id=<?=$id; ?>">소옵션편집</a>
```

③ **opts.php 만들기** : opt.php를 참고하여 프로그램을 작성한다.

④ **실행 및 결과확인** : 실행하여 결과를 확인한다.

STEP 02 소옵션 추가

① **opts_new.html → opts_new.php로 저장하기** : opts_new.html을 새 이름 opts_new.php로 저장한다.

② **opts.php link 수정하기** : opts.php에서 신규입력 버튼을 클릭한 경우, 호출되는 javascript go_new()함수의 href를 다음과 같이 수정한다. 여기서 id는 다음 문서에 전달될 옵션번호 값이다.

```
function go_new()
{
    location.href="opts_new.php?id=<?=$id; ?>";
}
```

③ **opts_new.php link 수정하기** : opts_new.php에서 Form tag의 "opts_insert.html"을 "opts_insert.php"로 수정한다.

④ **opts_insert.php 만들기** : opt_insert.php를 참고하여 opts_insert.php를 만든다. insert SQL문에서 opt_id 필드에는 id 값이 저장되도록 SQL문을 작성해야 한다.

⑤ **실행 및 결과확인** : 실행하여 결과를 확인한다.

STEP 03 소옵션 수정

① **opts_edit.html → opts_edit.php로 저장하기** : opts_edit.html을 읽어 새 이름 opts_edit.php로 저장한다.

② **opts_edit.php link 수정 및 작성하기** : opts_edit.php에서 Form tag의 "opts_update.html"을 "opts_update.php"로 수정한다. 그리고 opt_edit.php를 참고하여 opts_edit.php를 작성한다. 이때 주의할 사항은 옵션번호 id와 소옵션번호 id1을 다음과 같이 hidden으로 두 값을 update문서에 전달할 수 있도록 초기화해야 한다.

```
<input type="hidden" name="id" value="<?=id; ?>">
<input type="hidden" name="id1" value="<?=id1; ?>">
```

③ **opts_update.php 만들기** : opt_update.php를 참고하여 opts_update.php를 만든다.

④ **실행 및 결과확인** : 실행하여 결과를 확인한다.

STEP 04 소옵션 삭제

① **opts_delete.php 만들기** : opt_delete.php를 참고하여 opts_delete.php를 만든다.

② **실행 및 결과확인** : 실행하여 결과를 확인한다.

6.3 관리자 제품관리

제품관리에 관한 프로그램 작업을 하기 전에 제품관련 이미지를 서버에 업로드(Upload)하는 방법에 대하여 알아보자.

6.3.1 파일 업로드

실습목적

아래 그림과 같이 test_upload.html을 실행하여 선택한 파일을 서버 홈페이지의 product 폴더에 업로드 할 수 있는 프로그램을 작성하여라.

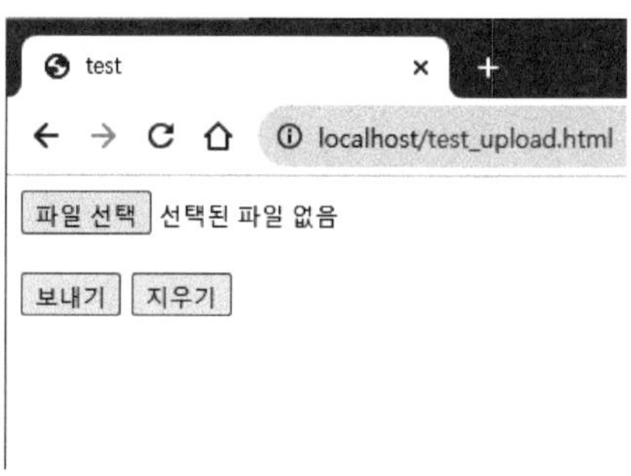

test_upload.html

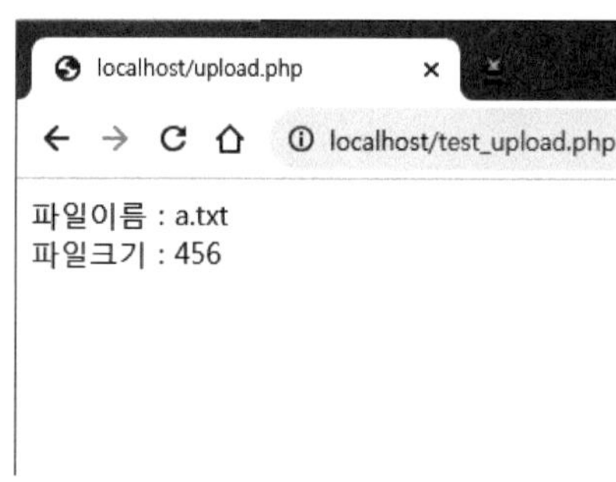

test_upload.php

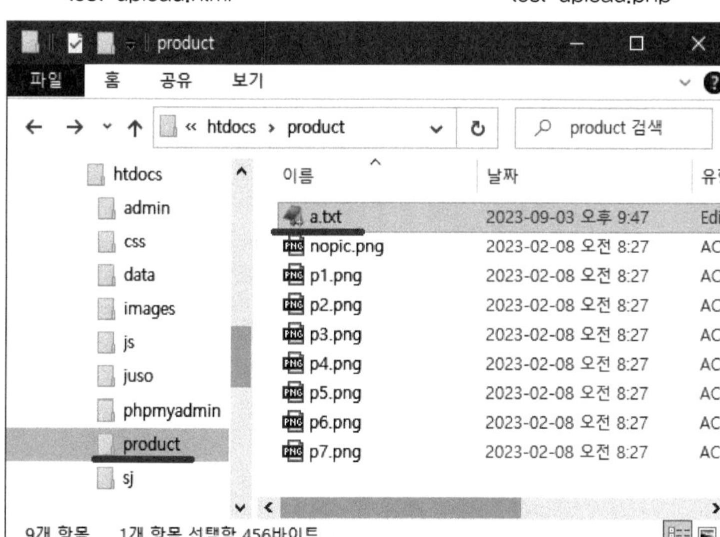

product폴더 업로드 결과화면

실습이론

1 **upload를 위한 html** : 선택한 파일을 서버로 업로드하기위해서는 아래와 같이 html 소스를 작성해야 한다.

```
<html>
<head>
<title>test</title>
</head>
<body>
<form name="form1" method="post" action="test_upload.php"
    enctype="multipart/form-data">
<input type="file" name="filename" size="40" value="">
<br><br>
<input type="submit" value="보내기">
<input type="reset" value="지우기">
</form>
</body>
</html>
```

upload.html

1) 업로드일때는 큰 파일을 전송할 수 있기 때문에 Form tag의 method는 반드시 "post"를 이용해야 하며, enctype="multipart/form-data" 문장을 포함해야 한다.
2) upload할 파일을 선택하는 찾아보기 대화창을 열기 위해서는 반드시 input type을 file로 해야 한다.

```
<input type="file" name="변수이름" value="">
```

2 **upload를 위한 php 소스** : upload를 위한 php 소스는 다음과 같다.

```
<?
❶ if ($_FILES["filename"]["error"]==0)      // 선택한 파일이 있는지 조사
  {
❷   $fname=$_FILES["filename"]["name"];   // 파일이름
    $fsize=$_FILES["filename"]["size"];    // 파일크기
❸   if (file_exists("경로/$fname")) exit("동일한 파일이 있음");
❹   if (!move_uploaded_file($_FILES["filename"]["tmp_name"],"경로/$fname"))
        exit("업로드 실패");
    echo("파일이름 : $fname<br> 파일크기 : $fsize");
  }
?>
```

Upload 프로그램

❶ **filename 조사** : 업로드할 파일을 선택했는지를 알기위하여 filename 변수를 조사하는 부분이다. 파일을 선택하지 않은 경우, 0이 아닌 error 값을 갖는다. 따라서 error값이 0이면 업로드 처리를 하도록 if문 처리하였다.

❷ **파일이름과 파일크기** : 업로드할 파일의 이름과 파일크기를 알아낸다.

❸ **file_exist함수를 이용한 동일파일 조사** : 같은 파일이름이 있는지를 조사한다. 만약 같은 파일이름으로 저장하고 싶으면 이 줄을 삭제하면 된다.

❹ **move_upload_file함수를 이용한 업로드** : 지정된 경로의 폴더에 파일을 upload 시킨다.

[php] file_exist(파일이름)
지정된 폴더에 같은 파일이름이 있는 지를 조사하여, 있으면 true값을 돌려준다.

[php] move_upload_file(파일이름, 목적지)
지정된 소스파일을 지정된 장소로 복사를 한다. 같은 이름의 파일이 있으면 겹쳐 저장한다.

3 **새 파일이름으로 업로드** : 다른 파일이름으로 저장하려면 $fname대신에 다른 파일이름으로 지정하면 된다.

```
<?
    if ($_FILES["filename"]["error"]==0)      // 선택한 파일이 있는지 조사
    {
      $fname=$_FILES["filename"]["name"];    // 파일이름
      $fsize=$_FILES["filename"]["size"];      // 파일크기
      $newfilename="새파일이름";
      if (file_exists("경로/$newfilename")) exit("동일한 파일이 있음");
      if (!move_uploaded_file($_FILES["filename"]["tmp_name"],"경로/$newfilename"))
        exit("업로드 실패");
      echo("파일이름 : $newfilename<br> 파일크기 : $fsize");
    }
?>
```

4 **Linux 원격서버인 경우 폴더 권한 설정** : Linux 원격서버인 경우에는 업로드할 폴더가 누구나 접근할 수 있어야 한다. 따라서 권한설정 명령어인 Linux 명령어 chmod를 이용하여 폴더 사용권한을 777로 설정해야 한다. 여기서 777은 누구나 다 읽고 쓰고 실행할 수 있도록 하는 값이다. 따라서 product라는 폴더는 제품이미지를 upload할 폴더이기 때문에, kitty 프로그램으로 접속하여 폴더권한을 777로 변경해야 한다.

chmod 777 upload용으로 사용할 폴더이름

STEP 01 Linux 사용자인 경우

Window용 APM사용자인 경우는 STEP01을 건너뛰고 STEP02 부터 하길 바란다.

① **kitty 프로그램으로 Linux 원격서버 접속** : kitty 프로그램을 이용하여 자신의 계정으로 접속한다.

② **폴더 권한 변경** : 다음 명령어를 실행하여 product폴더 권한을 777로 변경한다.

```
cd html
ls –ld p*
chmod 777 product
ls –ld p*
```

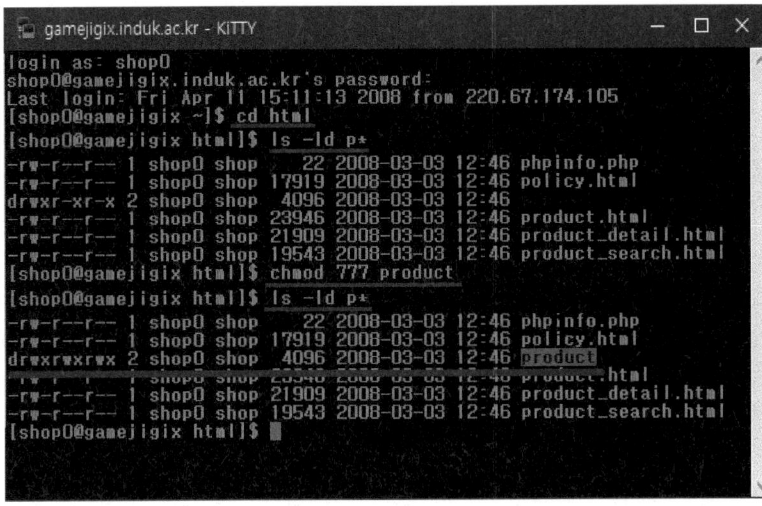

"ls –ld p*" 명령어는 폴더내의 파일이름에서 p로 시작하는 파일을 폴더 포함하여 자세히 표시하라는 명령이고, "chmod 777 porduct"는 product폴더의 사용권한을 777(누구나 허용)로 변경시키는 명령이다. product폴더이름 맨 앞의 내용을 보면, 변경 전에는 "drwxr–xr–x"이었지만, chmod 명령어 실행 후에는 "drwxrwxrwx"로 변경된 것을 볼 수 있다. 여기서 각 알파벳 d(directory)는 폴더, r(read)은 읽기, w(write)는 쓰기, x(execute)는 실행이라는 의미이다. 그리고 첫 번째 rwx는 계정사용자(user), 두 번째는 그룹(group), 세 번째는 다른 사용자(other)에 대한 권한설정 값이다. 따라서 모든 사용자에게 읽고 쓰고 실행할 수 있는 권한(2진수 111 = 7)을 부여하기 위해서는 777이라고 지정해야 한다. 이런 내용은 Linux에 관련된 내용으로 자세한 내용은 해당 서적을 참고하길 바란다.

7	7	7		
rwx	rwx	rwx	→	r(read) w(write) x(execute)
소유자	그룹	타계정		

STEP 02 test_upload.php 만들기

① **새 문서 만들기** : "test_upload.php"라는 이름의 새 파일을 만든다. 그리고 다음과 같이 작성한다.

```
<?
 if ($_FILES["filename"]["error"]==0)          // 선택한 파일이 있는지 조사
 {
   $fname=$_FILES["filename"]["name"];   // 파일이름
   $fsize=$_FILES["filename"]["size"];      // 파일크기
   if (file_exist("product/$fname")) exit("동일한 파일이 있음");
   if (!move_uploaded_file($_FILES["filename"]["tmp_name"],"product/$fname"))
     exit("업로드 실패");
   echo("파일이름 : $fname<br> 파일크기 : $fsize");
  }
?>
```

② **실행 및 결과확인** : test_upload.html을 실행하여 임의의 파일을 업로드 해본다. 그리고 c:₩APM₩Apache24₩htdocs₩product폴더에 파일이 있는지 확인한다.

http://localhost/test_upload.html

STEP 03 새 이름으로 업로드하기

① **test_upload.php 수정하기** : STEP02의 프로그램을 다음과 같이 수정한다.

```
<?
 $newfilename="new.txt";              // 새 파일이름
 if ($_FILES["filename"]["error"]==0)
 {
  $fname=$_FILES["filename"]["name"];
  $fsize=$_FILES["filename"]["size"];
  if (file_exist("product/$newfilename")) exit("동일한 파일이 있음");
  if (!move_uploaded_file($_FILES["filename"]["tmp_name"],
     "product/$newfilename")) exit("업로드 실패");
  echo("파일이름 : $newfilename<br> 파일크기 : $fsize");
 }
?>
```

② **실행 및 결과확인** : 실행하여 새 이름(new.txt)으로 업로드 되었는지 확인한다.

http://localhost/test_upload.html

6.3.2 제품 테이블

실습목적

제품테이블인 product테이블을 만들어라.

실습이론

1 **테이블 구조** : product 테이블의 구조는 다음과 같다.

		필드명	자료형	Null	비고
1	제품번호	id	unsigned int	☐	auto_increment, 기본키
2	제품분류	menu	int	V	
3	제품코드	code	varchar(20)	V	
4	제품명	name	varchar(255)	V	
5	제조사	coname	varchar(50)	V	
6	가격	price	int	V	
7	옵션1	opt1	int	V	
8	옵션2	opt2	int	V	
	…	…	…	V	
9	제품설명	contents	text	V	
10	상품상태	status	tinyint	V	1=판매중, 2=판매중지, 3=품절
11	등록일	regday	date	V	
12	아이콘:신상품	icon_new	tinyint	V	표시안함=0, 표시=1
13	아이콘:히트	icon_hit	tinyint	V	표시안함=0, 표시=1
14	아이콘:세일	icon_sale	tinyint	V	표시안함=0, 표시=1
15	할인율(%)	discount	tinyint	V	icon_sale=1인 경우
16	이미지1	image1	varchar(255)	V	제품 작은 이미지
17	이미지2	image2	varchar(255)	V	제품 큰 이미지
18	이미지3	image3	varchar(255)	V	제품 설명 이미지
	…	…	…	…	

product 테이블

제품의 정보를 등록하는 product테이블은 아주 복잡하고 다양한 구조를 가질 수 있지만, 여기서는 가급적 최소의 정보만을 갖는 테이블로 구성하였다. 주요 필드의 내용은 다음과 같다.

1) **menu** : 제품의 종류나 카테고리를 나타내는 필드로서 common.php에서 등록한 menu배열의 첨자 값을 저장하는 필드이다.
2) **opt1, opt2, …** : 이 필드는 옵션종류를 저장하는 필드로서 제품의 성격에 따라 옵션이 없을 수도 있고, opt1, opt2, …와 같이 여러 개가 될 수도 있다. 예를 들어 전자제품인 경우는 옵션사항이 없지만, 의류인 경우는 색상, 사이즈가 될 수 있다. 따라서 이 필드는 독자가 만들려고 하는 쇼핑몰에서 취급할 제품에 따라 결정해야 할 것이다. 여기서는 옵션의 종류가 2가지인 것으로 가정하여 작업하도록 하겠다.
3) **status** : 이 필드는 제품이 현재 판매중(=1), 판매중지(=2), 아니면 품절(=3)인지를 나타내는 필드이다. 판매중지인 경우는 쇼핑몰에서 제품이 표시되지 않으며, 품절인 경우에는 제품이름 옆에 품절표시를 함으로서 고객들에게 알려주는 프로그램 처리에 이용된다.
4) **icon_new, icon_hit, icon_sale** : 이 표시는 고객들에게 상품에 대한 구매정보를 알려주는 아이콘을 표시할 것인지, 말 것인지를 설정하는 필드들이다. 예를 들어 신상품(icon_new), 히트상품(icon_hit), 할인상품(icon_sale)인 경우, 제품이름 옆에 해당 아이콘을 표시해준다.
5) **discount** : 이 필드는 할인상품인 경우 몇 %의 할인을 할 것인지를 나타내는 필드이다. 따라서 icon_sale이 1인 경우만 사용되는 필드이다.
6) **image1** : 이 필드는 상품의 축소 그림(thumbnail image)의 파일이름을 저장하는 필드이다. 쇼핑몰의 메인화면에서는 한 화면에서 수십 개의 상품 그림을 동시에 보여준다. 이 경우 이미지 크기가 크면 표시속도가 떨어진다. 따라서 진열용 이미지는 상품의 작은 그림이 적합하다.
7) **image2** : 제품의 모양을 보여주기 위한 큰 그림으로서, 그림을 클릭한 경우 보여주는 큰 이미지의 파일이름을 저장하는 필드이다.
8) **image3, …** : 제품의 상세설명을 위한 여러 이미지중 하나로서, 이 그림은 하나가 아니라 여러 개일 수 있다. 최근에는 제품의 모양을 고객들에게 정확히 전달하기 위하여 여러 장의 그림을 이용하는 추세이다. 따라서 그림 개수는 독자들이 적당히 결정하길 바란다. 여기서는 설명용 그림을 1개로 가정하여 작업하도록 하겠다.

STEP 01 product 테이블 만들기

① **product테이블 만들기** : phpmyadmin을 이용하여 〈이름〉은 "product", 〈형식〉은 "18"를 입력하여 product 테이블을 만들어라.

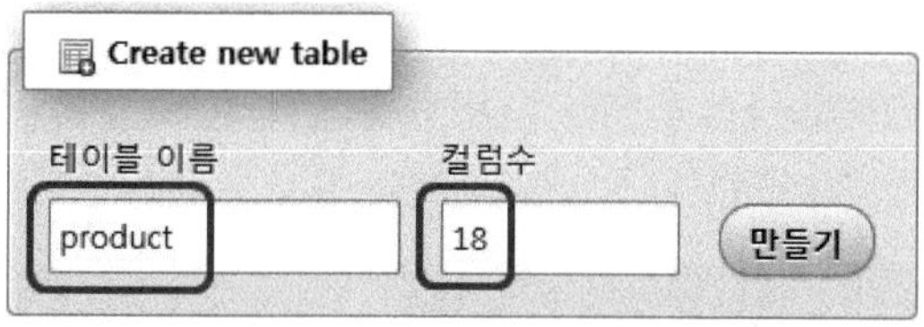

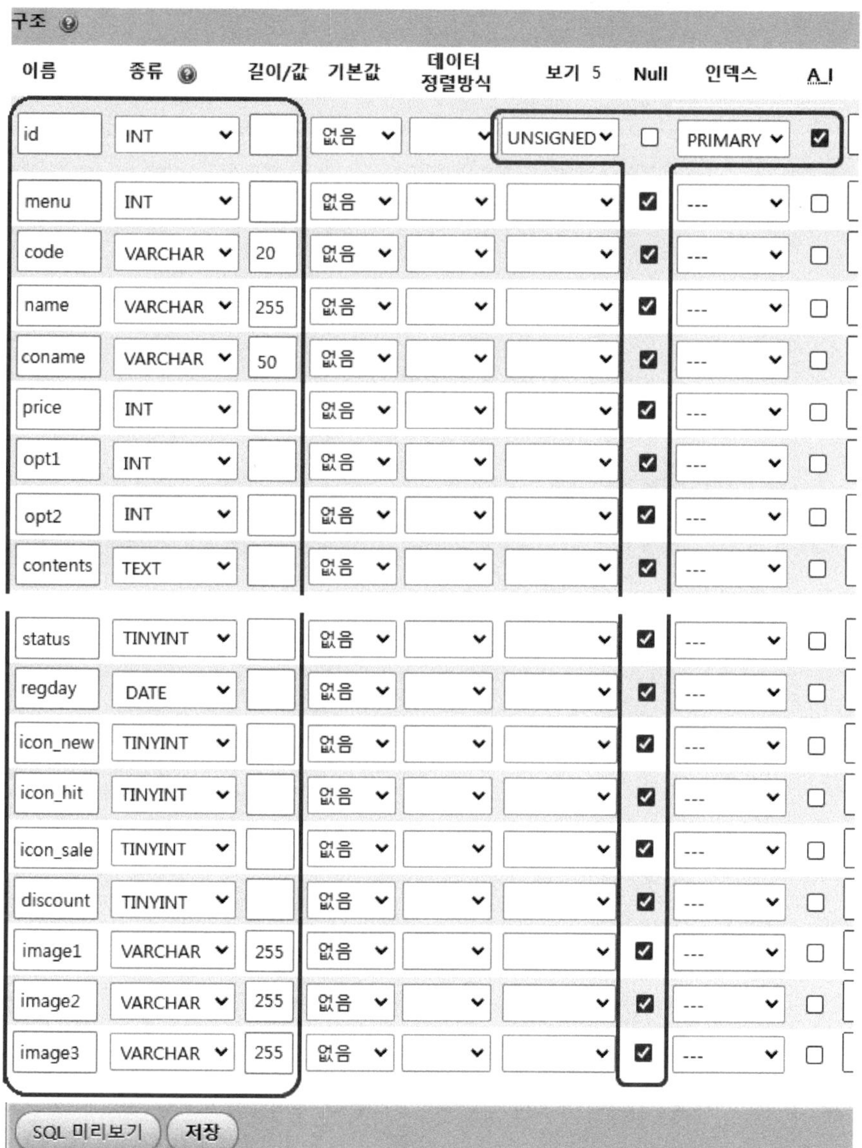

6.3.3 제품 목록

실습목적

이번에는 쇼핑몰 관리자가 제품관리를 할 수 있는 프로그램중, 아래 그림과 같이 제목 목록을 볼 수 있는 화면을 만들자.

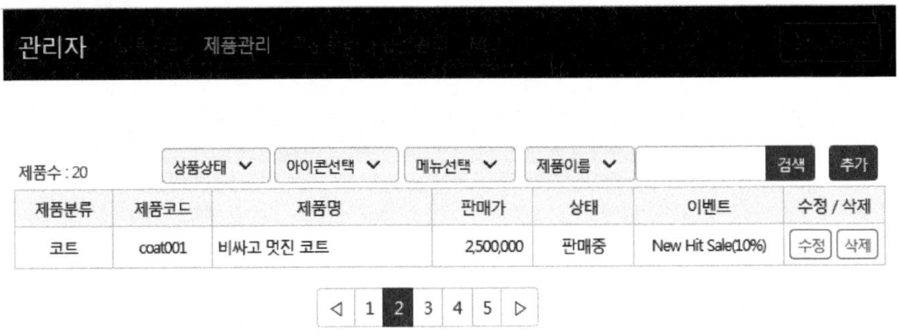

제품목록 화면(product.html)

실습이론

1. **제품관리 파일구조** : 실습할 제품관리의 전체 파일 구성은 다음과 같다.

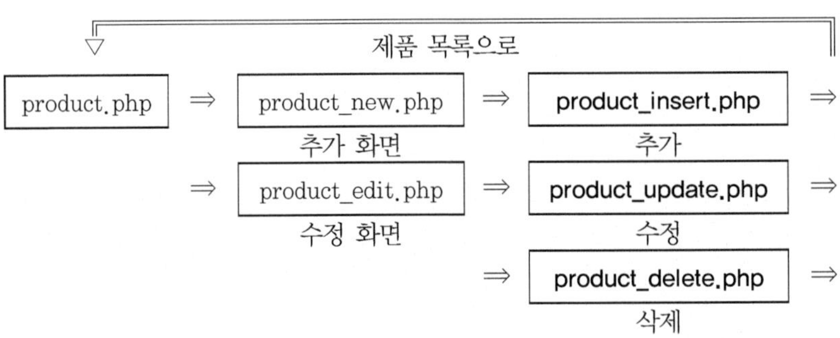

2. **멀티검색** : 제품목록 화면의 상단을 보면 아래 그림과 같이 다양한 조건으로 자료를 검색할 수 있도록 구성되어 있다. 기존의 if문을 이용하는 방법으로 검색을 하는 경우는 발생할 수 있는 SQL문의 종류가 너무 많으므로 프로그램 처리하기가 곤란하다.

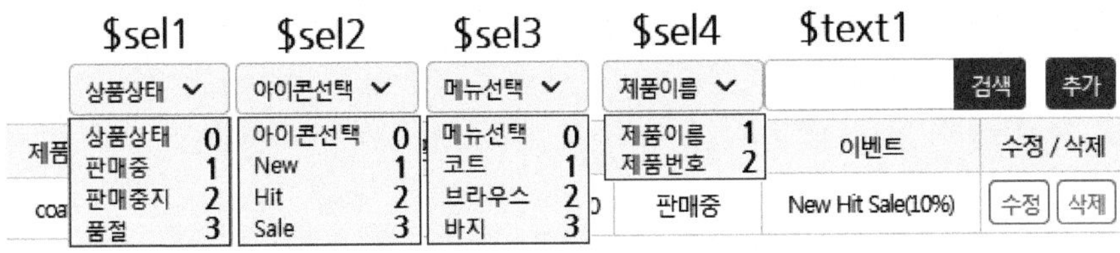

따라서 검색을 위하여 선택한 조건 값을 기억하는 변수이름이 sel1, sel2, sel3, sel4, text1이라고 하면 아래와 같은 프로그램으로 이 문제를 해결할 수 있다.

멀티검색용 SQL문 생성 프로그램

```
if (!$sel1)  $sel1=0;
if (!$sel2)  $sel2=0;
if (!$sel3)  $sel3=0;
if (!$sel4)  $sel4=1;
if (!$text1)  $text1="";

$k=0;
if ($sel1 != 0) { $s[$k] = "status=" . $sel1; $k++; }
if ($sel2==1)  { $s[$k] = "icon_new=1";  $k++; }
if ($sel2==2)  { $s[$k] = "icon_hit=1";  $k++; }
if ($sel2==3)  { $s[$k] = "icon_sale=1"; $k++; }
if ($sel3 != 0) { $s[$k] = "menu=" . $sel3; $k++; }
if ($text1)
{
   if ($sel4==1) $s[$k] = "name like '%" . $text1 . "%'";
   if ($sel4==2) $s[$k] = "code like '%" . $text1 . "%'";
}
if ($k > 0)
{
   $tmp=implode(" and ", $s);
   $tmp = " where " . $tmp;
}
$sql="select * from product " . $tmp . " order by name";
```

이 프로그램은 where절에 들어갈 조건식을 각 조건변수(sel1,sel2,sel3,sel4)에 따라 하나의 문자열로 만들어 주는 프로그램이다. 만약 판매중(sel1=1)이며, hit상품(sel2=1)인 바지(menu=2)를 검색하는 경우, 각 s배열에는 다음과 같이 저장된다.

```
$s[0] = "status=1";
$s[1] = "icon_new=1";
$s[2] = "menus=2";
```

이 s배열과 " and " 문자열을 implode함수를 이용하면, 각 s배열 값 사이에 " and "가 삽입된 결과를 얻을 수 있다.

```
$tmp="status=1 and icon_new=1 and menu=2";
```

따라서 최종적인 SQL문은 다음과 같을 것이며, 조건의 선택에 따라 다양한 SQL문을 쉽게 만들 수 있을 것이다.

```
select * from product where status=1 and icon_hit=1 and menu=2
   order by name;
```

이 멀티 검색처리는 앞으로 자주 응용될 구조이므로, 잘 이해하길 바란다.

[php] implode(구분 문자열, 배열명)

배열값들 사이에 구분문자열을 집어넣어 하나의 문자열로 합쳐진 값을 돌려주는 함수.

```
예> $tmp = array(1, 2, 3);
    $s = implode("^",$tmp);       // 1^2^3 문자열을 리턴함.
```

3 **상품상태, 아이콘, 검색어 전역변수 선언** : 상품상태나 상품에 대한 아이콘은 프로그램에서 자주 사용되는 내용이다. 따라서 전역변수로 사용하기 위하여 아래와 같이 common.php에 선언하는 것이 좋다. 배열의 0번째 값(상품상태, 아이콘)은 실제 사용하는 값이 아니라, 콤보박스에서 "전체"를 의미하는 값으로 사용한다. 분류 콤보박스인 경우는 앞에서 선언한 $a_menu, $n_menu를 이용하면 된다.

```
$a_status=array("상품상태","판매중","판매중지","품절");      // 상품상태
$n_status=count($a_status);
$a_icon=array("아이콘 선택","New","Hit","Sale");      // 아이콘
$n_icon=count($a_icon);
$a_text1=array("","제품이름","제품번호");      // 검색어
$n_text1=count($a_text1);
```

이와 같이 전역변수로 선언하면, 조건부 콤보박스로 선택된 값을 콤보박스 초기값으로 표시할 때 프로그램 작성이 쉬워진다. 아래 프로그램은 멀티검색 조건인 상품상태 status에 관련된 프로그램 예제이다. 나머지 콤보박스도 같은 원리를 이용하여 변수이름($sel1, $n_status)과 배열 변수이름($a_status)만 해당 변수이름으로 변경하여 작성하면 된다.

```
echo("<select name="sel1">");
for($i=0;$i<$n_status;$i++)
{
  $tmp = ($i==$sel1) ? "selected" : "";
  echo("<option value='$i' $tmp>$a_status[$i]</option>");
}
echo("</select>");
```

주의할 점은 $a_text1을 처리할 때는 for문에서 i=0 이 아니라 i=1부터 시작해야 한다.

④ **가격표시** : 가격표시할 때 3자리마다 콤마를 삽입하려면 다음 numer_format 함수를 이용하여 간단히 처리할 수 있다.

[php] number_format(숫자)
3자리마다 콤마를 삽입한 문자열로 변환하는 함수
예〉 number_format(1234);　　　// 결과 : 1,234

⑤ **$args 변수** : 멀티검색을 위해서는 관련된 변수 sel1, sel2, sel3, sel4, text1값을 같이 넘겨주어야 한다.

```
$args="sel1=$sel1&sel2=$sel2&sel3=$sel3&sel4=$sel4&text1=$text1";
```

STEP 01 product.php 만들기

① **product.html → product.php 로 저장하기** : admin폴더에 있는 product.html을 읽어 새 파일이름 product.php로 저장한다.

② **my.js link 수정하기** : js/my.js 파일의 admin_menu함수에서 제품 목록 화면을 호출

하는 A tag의 "product.html"를 "product.php"로 수정한다. 수정한 후에는 반드시 실행화면을 새로고침(Ctrl+F5)하여 수정된 내용이 적용되도록 해야 한다.

③ **common.php에 전역변수 선언** : 실습이론 [3]을 참고하여 common.php에 상품상태, 아이콘, 검색관련 전역변수들을 작성한다.

④ **product.php 수정하기** : 실습이론 [2], [3], [4]와 member.php를 참고하여 프로그램을 작성한다.

⑤ **실행 및 결과확인** : 실행하여 결과를 확인한다.

6.3.4 제품 등록

실습목적

아래 그림과 같이 관리자가 새 제품 정보를 등록할 수 있는 프로그램을 만들어라.

새 제품등록 화면(product_new.html)

실습이론

1 **제품입력 및 삭제 파일구조** : 새 제품정보를 등록하는 파일 구성은 다음과 같다.

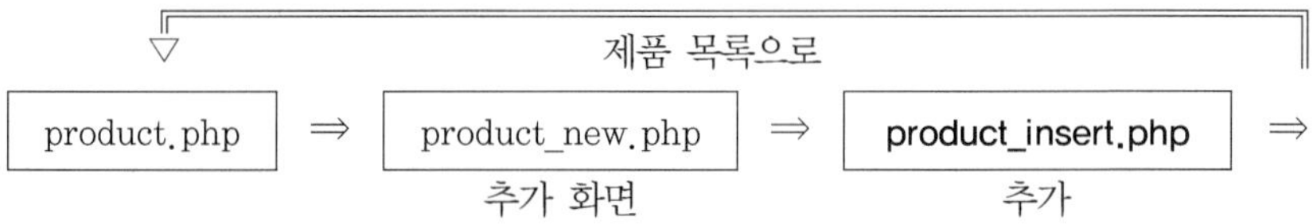

2 **제품명, 제품설명** : 제품명과 제품설명 내용 중 작은따옴표('), 따옴표("), 슬래쉬(/) 와 같은 문자가 포함되면, SQL을 실행할 때 에러가 발생된다. 예를 들어 다음과 같이 name필드에 It's를 저장하려는 경우, insert SQL문에서 문자열 표시기호인 '와 혼동되어 에러가 발생된다.

```
insert into product (name,… ) values ('It's', … );    ➜ 에러
```

따라서 에러를 막기 위해서는 addslashes 함수를 이용하여 이 문자들 앞에 슬래쉬(/)를 붙여 escape 문자화시켜 저장해야 한다. 그리고 출력할 때는 반대로 stripslashes 함수를 이용하여 슬래쉬(/)를 제거하여 정상 출력을 해야 한다.

```
$name = addslashes($name)
$contents = addslashes($contents)
```

[php] addslashes(문자열)

문자열내의 작은따옴표('), 따옴표("), 슬래쉬(/)와 같은 문자앞에 /를 추가하여 escape화된 문자열로 만드는 함수.

예> addslashes("It's"); ---> : It/'s

[php] stripslashes(문자열)

addslashes()함수로 escaped된 문자열을 원상 복귀시키는 함수

예> stripslashes("It/'s"); ---> It's

[3] **옵션 콤보박스** : 위의 새 제품등록화면인 경우 옵션사항이 2가지인데, 두개의 콤보박스 모두 opt테이블의 옵션명이 목록으로 똑같이 나와야 한다. 예를 들어 의류 쇼핑몰인 경우, 옷은 보통 색상과 사이즈 옵션사항이 필요하다. 이 경우 아래 그림과 같이 색상과 사이즈를 선택할 수 있어야 한다.

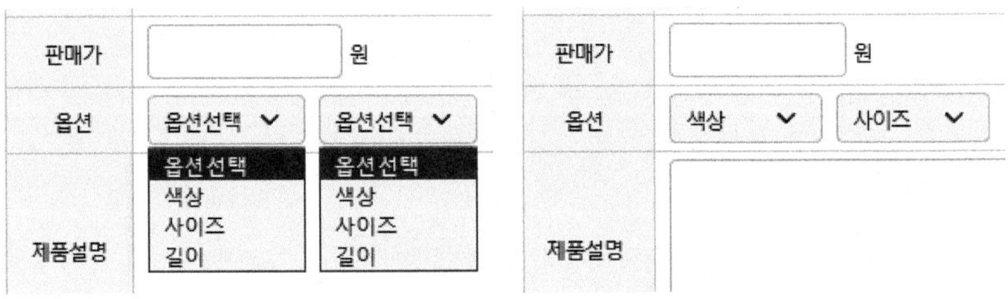

따라서 두 옵션 opt1, opt2 콤보박스를 위한 쿼리문은 다음과 같다.

```
$sql="select * from opt order by name;"
```

만약 이 의류 쇼핑몰에서 옷 이외에도 반지를 판매하는 경우, 반지는 옵션이 반지사이즈 한가지이다. 이 경우에는 첫 번째 옵션 콤보박스를 "반지사이즈", 두 번째 옵션 콤보박스에서 "옵션선택(=0)"을 선택한다. 그리고 사용자 쪽의 제품 화면에서는 두 번째 옵션상자가 표시되지 않도록 프로그램 해야 한다.

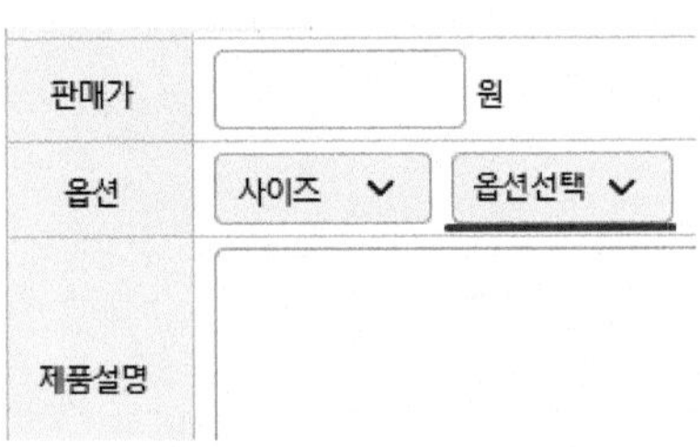

관리자 쪽 화면 (옵션2=0)

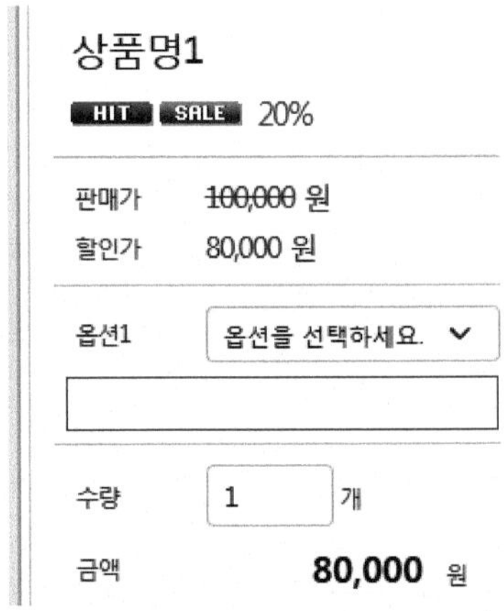

사용자 쪽 화면 (옵션2 표시안함)

```
<?
  if ($row["opt2"]) {
?>
  <select name="opt2">
    <option value="0" selected>옵션 선택</option>
    <?
        ...
    ?>
  </select>
<?
  }
?>
```

옵션 콤보상자의 첫 번째항은 "옵션선택"이 되도록 반드시 있어야 하며,

```
<select name="opt1">
  <option value="0" selected>옵션 선택</option>
  <?
        ...
  ?>
</select>
```

option의 value는 옵션번호 $row[id]가, 콤보상자 목록 값은 $row["name"]이 되어야 한다.

```
echo("<option value='$row[id]'>$row["name"]</option> …
```

두 번째 옵션 콤보상자인 경우, 이미 첫 번째 옵션에서 목록값을 구했기 때문에 SQL문을 다시 실행할 필요가 없다. mysqli_data_seek($result,0)을 이용하여 레코드 포인터를 처음으로 이동시키면 된다.

```
    ...
<option value="0" selected>옵션선택</option>
<?
 mysqli_data_seek($result,0);          // 0은 첫 번째 레코드로 이동
 foreach( $result as $row )
    ...
```

아니면 다음과 같이 다시 SQL문을 실행하여 처리할 수 있다.

```
$sql="select * from opt order by name";
$result=mysqli_query($db,$sql);
...
```

4 **아이콘 checkbox 처리** : input type이 checkbox인 경우, 체크를 한 경우 변수의 값은 value에 지정한 값이 된다. 만약 value를 지정하지 않은 경우는 'on'이 된다. 그러나 체크를 하지 않은 경우는 null값을 갖는다. 따라서 신상품, 히트상품, 세일상품인지를 표시하는 필드 icon_new, icon_hit, icon_sale인 경우, 체크를 한 경우는 1, 아닌 경우는 0값을 저장해야 한다. 이 문제는 다음과 같이 checkbox에서 value값을 1로 지정한 후,

```
New : <input type="checkbox" name="icon_new" value="1">
```

다음 웹문서에서 다음 프로그램과 같이 값이 null인지를 알아내는 처리를 하면 쉽게 해결할 수 있다.

```
$icon_new = ($icon_new) ? 1 : 0;
```

혹은

```
$icon_new = ($icon_new==1) ? 1 : 0;
```

5 **등록일 처리** : 새로 상품을 등록할 때 오늘 날짜로 제품을 등록 날짜가 자동으로 초기화하려면, date() 함수를 이용하여 오늘 날짜를 알아내어 처리하면 된다.

[php] date(형식기호)

시스템 날짜와 시간을 알아내는 함수.

```
예) $today = date("Y");              // 결과 : 2008
    $today = date("Y-m-d");          // 결과 : 2008-01-01
    $today = date("Y-m-d H:i:s");    // 결과 : 2008-01-01 17:16:20
```

6 **사진 업로드** : 제품 사진을 product폴더에 업로드는 다음과 같은 프로그램을 image1, image2, image3에 대해 반복 사용하면 된다.

```
$fname1="";
if ($_FILES["image1"]["error"]==0)  // 선택한 그림파일이 있는지 조사
{
  $fname1=$_FILES["image1"]["name"];   // 그림 파일이름
  if (!move_uploaded_file($_FILES["image1"]["tmp_name"],
     "../product/$fname1")) exit("업로드 실패.");
}
```

7 **파일이름 저장** : 제품을 새로 추가하는 insert SQL문에서 product테이블의 image1, image2, image3필드에는 업로드할 사진의 파일이름을 저장해야 한다. 주의할 점은 테이블에 저장할 내용은 image1 자체가 아니라, image1에 선택한 그림파일의 이름인 fname1을 저장해야 한다.

```
insert into product ( … ,image1, image2, image3)
         values ( … , 'fname1', 'fname2', 'fname3');
```

STEP 01 제품 추가

① **product_new.html ➜ product_new.php 로 저장하기** : admin폴더에 있는 product_new.html을 읽어 새 파일이름 product_new.php로 저장한다.
② **product.php link 수정하기** : product.php에서 입력버튼을 클릭한 경우, 새 제품등록 화면이 되도록, "product_new.html"을 "product_new.php"로 수정한다.
③ **product_new.php 수정하기** : 제품의 분류, 옵션의 콤보박스의 값이 나오고, 등록일은 오늘 날짜로 초기화되도록 프로그램을 작성한다.
④ **product_insert.php 만들기** : product_insert.php 프로그램을 작성한다.
⑤ **실행 및 결과확인** : 실행하여 제품목록화면에 등록한 제품이 나오는지 결과를 확인한다.

6.3.5 제품 수정 및 삭제

실습목적

아래 그림과 같이 관리자가 기존의 제품 정보를 수정 및 삭제를 할 수 있는 프로그램을 만들어라.

제품수정 화면(product_edit.html)

실습이론

1 **제품수정 파일구조** : 제품정보를 수정 및 삭제하는 프로그램의 구성은 다음과 같다.

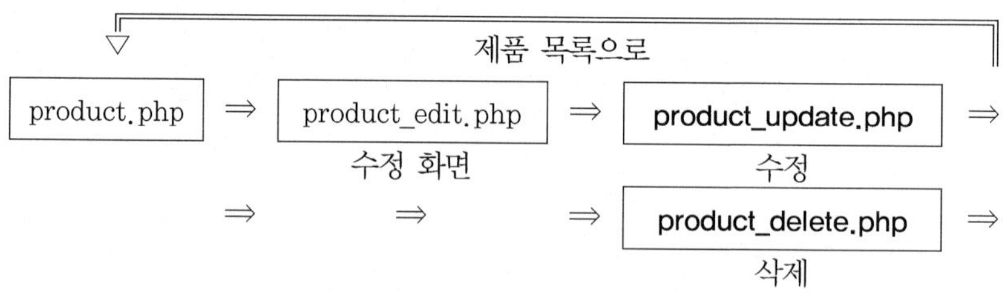

2 **제품명, 제품설명** : 제품명과 제품설명은 제품정보를 저장할 때 addslashes 함수를 이용하여 저장하였으므로, 화면에 표시할 때는 stripslashes 함수를 이용하여 다시 원상복구를 하여야 한다.

```
$name = stripslashes($name);
$contents = stripslashes($contents);
```

3 **제품쿼리 및 옵션쿼리 동시 실행 방법** : 제품쿼리와 옵션쿼리를 실행한 후, 두 종류의 결과값을 그대로 가지고 있으려면, mysqli_fetch_array($result) 함수에 의해 얻은 정보를 저장하는 배열을 다른 이름으로 지정하면 된다. 예를 들어 제품정보를 아래 프로그램과 같이 읽은 제품정보를 row 배열에 저장하였다면,

```
...
$sql="select * from product where id=$id";
$result=mysqli_query($db, $sql);
if (!$result) exit("쿼리에러");
$row=mysqli_fetch_array($result);       // 제품 정보
...
```

옵션정보는 다음 프로그램과 같이 row1 배열에 저장하여 사용하면 된다.

```
...
  $sql="select * from opt order by name";
  $result=mysqli_query($db,$sql);
  if (!$result) exit("쿼리에러");
  foreach( $result as $row1 )
  {
    if ($row["opt1"]==$row1["id"])
      echo("<option value='$row1[id]' selected>$row1[name]</option>");
    else
      echo("<option value='$row1[id]'>$row1[name]</option>");
  }
...
```

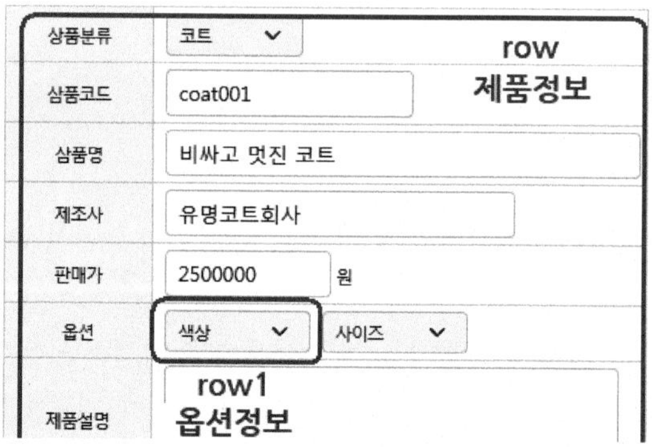

④ **이미지 등록해제 처리** : 이미지에 있는 체크박스를 체크한 경우는 등록된 그림을 해제해야 하며, 새로운 그림을 등록한 경우에는 업로드를 해야 한다. 이 처리는 다음 프로그램과 같이 체크박스 checkno1의 value를 1로 지정하였으므로, 체크된 경우 ($checkno1==1)에는 $fname1을 빈 문자열로 만들어 처리하면 된다. 이 처리를 image2, image3에 대해서도 반복처리하면 된다.

```
$fname1=$imagename1;                // 기존 파일이름
if ($checkno1=="1") $fname1="";     // 삭제 체크가 된 경우
if ($_FILES["$image1"]["error"]==0)   // 파일이름이 있는지 조사
{
  $fname1=$_FILES["$image1"]["name"];
  if (!move_uploaded_file($_FILES["$image1"]["tmp_name"],
     "../product/$fname1")) exit("업로드 실패.");
}
```

⑤ **아이콘 checkbox 처리** : 제품 추가인 경우와 달리 제품 수정인 경우, 아이콘 체크박스는 다음과 같이 해당 값에 따라 체크 표시를 해야 한다.

```
if ($row["icon_new"]==1)
   echo("New : <input type='checkbox' name='icon_new' value='1' checked>");
else
   echo("New : <input type='checkbox' name='icon_new' value='1'>");
```

⑥ **이미지 삭제 checkbox 처리** : 등록된 사진을 삭제하는 처리는 업로드된 파일은 삭제하지 않고 product 테이블에 등록된 파일이름 $fname1 만 빈칸으로 만드는 것으로 하였다.

```
$fname1=$imagename1;
if ($checkno1=="1") $fname1="";     // 삭제 체크가 된 경우
if ($_FILES["image1"]["error"]==0)
{
    ...
```

STEP 01 제품 수정

① **product_edit.html ➜ product_edit.php로 저장하기** : admin폴더에 있는 product_edit.html을 읽어 새 파일이름 product_edit.php로 저장한다.

② **product.php link 수정하기** : product.php에서 "수정"을 클릭한 경우 제품 수정화면으로 이동하도록, "product_edit.html"을 "product_edit.php"로 수정한다.

③ **product_edit.php 수정하기** : 읽은 제품의 정보가 표시되도록 프로그램을 작성한다.

④ **product_update.php 만들기** : 다른 update SQL문을 이용하여 프로그램을 작성한다.

⑤ **실행 및 결과확인** : 실행하여 제품정보를 수정해본다.

STEP 02 제품 삭제

① **product_delete.php 만들기** : 제품을 삭제하는 프로그램을 작성한다.

② **product.php link 수정하기** : product.php에서 삭제버튼을 클릭한 경우 해당 제품이 삭제되도록 "product_delete.html"을 "product_delete.php"로 수정한다.

③ **실행 및 결과확인** : 실행하여 제품이 삭제되었는지 확인한다.

6.4 쇼핑몰 제품관리

앞 장에서 관리자가 제품을 등록하는 프로그램이 완성되었으므로, 이제는 등록된 제품을 쇼핑몰 화면에서 표시하는 프로그램을 만들어 보자.

6.4.1 메인화면 상품표시

실습목적

아래 그림과 같이 메인화면에서 신상품을 표시하는 프로그램을 작성하여라.

메인화면(main.html)

실습이론

1 **제품의 2차원구조 표시** : 위 그림과 같이 사진들을 2차원 구조로 표시하는 것은 Bootstrap의 grid system을 이용하면 아주 간단하게 처리할 수 있다. grid system은 하나의 row에 col은 최대 12개를 지정할 수 있다. 따라서 다음과 같이 〈div class="row"〉안에 〈div class="col-3"〉을 삽입하여 사진을 출력하면, 가로로 최대 4개의 이미지가 표시된다. 만약 가로로 6개의 사진을 표시하고 싶으면, col-2로 지

정하면 된다. 그리고 화면너비가 작은 기기를 위하여 co-3 대신에 col-sm-3을 사용하는 것이 좋다.

[php] 2차원 구조 출력 프로그램

```
<div class="row">
   @foreach ($result as $row)
      <div class="col-sm-3">
            상품 출력 html 소스
      </div>
   @endforeach
</div>
```

프로그램 중간에 상품출력 html 소스 부분은 실제 표시할 화면내용으로서, 아래 그림과 같은 상품사진, 상품제목, 아이콘, 가격 등의 정보를 표시하는 html 소스를 의미한다.

```
<!-- 상품 진열 -->
<div class="row">

  <!-- 상품1 -->
  <div class="col-sm-3 mb-3">
    <div class="card h-100">
      <div class="zoom_image" align="center">
        <a href="product.html?id=109469"><img src="product/p1.png"
          height="360" class="card-img-top img-fluid"></a>
      </div>
      <div class="card-body bg-light" align="center" style="font-size:15px;">
        <div class="card-title">
          <a href="product.html?id=109469">상품명1</a><br>
          <img src="images/i_hit.gif"> <img src="images/i_new.gif">
        </div>
        <p class="card-text"><b>89,000 원</b><br></p>
      </div>
    </div>
  </div>

  <!-- 상품2 -->
  <div class="col-sm-3 mb-3">
    <div class="card h-100">
```

상품출력 html 소스

2 **제품의 랜덤 진열** : 쇼핑몰의 메인화면의 경우, 진열되는 상품이 매번 동일한 제품이 소개된다면 화면에 표시되지 않는 제품들은 판매량이 떨어질 것이다. 따라서 메인화면에 표시되는 제품들은 무작위(random)하게 표시할 필요가 있다. 이런 처리는 select문의 order by절에서 mysql의 rand() 함수를 이용하면 간단하게 처리할 수 있다. 또한 추출되는 제품의 수도 limit절을 이용하면 쉽게 제한할 수 있다. 여기서 만들 메인화면은 현

재 진열중(status=1)인 15개(limit 5)의 신상품(icon_new=1)을 무작위하게 추출하는 것이므로, 쿼리는 아래와 같이 조건을 지정하면 된다.

```
$sql="select * from product
      where icon_new=1 and status=1 order by rand() limit 15";
```

[mysql] rand()
0과 1 사이의 랜덤 실수값을 발생하는 함수

[mysql] limit 시작위치,개수

SQL문에서 함께 사용하여 추출하거나 처리할 레코드의 개수를 제한시키는 절.
예〉 select * from member limit 10;   // 0번 레코드부터 10 개 추출
select * from member limit 3, 5; // 3번 레코드부터 5 개 추출

3 **그림 출력 image1** : 메인용 진열 상품그림은 제품등록을 할 때, image1 필드에 등록된 진열용 작은 크기의 그림을 이용한다.

4 **new, hit, sale 아이콘 표시** : icon_new, icon_hit, icon_sale 값이 각각 1인 경우에만 해당 아이콘을 표시하도록 프로그램을 작성해야 하며, 특히 sale인 경우에는 할인율인 discount값을 출력해야 한다.

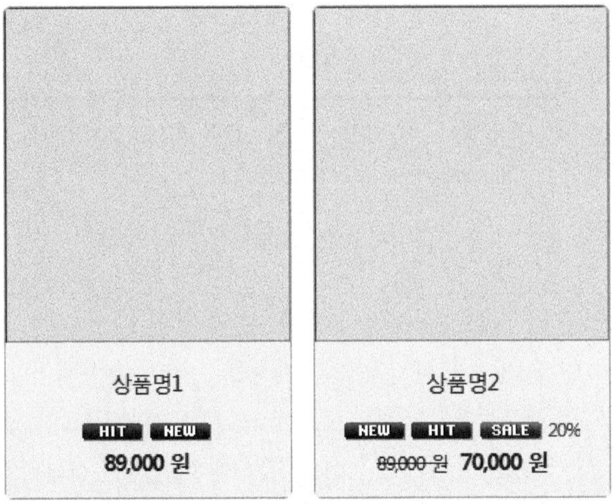

5 **제품가격 출력** : 가격을 출력하는 경우에는 numer_format(값,0) 함수를 이용하여 3자리마다 콤마를 출력하여 표시해야 하며, Sale인 경우에는 다음과 같은 식에 의해 빗금이 쳐진 원래 가격(<strike>...</strike>)과 세일된 가격을 표시해야 한다. 세일된 금액 계산에 round 함수를 이용한 이유는 세일된 금액에서 10원단위의 금액이 나오면 반올림하여 절삭하기 위해서다.

세일가격 = round(원래가격*(100−discount)/100, −3)

[php] round(값,반올림위치)

지정된 위치에서 반올림된 값을 돌려주는 함수

```
예> round(1.95583, 2);    // 1.96
    round(41757, -3);    // 42000
```

STEP 01 제품진열 만들기

① **main.php 수정하기** : main.php를 읽어 실습이론을 참고하여 프로그램을 작성한다.
② **실행 및 결과확인** : 실행하여 결과를 확인한다.

6.4.2 분류별 상품표시

실습목적

아래 그림과 같이 메인화면에서 메뉴를 클릭한 경우, 해당 메뉴의 제품을 신상품순으로 표시하는 프로그램을 작성하여라.

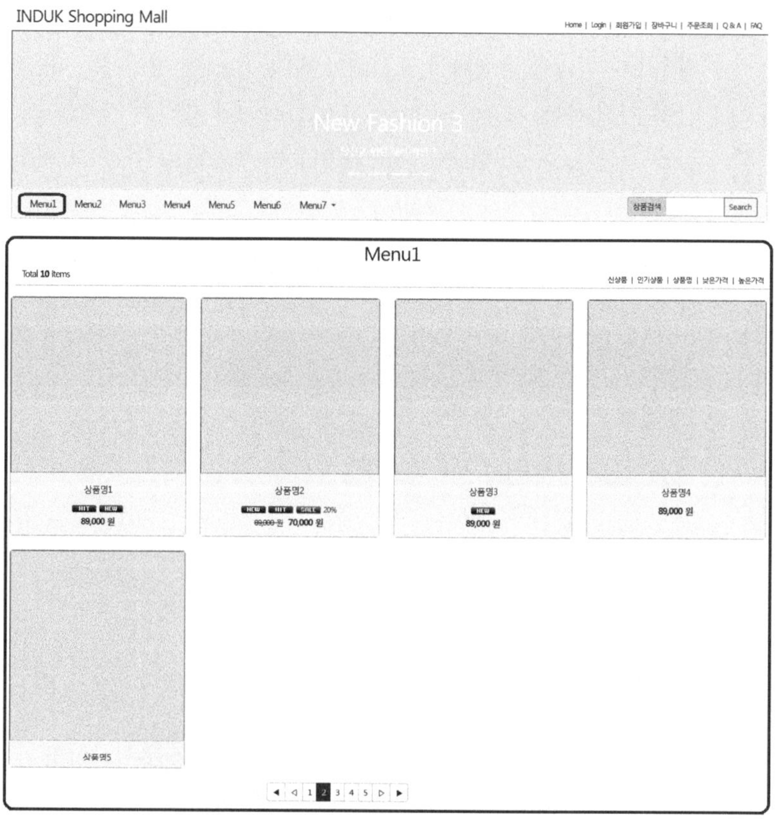

메뉴별 상품표시 화면(menu.html)

실습이론

1 **제품의 2차원구조 표시** : 위 그림을 보면, 페이지 기능이 있다는 것 빼고는 main.php에서 제품 진열하는 내용과 거의 동일하다. 따라서 main.php의 프로그램을 아래와 같이 my_pagination함수를 호출할 수 있도록 수정하면 된다. 여기서는 1줄에 4개씩 5줄을 표시하는 것으로 하면, $page_line의 값은 20이 될 것이며, 프로그램 소스도 다음과 같이 수정해야 한다.

[php] 2차원 구조 출력 프로그램 (page기능 있는 경우)

```
$page_line=20;        // 페이지당 제품 수

$sql="select ... ";
$args="menu=$menu&sort=$sort";
$result=mypagination($sql, $args, $count, $pagebar);
```

```
<div class="row">
  @foreach ($result as $row)
    <div class="col-sm-3">
          상품 출력 html 소스
    </div>
  @endforeach
</div>

<?
  echo $pagebar;
?>
```

[2] **정렬 콤보박스 sort 처리** : 제품 진열순서를 결정하는 콤보박스 sort처리는 다음과 같이 콤보박스 $sort 값에 따라 해당하는 $sql를 만들면 된다. 초기 정렬 상태는 신상품이 되도록 한다.

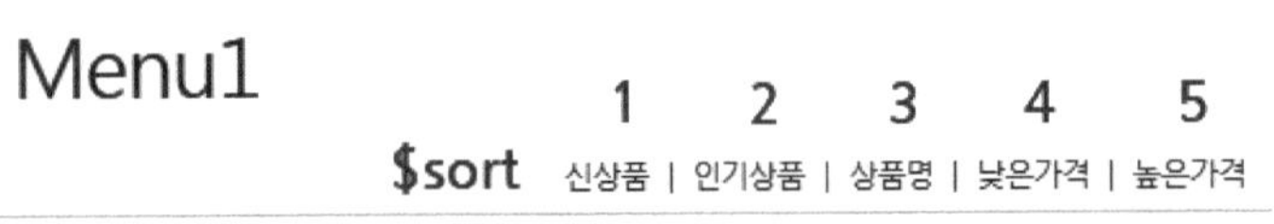


```
if ($sort==1)        $sql="and icon_new=1 order by id desc";   // 신상품
elseif ($sort==2)    $sql="and icon_hit=1 order by id desc";   // 인기상품
elseif ($sort==3)    $sql="order by name";                     // 이름순
elseif ($sort==4)    $sql="order by price desc";               // 낮은 가격순
else   $sql="order by price";                                  // 높은 가격순

$sql = "… where menu=$menu and status=1 " . $sql;
```

그림과 같은 정렬이름 출력은 다음과 같이 정렬이름을 $a_sort 배열에 저장한 후, 해당 $sort값이 $i와 같은 경우만 steelblue 색으로 출력되도록 한다.

```
$a_sort = array("정렬상태","신상품","인기상품","상품명","낮은가격","높은가격");
$n_sort=count($a_sort);

for($i=1;$i<$n_sort;$i++)
{
   if ($i==$sort)
      echo("<a href='menu.php?menu=$menu&sort=$i'><b><font
color='steelblue'>$a_sort[$i]</font></b></a> | ");
   else
      echo("<a href='menu.php?menu=$menu&sort=$i'>$a_sort[$i]</a> | ");
}
```

STEP 01 제품진열 만들기

① **main_left.php link 수정하기** : 메인화면에서 분류메뉴를 클릭하면 menu.html을 호출하는 A tag 부분을 찾아, "menu.html"을 "menu.php"로 모든 메뉴에 대해 수정한다. 그리고 해당 메뉴번호도 맞게 수정한다.

```
<a class="nav-link" href="menu.php?menu=1"> … </a>
<a class="nav-link" href="menu.php?menu=2"> … </a>
…
```

② **menu.php 새로 만들기** : menu.html을 복사하여 menu.php로 새로 저장한다.

③ **menu.php include 하기** : menu.php를 읽어 상단부분에 main_top.php를, 하단부분에는 main_bottom.php로 include한다.

④ **menu.php 수정하기** : main.php 소스를 참고하여 선택한 메뉴의 제품들 정보가 표시되도록 프로그램을 작성한다.

⑤ **실행 및 결과확인** : 실행하여 제품정보를 수정해본다.

6.4.3 제품 상세정보 표시

실습목적

다음 그림과 같이 메인화면에서 제품을 클릭한 경우, 해당 제품의 상세정보를 표시하는 프로그램을 작성하여라. 그리고 해당 이미지를 클릭하면 이미지를 크게 볼 수 있는 Modal 팝업창을 만들어라.

제품상세 화면(product detail.html)

그림 크게 보기(zoomModal)

실습이론

1 **제품그림 image2, image3 …** : 제품의 큰이미지는 image2 필드에 등록한 그림을 이용하여 표시하고, image3 필드의 그림은 제품 설명하는 곳에 표시한다. image2인 경우 등록된 사진이 없는 경우는 빈 이미지(nopic.png)가 표시되도록 프로그램을 작성해야 한다.

```
$imagename2=$row["image2"] ? $row["image2"] : "nopic.png";
```

image3인 경우, 사진이 없는 경우는 표시되지 않도록 처리할 필요가 있다.

```
if ($row["image3"])  // 이미지가 있는 경우
{
  echo "<img src='product/$row[image3]'>";
}
```

2 **옵션 콤보박스** : 제품의 옵션선택을 할 수 있는 콤보박스는 제품에 등록한 opt1, opt2의 값을 이용하여 opts테이블의 소옵션 값을 콤보박스의 목록에 초기화시켜야 한다. 이 경우 제품의 정보를 다음과 같은 쿼리로 알아냈다면,

```
$sql="select * from product where id=$id";
…
$row=mysqli_fetch_array($result);       // 제품 정보
```

제품의 옵션 번호는 $row[opt1]에서 알 수 있다. 따라서 opts테이블에서 소옵션 정보를 알아내는 조건은 where opt_id=$row[opt1]가 되며, 쿼리는 다음과 같이 쓸 수 있다. 여기서 소옵션번호와 이름인 $row1[id], $row1[name]은 콤보상자 <option>에서 이용하면 된다.

```
$sql = "select * from opts where opt_id=$row[opt1] ";
…
$row1 = mysqli_fetch_array($result);       // 해당제품의 소옵션 정보
…
    echo "<option value='$row1[id]'>$row1[name]</option>" ;
…
```

두 번째 옵션 $row[opt2]가 있는 경우에는 방금 설명한 첫 번째 옵션 콤보박스 소스를 복사하여 opts2에 맞게 수정하면 된다.

3 **이미지 Modal 창에 표시하기** : 다음 소스는 이미지를 클릭한 경우, zoomModal이라는 Modal창을 열기 위해서는 다음과 같이 img tag에 작성해야 한다.

```
img src="product/이미지이름" class="img-thumbnail" style="cursor:zoom-in"
data-bs-toggle="modal" data-bs-target="#zoomModal">
```

그리고 zoomModal창은 다음과 같으며, 해당 이미지의 이름과 사잔이 나오도록 프로그램을 작성해야 한다.

```
<!-- Zoom Modal 이미지 -->
<div class="modal fade" id="zoomModal" tabindex="-1"
aria-labelledby="zoomModalLabel" aria-hidden="true">
  <div class="modal-dialog modal-lg">
    <div class="modal-content">
      <div class="modal-header bg-light">
        <h5 class="modal-title" id="zoomModalLabel">상품명1</h5>
        <button type="button" class="btn-close" data-bs-dismiss="modal"
aria-label="Close"></button>
      </div>
      <div align="center" class="modal-body">
        <img src="product/이미지파일이름" class="img-thumbnail"
style="cursor:pointer" class="btn-close"  data-bs-dismiss="modal"
aria-label="Close">
      </div>
    </div>
  </div>
</div>
```

STEP 01 제품 상세화면 만들기

① **product.html ➜ product.php로 만들기** : product.html를 이용하여 product.php를 만든다.

② **product.php include 하기** : product.php의 상단부분에 main_top.php를, 하단부분에는 main_bottom.php로 include한다.

③ **product.php 수정하기** : 실습이론을 참고하여 제품의 상세정보가 표시되도록 프로그램을 작성한다.

④ **zoom을 위한 modal 창 수정하기** : zoomModal 모달창에서 제품명과 사진이 표시되도록 수정한다.

⑤ **실행 및 결과확인** : 실행하여 결과를 확인한다.

6.4.4 제품 이름검색

실습목적

아래 그림과 같이 제품이름 일부분으로 검색할 수 있는 프로그램을 작성하여라.

product_search.html

실습이론

1 **찾을 제품이름 입력란 findtext** : 상품검색 입력란 findtext를 이용하여 제품이름 일부분으로 검색을 하려면 다음과 같이 findtext 양쪽에 와일드문자 %를 붙인 조건의 쿼리를 이용하면 된다.

```
$sql = "select * from product
          where name like '%$findtext%' order by name";
```

STEP 01 제품검색

① **product_search.html ➜ product_search.php로 만들기** : product_search.html를 이용하여 product_search.php를 만든다.

② **product_search.php include 하기** : product_search.php의 상단부분에 main_top.php를, 하단부분에는 main_bottom.php로 include한다.

③ **main_top.php link 수정하기** : main_top.php에서 검색된 제품목록을 호출하는 Form tag의 action "product_search.html"을 "product_search.php"로 수정한다.

```
<form name="form1" method="post" action="product_search.php">
```

④ **product_search.php link 수정하기** : 검색된 제품의 이름을 클릭하면 제품 상세정보 화면이 표시되도록하는 A tag의 "product.html"을 "product.php"로 수정한다.

⑤ **product_search.php 수정하기** : 검색된 제품의 목록이 표시되도록 프로그램을 작성한다.

⑥ **실행 및 결과확인** : 실행하여 제품이름으로 검색해본다.

Chapter 07

주문 관리

7.1 쇼핑몰 주문관리

7.1.1 주문관리 개요

이번에는 쇼핑몰에서 고객이 선택한 제품의 주문 처리에 대한 프로그램에 대해 알아보자. 쇼핑몰에서 주문관리에 관한 작업은 회원관리와 마찬가지로 쇼핑몰 작업과 관리자 작업으로 나눌 수 있다. 먼저 쇼핑몰 측의 작업에 대해 알아보자.

1 **쇼핑몰 주문관리** : 쇼핑몰에서 사용자측 작업에는 아래 그림과 같이 쿠키를 이용하여 장바구니에 물건을 담는 처리, 장바구니에 담은 제품들을 배송하기위한 주문자와 배송지에 대한 정보입력, 그리고 카드 및 무통장 결제를 선택할 수 있는 결제처리 등이 있다.

➜ **주문관리 (고객)**
- ► 장바구니 처리
- ► 주문자와 배송지 정보 처리 (회원 및 비회원)
- ► 결제정보 처리 (온라인, 무통장)
- ► 주문 및 배송정보 조회 처리

장바구니

이미지	상품정보	판매가	수량		금액	삭제
	제품명1 [옵션] 아이보리 Large	80,000	1	수정	80,000	삭제
	제품명2 [옵션] 흰색 Medium	45,000	2	수정	90,000	삭제

총 합계금액 : 상품구매금액(170,000) + 배송비(2,500) = **172,500**

계속 쇼핑하기 | 장바구니 비우기 | 결재하기

장바구니 (cart.html)

주문지/배송지 정보입력화면 (order.html)

결제정보 입력화면 (order_pay.html)

그리고 이미 결제된 주문정보의 확인 및 취소, 배송정보를 확인할 수 있는 처리 등이 필요한다. 아래 그림은 비회원인 경우에도 주문정보를 확인할 수 있는 로그인처리와 주문정보에 관련된 화면들이다.

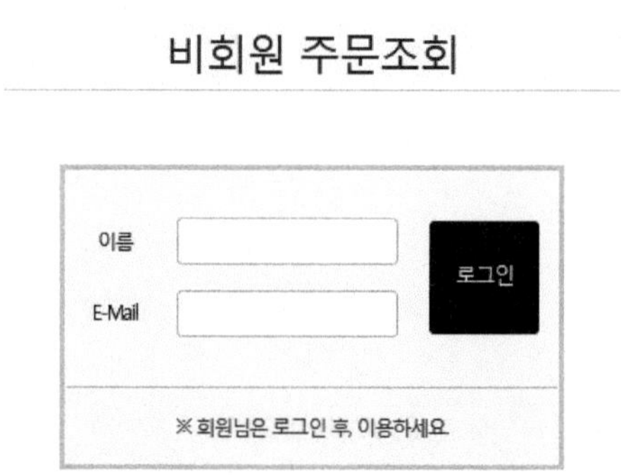

주문조회용 로그인(jumun_login.html)

주문조회

주문일	주문번호	제품정보	결제금액	주문상태
2022-02-05	2201010001	제품명1 (외 1)	280,000	주문신청
2022-02-01	2202010005	제품명2	80,000	배송중
2022-01-21	2201210004	제품명3 (외 2)	380,000	주문취소
2022-01-13	2201130001	제품명4	45,000	주문완료

◀ ◁ 1 2 3 4 5 ▷ ▶

주문조회 목록(jumun.html)

주문상품내역

이미지	상품정보	판매가	수량	금액
	제품명1 **[옵션]** 아이보리 Large	80,000 원	1	80,000 원
	제품명2 **[옵션]** 흰색 Medium	45,000 원	2	90,000 원
	택배비	3,000 원	1	3,000 원
				결제금액 : **173,000원**

결제내역

주문번호 :	2202010001	**결제금액 :**	172,500 원
결제방식 :	카드	**승인번호 :**	12341234
카드종류 :	국민카드	**할부 :**	일시불
무통장 :	국민은행 000-0000-0000	**입금자 :**	홍길동

주문자

주문자 :	홍길동	**핸드폰 :**	010-1111-2222
이메일 :	aaa@aaa.aaa.aaa		

배송내역

수취인 :	홍길동	**핸드폰 :**	010-1111-2222
주소 :	[12345] 서울 노원구 초안산로 12 인덕대학교		
메모 :	현관앞에 두세요.		

주문 상세내역(jumun_info.html)

2 **관리자 주문관리** : 관리자 작업은 쇼핑몰에서 주문한 정보를 관리자가 확인할 수 있고, 주문처리 과정을 고객에게 알릴 수 있도록 주문 상태를 관리할 수 있는 주문관리 화면으로 구성되어 있다.

주문 목록화면(jumun.html)

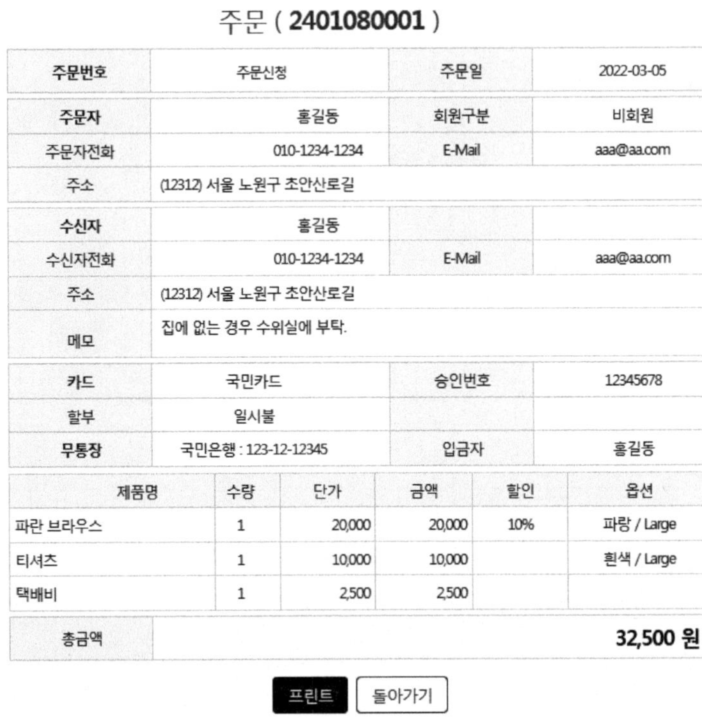

주문 상세정보 화면(jumun_info.html)

7.1.2 주문 테이블

실습목적

주문관리에 필요한 주문 및 주문 상세정보 테이블인 jumun과 jumuns를 만들어라.

실습이론

1 **테이블 구조** : 주문 정보는 주문자와 배송지에 대한 정보, 그리고 주문한 제품정보로 나눌 수 있으며, 여기서 jumun테이블은 주문자와 배송지, 결제정보 그리고 주문번호와 같은 전체적인 정보를 저장하며, 테이블 구조는 다음과 같다.

		필드명	자료형	Null	비고
1	주문번호	id	char(10)	☐	YYMMDD####, 기본키
2	회원번호	member_id	int	V	비회원=0
3	주문일	jumunday	date	V	
4	제품명	product_names	varchar(255)	V	"제품명 외 2"형식
5	제품종류개수	product_nums	int	V	
6	주문자:이름	o_name	varchar(20)	V	주문자 정보
7	주문자:핸드폰	o_tel	varchar(11)	V	
8	주문자:E-Mail	o_email	varchar(50)	V	
9	주문자:우편번호	o_zip	varchar(5)	V	
10	주문자:주소	o_juso	varhar(100)	V	
11	배송자:이름	r_name	varchar(20)	V	배송자 정보
12	배송자:핸드폰	r_tel	varchar(11)	V	
13	배송자:E-Mail	r_email	varchar(50)	V	
14	배송자:우편번호	r_zip	varchar(5)	V	
15	배송자:주소	r_juso	varchar(100)	V	
16	메모	memo	varchar(255)	V	
17	결제방법	pay_kind	tinyint	V	카드=0, 무통장=1
18	카드 승인번호	card_okno	varchar(10)	V	
19	카드 할부	card_halbu	tinyint	V	0=일시불, 3=3개월,…
20	카드 종류	card_kind	tinyint	V	1=국민,2=신한,…
21	은행 종류	bank_kind	tinyint	V	1=국민,2=신한,…
22	송금자	bank_sender	varchar(30)	V	
23	총금액	totalprice	int	V	
24	주문상태	state	tinyint	V	1=주문신청,…

jumun 테이블

1) **id** : 주문번호는 쇼핑몰마다 다양한 방법으로 표시할 수 있지만, 여기서는 2자리 년도의 날짜와 번호를 가지는 YYMMDD####과 같은 형식으로 지정하였으며, 주문테이블의 기본키로 지정하였다.
2) **member_id** : 주문자가 회원인 경우는 고객번호를 저장하지만, 비회원인 경우는 0값을 저장하여 처리한다.
3) **product_names과 product_nums** : 여러 제품들을 주문한 경우, 제품이름들을 모두 표시할 수 없다. 따라서 "첫 번째 제품이름외 몇가지 …"과 같은 형식으로 표시하기 위하여 주문한 제품이름들과 제품가지수를 저장하는 필드이다.
4) **o_name, o_tel, o_email, o_zip, o_juso** : 주문자의 정보로서 이름(name), 핸드폰(tel), E-Mail(email), 우편번호(zip), 주소(juso) 정보를 저장하는 필드들이다.
5) **r_name, r_tel, r_email, r_zip, r_juso** : 배송지와 받는 사람의 정보로서 이름, 핸드폰, E-Mail, 우편번호, 주소 정보를 저장하는 필드들이다.
6) **memo** : 배송할 때 주의할 사항 등을 적는 짧은 메모를 위한 필드이다.
7) **pay_method** : 결제방법을 저장하는 필드로서 카드결제인 경우 0, 무통장인 경우에는 1값을 저장한다.
8) **card_okno, card_halbu, card_kind** : 카드결제인 경우 카드종류, 승인번호, 할부내역들을 저장하는 필드로서, card_halbu가 0이면 일시불, 숫자면 해당 개월의 할부를 의미한다. 카드 정보를 취급할 때 주의할 점은 카드번호나, 암호 등 개인정보에 관련된 중요 정보는 테이블에 저장하지 말아야 한다.
9) **bank_kind, bank_sender** : 무통장으로 입금하는 경우 보낸 은행 계좌번호와 보낸 사람의 정보를 저장하는 필드이다.
10) **totalprice** : 택배비를 포함한 총 주문한 제품의 금액 합계를 저장한다.
11) **state** : 주문신청부터 주문완료까지 주문상태를 표시하는 필드로, 주문신청=1, 주문확인=2, 입금확인=3, 배송중=4, 주문완료=5, 주문취소=6 값을 갖는다. 그 이외에도 반품 및 교환에 관련된 상태도 있을 수 있지만 여기서는 생략하도록 하겠다.

jumun테이블이 주문전체에 대한 정보를 저장하는 테이블이라면, jumuns테이블은 주문한 제품의 정보, 수량, 옵션사항 등 주문한 제품에 대한 상세 정보를 저장하는 테이블이다.

		필드명	자료형	Null	비고
1	번호	id	int	☐	auto_increment, 기본키
2	주문번호	jumun_id	char(10)	☑	YYYYMMDD####
3	제품번호	product_id	int	☑	제품번호=0 ➜ 배송비
4	수량	num	int	☑	
5	단가	price	int	☑	Sale일 때는 Sale된 가격
6	금액	prices	int	☑	수량*단가
7	할인율(%)	discount	tinyint	☑	
8	소옵션번호1	opts_id1	int	☑	
9	소옵션번호2	opts_id2	int	☑	
	...	...	...	...	

jumuns 테이블

1) **jumun_id** : jumun테이블과 관계를 맺기 위한 필드로서, 주문번호가 저장된다.
2) **product_id** : 주문한 제품의 번호이다. 실제 제품번호가 0인 경우는 없지만, 여기서는 배송비도 하나의 제품으로 생각하고 사용하겠다.
3) **price와 discount** : 제품 할인이란 일정기간만 적용되는 내용이므로, 주문장에는 할인이 되었는지를 표시할 필요가 있다. 이 처리는 discount 필드를 이용하여 처리할 수 있다. discount가 0인 경우, 제품가격 price 필드는 정상가격을 의미한다. 그러나 discount가 0보다 크면, price는 할인된 가격으로 저장해야 한다.
4) **opts_id1과 opts_id2** : 고객이 주문한 제품의 옵션정보를 저장하는 필드로서, 소옵션의 번호가 저장된다.

STEP 01 jumun, jumuns 테이블 만들기

① **jumun 테이블 만들기** : phpmyadmin을 이용하여 〈테이블 이름〉은 "jumun", 〈컬럼수〉는 "24"를 입력하여 jumun 테이블을 만들어라.

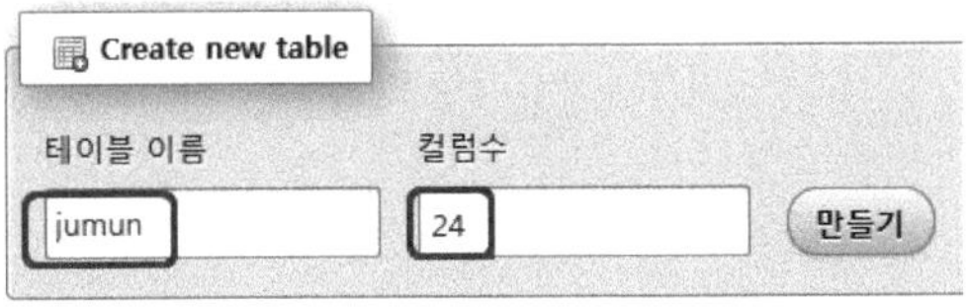

② **jumuns 테이블 만들기** : phpmyadmin을 이용하여 〈테이블 이름〉은 "jumuns", 〈컬럼수〉는 "9"를 입력하여 jumuns 테이블을 만들어라.

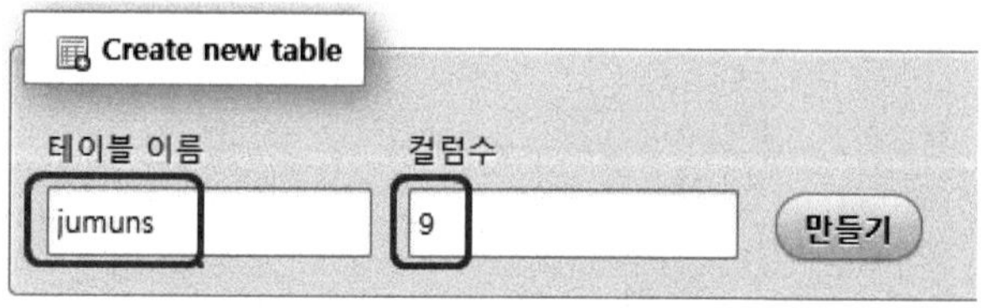

#	이름	종류	보기	Null	기본값	설명
1	**id**	char(10)		아니오	*없음*	
2	**member_id**	int(11)		예	*NULL*	
3	**jumunday**	date		예	*NULL*	
4	**product_names**	varchar(255)		예	*NULL*	
5	**product_nums**	int(11)		예	*NULL*	
6	**o_name**	varchar(20)		예	*NULL*	
7	**o_tel**	varchar(11)		예	*NULL*	
8	**o_email**	varchar(50)		예	*NULL*	
9	**o_zip**	varchar(5)		예	*NULL*	
10	**o_juso**	varchar(255)		예	*NULL*	
19	**card_halbu**	tinyint(4)		예	*NULL*	
20	**card_kind**	tinyint(4)		예	*NULL*	
21	**bank_kind**	tinyint(4)		예	*NULL*	
22	**bank_sender**	varchar(30)		예	*NULL*	
23	**totalprice**	int(11)		예	*NULL*	
24	**state**	tinyint(4)		예	*NULL*	

#	이름	종류	보기	Null	기본값	추가
1	**id**	int(11)		아니오	*없음*	AUTO_INCREMENT
2	**jumun_id**	char(10)		예	*NULL*	
3	**product_id**	int(11)		예	*NULL*	
4	**num**	int(11)		예	*NULL*	
5	**price**	int(11)		예	*NULL*	
6	**prices**	int(11)		예	*NULL*	
7	**discount**	tinyint(4)		예	*NULL*	
8	**opts_id1**	int(11)		예	*NULL*	
9	**opts_id2**	int(11)		예	*NULL*	

7.1.3 장바구니

실습목적

제품상세화면에서 장바구니담기 버튼을 클릭하면 선택한 제품이 장바구니에 등록되며, 쇼핑몰 화면상단의 장바구니 버튼을 클릭하면 장바구니 내역이 표시되는 프로그램을 만들어라.

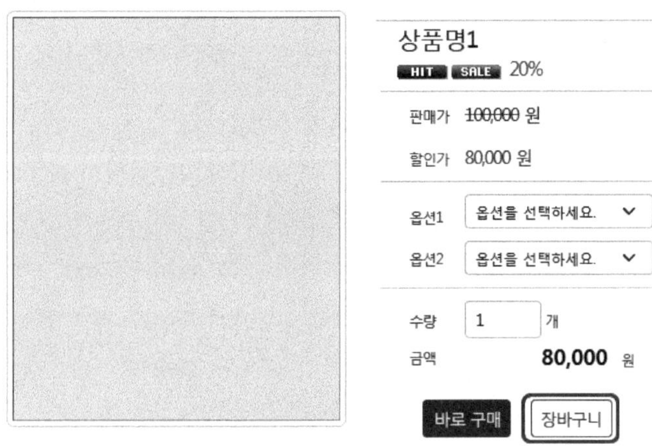

제품 상세화면 (product.html)

장바구니 (cart.html)

실습이론

1 **장바구니 파일구조** : 장바구니처리를 주소록프로그램과 같은 파일 구조로 만든다면 아래와 같을 것이다. 이 경우 장바구니 추가, 수정, 삭제, 모두삭제에 대한 4개의 파일구조를 갖게 된다.

- product.html → cart_insert.php → cart.html (장바구니 담기)
- cart.html ┬→ cart_update.php (장바구니 수량 수정)
  ├→ cart_delete.php (장바구니 제품 삭제)
  └→ cart_deleteall.php (장바구니 모두 삭제)

그러나 아래와 같이 장바구니의 추가, 삭제, 수정 등 모든 처리를 cart_edit.php에서 switch문과 kind 변수를 이용하여 처리하면, 하나의 파일에서 모두 처리할 수 있다.

- product.html → cart_edit.php?**kind=insert** → cart.html
- cart.html → cart_edit.php?**kind=update** → cart.html
  delete
  deleteall

따라서 여기서 만들 장바구니 프로그램의 구성은 두 번째 구조를 이용하여 다음과 같이 처리하도록 하겠다.

product.php	⇒	cart_edit.php	⇒	cart.php
담기버튼 클릭	kind	추가,삭제,수정		화면표시

2 **장바구니 제품정보 구조** : 장바구니에 저장할 제품 1개당 정보는 제품번호, 수량, 옵션값들(여기서는 옵션1, 옵션2라고 가정)로서, 4개의 쿠키변수가 필요하다. 그런데 쿠키로 저장할 수 있는 변수의 개수와 용량이 제한되어있기 때문에, 장바구니에 담을 수 있는 제품의 수도 제한이 된다. 따라서 더 많은 제품을 장바구니에 담으려면 변수의 수를 줄여야한다. 이 처리는 다음과 같이 번호, 수량, 옵션값들을 하나의 문자열로 합치는 방법과 배열을 이용하면 쉽게 해결할 수 있다. 여기서 "^"기호는 우편번호 처리할 때처럼 자료를 구분하는 기호로 사용되며, 다른 기호를 이용해도 무방하다.

- 제품정보 자료형식 : "**제품번호^수량^옵션1^옵션2^…**"
- 자료 구분기호 : ^

  $n_cart = 5 // 장바구니 제품개수

  $cart[0] = "1^1^2^3" // 1번 제품, 1개, 2번 옵션1, 3번 옵션2

  $cart[1] = "25^2^1^1" // 25번 제품, 2개, 1번 옵션1, 1번 옵션2

  …

또한 제품정보들을 문자열로 합치고, 분해하는 작업은 list, implode, explode 함수를 이용하면 쉽게 처리할 수 있다. 다음은 첫 번째 제품 정보를 cookie인 cart 배열에 저장하고 알아내는 프로그램의 예이다.

- 합치기 : $cart[위치번호]=implode("^", array($id, $num, $opts_id1, $opts_id2));
- 분해하기 : list($id, $num, $opts_id1, $opts_id2)=explode("^", $cart[위치번호]);

[php] list(변수명들,…)

배열안의 값들을 지정된 변수들에 1대1로 대응시켜 할당시킨다.

예〉 $tmp=array(1, 2, 3);
list($a, $b, $c)=$tmp; // $a=1, $b=2, $c=3이 됨.

[php] implode(구분 문자열, 배열명)

배열 값들 사이에 구분문자열을 삽입하여 하나의 문자열로 합쳐진 값으로 돌려주는 함수

예〉 $tmp=array(1, 2, 3);
$s=implode("^",$tmp); // 1^2^3 문자열을 리턴함.

[php] explode(구분문자열, 문자열)

구분문자열을 기준으로 문자열을 각각 분리시켜 배열 값으로 돌려주는 함수.

예〉 $s="a^b^c";
$a=explode("^",$s); // $a[0]="a", $a[1]="b", $a[2]="c"인 배열값.

3 **cart_edit.php** : 장바구니에 제품의 정보를 추가, 삭제, 저장하는 프로그램 구조는 switch문과 $kind값에 따라 처리되도록 구성되어 있다.

```
❶ $cart = $_cookie["cart"];        // 장바구니: 제품정보(배열)
  $n_cart=$_cookie["n_cart"];      // 장바구니: 제품개수
  $kind=$_REQUEST["kind"];
❷ if (!$n_cart) $n_cart=0;        // 장바구니 제품개수($n_cart) 초기화
   switch ($kind)
  {
❸   case "insert":              // 장바구니 담기
    case "order":               // 바로 구매하기
      제품개수 1 증가. ➜ $n_cart++
      제품정보 합치기.
      제품개수, 정보를 $n_cart, $cart[$n_cart] 라는 이름의 쿠키로 저장.
      break;
❹   case "delete":              // 장바구니 삭제
      $cart[$pos] 쿠키 값 삭제.
      break;
❺   case "update":              // 장바구니 수량 수정
      $cart[$pos]값에서 제품번호, 옵션값들 알아내기.
      수정된 수량으로 제품정보 다시 합치기.
      수정된 제품정보를 $cart[$pos] 쿠키에 다시 저장.
      break;
❻   case "deleteall":           // 장바구니 전체 비우기
      for($i=1;$i<=$n_cart;$i++)
      {  if (i번째 제품정보가 있는 경우) cookie값 삭제. }
      $n_cart 크키값을 0으로 초기화.
      break;
  }
  if ($kind=="order")
     주문/배송지 입력 화면(order.php)으로 이동.
  else
     장바구니 화면(cart.php)으로 이동.
```

❶ **cookie 배열 ($cart)** : 배열형식으로 저장된 쿠키값은 배열이름과 $_COOKIE를 이용하여 배열값을 전달할 수 있다. 예를 들어 $a[0], $a[1] 쿠키값들은 모든 문서에서 $a=$_COOKIE["a"] 형식으로 전달받아 $a[0], $a[1]로 사용할 수 있다.

❷ **if문** : 제품개수 $n_cart값이 있는지를 조사하여 없으면 0으로 초기화한다.

❸ **insert** : 새 제품을 장바구니에 저장하기 위해서는 장바구니에 등록된 제품개수($n_cart)를 1 증가시킨 후, 제품번호($id), 수량($num), 옵션1($opts_id1), 옵션

2($opts_id2)를 implode 함수를 이용하여 문자열로 합친다. 그리고 setcookie함수를 이용하여 cart배열의 n_cart번째에 저장하면 된다.

$cart[$n_cart] ← implode("^", array($id, $num, $opts_id1, $opts_id2));
쿠키배열 제품정보 합치기

❹ **delete** : $pos번째 $cart값을 삭제한다. 해당 값이 삭제되었다고 $n_cart값을 1 감소시키면 안된다. 만약 바구니에 저장된 제품수가 3인데, 2번째 제품을 삭제한 경우, $n_cart값은 2가 아니라 여전히 3이어야 한다. 왜냐면 3번째 제품정보는 2번째가 삭제가 되어도 여전히 3번째 위치에 있기 때문이다. 다시 말해 $n_cart는 제품개수가 아니라 마지막 제품이 있는 제품위치 번호를 의미한다. 그래야 장바구니의 모든 제품을 표시할 때 마지막까지 출력을 할 수 있게 된다.

$cart[1]		$cart[1]
$cart[2]	➡	
$cart[3]	$cart[2] 삭제	$cart[3]
$n_cart ➜ 3		$n_cart ➜ 3

❺ **update** : $pos번째 $cart값에서 수량만 변경하기위해서는 먼저 저장된 제품번호, 옵션값들 알아낸 후, 새 수량으로 다시 조합해 저장하면 된다. 이때 새 수량값은 "$num위치번호"와 같은 형식에 값이 저장된다. 예를 들어 2번째 cart값이라면 새 수량값은 $num2에 있게 되도록 html 소스가 작성되어 있다.

분해 : list($id, $num, $opts1, $opts2)=explode("^", $cart[$pos]);
합치기 : implode("^", array($id, 새 수량, $opts1, $opts2));

❻ **deleteall** : 장바구니의 모든 정보를 삭제하려면 1부터 n_cart까지 모든 cookie정보를 삭제하면 된다. 이때 주의할 점은 장바구니에서 삭제된 제품의 cart첨자는 없으므로, 삭제된 정보는 null값을 갖는다. 따라서 if문을 이용하여 $cart[$i]값이 null인지 조사해야 한다. 모두 정보를 삭제했다면 $n_cart값을 0으로 초기화해야 한다.

if ($cart[$i]) 쿠키값 삭제

4 **배송료** : 쇼핑몰에서 일반적으로 배송비 방식은 쇼핑몰마다 다양한 방법을 이용하여 처리한다. 그러나 여기서는 총 금액이 얼마 이하인 경우에는 배송비를 받는 방식을 이용하도록 하겠다. 따라서 기본 배송비($baesongbi)와 배송비를 내야하는 최소 금액($max_baesongbi)을 common.php에 전역변수로 선언하여 사용하면 편리할 것이다. 아래의 경우는 총금액이 100,000원 이하인 경우에는 배송비 2,500원을 받기 위하여 common.php에 전역변수를 선언한 예이다.

```
$baesongbi=2500;
$max_baesongbi=100000;
```

5 **장바구니 표시** : 장바구니 표시는 쿠키에 저장된 정보를 화면에 표시하는 프로그램은 다음과 같다.

```
$total=0;
if (!$n_cart) $n_cart=0;
for($i=1;$i<=$n_cart;$i++)
{
  if ($cart[$i])
  {
    • list($id, $num, $opts_id1, $opts_id2)=explode("^", $cart[$i]);
    • $opts_id1, $opts_id2에 대한 소옵션이름 알아내기
      - select * from opts where no=$row[opts_id1];
      - select * from opts where no=$row[opts_id2];
    • $id 제품에 대한 정보 알아내기
      - select * from product where id=$id;
    • 자료 표시
    • 금액=수량*단가 (sale인 경우는 할인된 단가)
    • $total=$total+금액
  }
}
if ($total < $max_baesongbi) $total=$total+$baesongbi;
```

6 **장바구니의 num 값 알아내기** : 다음 html 소스는 장바구니 내용을 보여주는 cart.html 프로그램의 일부이다.

```
...
function cart_edit(kind, pos)
{
  if (kind=="deleteall")
    ...
  else if (kind=="insert") {
     var num=eval( "form2.num"+pos ).value;
     location.href="cart_edit.html?kind=insert&pos="+pos+"&num="+num;
  }
  else if (kind=="update"){
     var num=eval( "form2.num"+pos ).value;
     location.href="cart_edit.html?kind=update&pos="+pos+"&num="+num;
  }
}
...
<td align="center" bgcolor="#FFFFFF">
   <input type="text" name="num1" size="3" value="1">
    <font color="#464646">개</font>
</td>
<td align="center"><font color="#464646">70,200</font></td>
<td align="center">
   <a href = "javascript:cart_edit('update','1')">
      <img src="images/b_edit1.gif" border="0"></a> <br>
   <a href = "javascript:cart_edit('delete','1')">
      <img src="images/b_delete1.gif" border="0"></a> 
</td>
<td align="center" bgcolor="#FFFFFF">
   <input type="text" name="num2" size="3" value="1">
    <font color="#464646">개</font>
</td>
<td align="center"><font color="#464646">70,200</font></td>
<td align="center">
   <a href = "javascript:cart_edit('update','2')">
      <img src="images/b_edit1.gif" border="0"></a> <br>
   <a href = "javascript:cart_edit('delete','2')">
      <img src="images/b_delete1.gif" border="0"></a> 
</td>
... ... ...
```

만약 장바구니에 담긴 제품의 수량을 변경하는 경우, 먼저 수정할 제품의 수량을 알아내야 한다. 장바구니의 각 제품의 수량은 num1, num2, … 와 같이 num뒤에 번호를 붙여 알 표시했으므로, pos번째 수량값은 다음과 같이 eval 함수를 이용하여 구할 수 있다.

```
...
<script>
  num=eval("form1.num"+pos).value;
</script>
...

...
<input type="text" name="num1">
<input type="text" name="num2">
<input type="text" name="num3">
...
```

그리고 장바구니에서 num 뒤에 숫자 $i를 붙이는 프로그램은 다음과 같이 해야 한다.

```
for($i=1; $i<=$n_cart; $i++)
{
    ...
  <input type="text" name="num<?=$i; ?>" size="3" value="1">
    ...
  <a href = "javascript:cart_edit('update','<?=$i; ?>')">
    ...
  <a href = "javascript:cart_edit('update','<?=$i; ?>')">
    ...
}
```

7 **장바구니의 쿠키 값 확인하기** : F12키를 눌러 크롬개발자도구를 호출한다. 그리고 아래그림과 같이 [애플리케이션]→[쿠키]→[http://localhost]를 선택하여 입력한 쿠키 값이 있는지 확인을 한다.

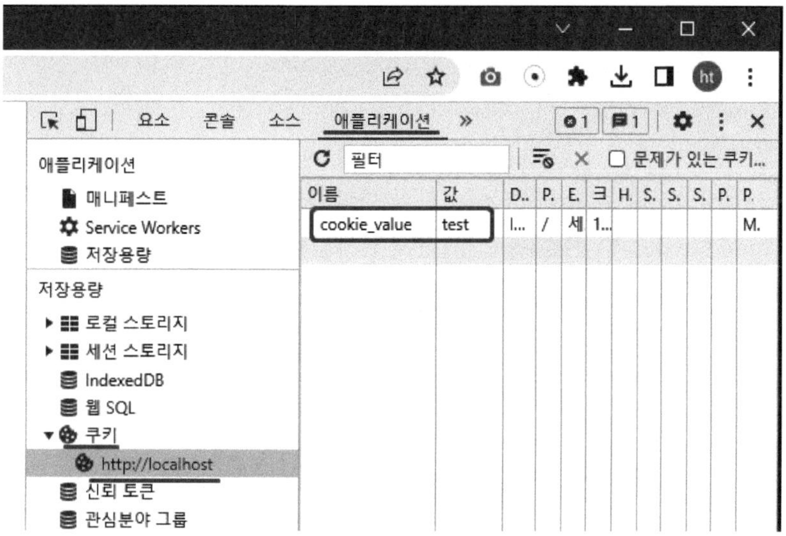

STEP 01 장바구니 만들기

① **common.php에 전역변수 선언** : 실습이론 [4]를 참고하여 common.php에 배송비를 위한 전역변수 $baesongbi와 $max_baesongbi를 선언한다. 금액은 자신의 쇼핑몰에 맞게 입력한다.

② **cart_edit.php 만들기** : 실습이론 [2], [3]을 참고하여 cart_edit.php를 만든다.

③ **cart.html ➜ cart.php로 만들기** : cart.html를 이용하여 cart.php를 만든다.

④ **cart.php include 하기** : cart.php의 상단부분에 main_top.php를, 하단부분에는 main_bottom.php로 include한다.

⑤ **main_top.php link 수정하기** : main_top.php에서 장바구니를 호출하는 link인 "cart.html"을 "cart.php"로 수정한다.

⑥ **cart.php 프로그램 작성하기** : cart.php를 작성한다.

⑦ **product_detail.php link 수정하기** : product_detail.php에서 장바구니 담기의 link를 수정하기 위하여 자바스크립트 check_form2()에서 "cart_edit.html"을 "cart_edit.php"로 수정한다.

```
form2.action = "cart_edit.php";
```

⑧ **실행 및 결과확인** : 실행하여 결과를 확인한다.

7.1.4 주문정보

실습목적

장바구니에서 구매하기 버튼을 클릭한 경우, 아래 그림과 같이 장바구니 내용과 주문지와 배송지 정보를 입력하는 프로그램을 작성하여라.

주문지/배송지 정보 입력화면 (order.html)

실습이론

1 **사용자 주문처리 파일구조** : 사용자의 주문 및 결제처리를 위한 파일구조는 다음과 같다.

order.html	⇒	order_pay.html	⇒	order_insert.php	⇒	order_ok.html
배송정보		결제정보		주문정보 저장		완료

2 **장바구니 정보 표시** : 아래 2개의 그림을 보면 알겠지만 화면상단의 제품정보를 표시하는 부분은 수량과 수정/삭제부분만 빼고 장바구니 화면과 거의 동일하다. 따라서 이 부분에 대한 작업은 장바구니(cart.php)에 있는 소스를 최대한 참고하여 작업을 하면 작업량을 단축시킬 수 있다.

이미지	상품정보	판매가	수량	금액
	제품명1 **[옵션]** 아이보리 Large	80,000 원	1	80,000 원
	제품명2 **[옵션]** 흰색 Medium	45,000 원	2	90,000 원
	총 합계금액 : 상품구매금액(170,000원) + 배송비(2,500원) = **172,500원**			

주문/결제 화면 일부분

이미지	상품정보	판매가	수량	금액	삭제
	제품명1 **[옵션]** 아이보리 Large	80,000 원	1 수정	80,000 원	삭제
	제품명2 **[옵션]** 흰색 Medium	45,000 원	2 수정	90,000 원	삭제
	총 합계금액 : 상품구매금액(170,000원) + 배송비(2,500원) = **172,500원**				

장바구니 화면 일부분

3 **주문자 정보** : 비회원인 경우에는 전화, 주소와 같은 주문정보 입력란을 모두 빈칸으로 처리하겠지만, 로그인을 한 회원인 경우에는 주문자의 정보를 미리 알아내어 표시하는 것이 좋다. 이 처리는 회원이 로그인을 한 경우 저장하는 쿠키인 $cookie_id를 이용하여 회원정보를 알아내어 처리하면 된다.

```
주문자정보를 위한 변수 초기화 ($o_name=""; $o_tel=""; … ).
if ($cookie_id)          // 쿠키로 로그인했는지 조사
{
  개인정보 읽기 (select * from member where id=$cookie_id;)
  주문자정보를 의한 변수에 알아낸 값 대입 ($o_name=$row[name], …);
}
주문자정보 출력
```

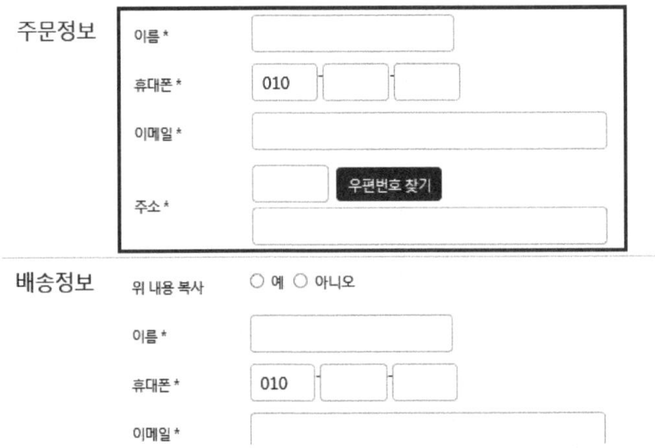

4 **배송지 정보** : 배송지가 주문자와 동일한 경우에는 아래 그림과 같이 옵션버튼에서 "예"를 선택하는 경우 주문자정보가 복사되도록 하였다. 이 처리는 javascript SameCopy 함수를 이용하였다. "아니오"를 선택한 경우는 다시 빈칸으로 표시된다.

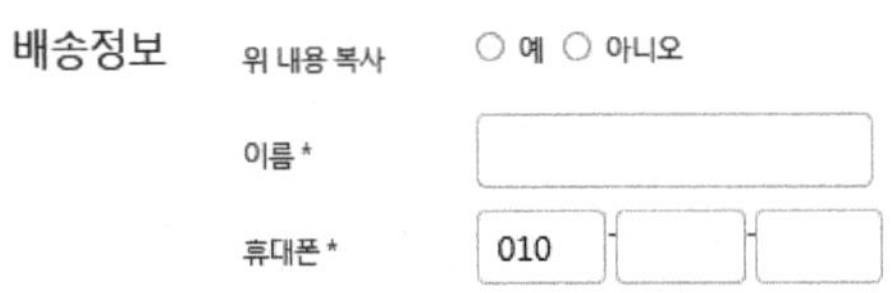

5 **우편번호 찾기** : zipcode.php에서는 zip_kind 라는 변수를 이용하여 회원가입(zip_kind=0), 주문자 우편번호(zip_kind=1), 배송지 우편번호(zip_kind=2)에 대해 우편번호 찾기 기능이 동작하도록 javascript 프로그램이 되어있다. 따라서 우편번호 찾기 프로그램을 따로 만들 필요가 없으며, 회원 가입할 때 만들었던 zipcode.php를 복사하여 그대로 이용하면 된다. 다만 각 경우에 대한 zip_kind값을 전달하기 위해서 다음과 같은 곳에 zip_kind값을 표시해야 한다.

```
function SendZip(zip_kind)
{
   if(form1.jusor.value == "") {
      alert("나머지 주소를 입력하여 주십시오.");
      form1.jusor.focus();
      return;
   }
   var str, zip, juso;
   str = form1.post_no.value;

   str = str.split("^^");
   zip = str[0];
   juso = str[1] + " " + form1.jusor.value;

   if(zip_kind==1) {
      opener.form2.o_zip.value = zip;
      opener.form2.o_juso.value = juso;
   } else if(zip_kind==2)  {
      opener.form2.r_zip.value = zip;
      opener.form2.r_juso.value = juso;
   } else {
      opener.form2.zip.value = zip;
      opener.form2.juso.value = juso;
   }

   self.close();
}
```

```
  $zip_kind=$_REQUEST["zip_kind"] ? $_REQUEST["zip_kind"] : "";
 …
<form  name="form" method="post" action="zipcode.php">
<input type="hidden" name="zip_kind" value="<?=$zip_kind ?>">
<table width="495" border="0" cellspacing="0" cellpadding="0" align="center">
 …
  <!-- 회원가입인 경우:SendZip(0), 주문지인 경우:SendZip(1), 배송지인
경우:SendZip(2) -->
  <tr height="55">
     <td align="center">
        <a href="javascript:SendZip(<?=$zip_kind ?>)"><img src="images/b_ok1.gif"
border="0"></a>
     </td>
 …
```

STEP 01 주문정보 order.php 만들기

① **cart.php link 수정하기** : cart.php에서 결재하기 버튼의 link인 "order.html"을 "order.php"로 수정한다.

```
<a href="order.php"  class="btn btn-sm btn-dark text-white mx-1">
    결재하기 
</a>
```

② **product.php link 수정하기** : product.php에서 "바로 구매"버튼의 link를 수정해야한다. 먼저 바로 구매하기 전에 제품을 장바구니에 담기위하여 자바스크립트 check_form2()에서 "order.html"을 "cart_edit.php"로 수정한다.

```
function check_form2(str)
{
   ...
   else {
      form2.action = "cart_edit.php";
      form2.submit();
   }
}
```

③ **order.html → order.php로 만들기** : order.html를 이용하여 order.php를 만든다.

④ **order.php include 하기** : order.php의 상단부분에 main_top.php를, 하단부분에는 main_bottom.php로 include한다.

⑤ **order.php 프로그램 작성하기** : 실습이론을 참고하여 order.php를 작성한다.

⑥ **실행 및 결과확인** : 아무 회원이나 로그인을 한 후, 장바구니에 구입할 제품을 담고 주문처리 과정을 실행하여 결과를 확인한다.

7.1.5 결제정보

실습목적

아래 그림과 같이 카드와 무통장입금을 이용한 결제방법과 결제정보를 입력하는 프로그램을 작성하여라.

결제정보 입력화면 (order_pay.html)

실습이론

[1] **결제방법(pay_kind)** : 온라인상에서 결제를 하는 방법은 카드, 현금, 이체, 포인트 등 다양한 방법으로 결제를 한다. 여기서는 그중 가장 많이 사용하는 이체와 신용카드로 결제하는 2자지 방법만 이용하도록 하겠다. 여기서는 카드인 경우 pay_kind값을 0, 무통장이체인 경우는 1로 표시하여 사용하도록 하겠다.

1) **무통장이나 온라인 이체방법** : 보통 현금지불방법은 무통장이나 인터넷뱅킹을 이용하여 현금을 이체시키는데, 이때 필요한 정보는 이체시킬 쇼핑몰의 거래은행의 통장번호(bank_kind), 그리고 누가 보냈는지를 구별할 수 있는 송금자의 정보(bank_sender)가 필요하다.
2) **신용카드 결제방법** : 보통 쇼핑몰은 신용카드 결제 대행서비스 업체와 계약을 맺어 해당 업체가 제공하는 결제프로그램을 이용한다. 이 프로그램은 결제에 필요한 카드 정보와 할부, 금액 등을 입력하는 프로그램과 결제가 완료되었을 때 카드승인번호를

알려주는 프로그램으로 되어 있다. 여기서는 이러한 신용카드 결제 프로그램을 사용할 수 없으므로, 앞의 그림과 같이 카드정보를 입력하는 화면을 만들어 필요한 정보를 저장하는 옛날 카드결제방식을 이용하도록 하겠다. 그리고 카드번호나 암호 정보는 개인정보이므로, 절대로 테이블에 저장하면 안된다.

2 **주문자/배송자 정보** : 이전 문서에서 입력한 주문자와 배송자에 대한 정보는 모든 결제 처리가 완료될 때까지 계속 필요하므로 문서에 반드시 저장해야 한다. 이 처리는 form의 hidden개체를 이용하여 이전 문서에서 입력한 정보를 저장함으로서 해결할 수 있다.

```
<form name="form2" method="post" action="order_ok.html">

<input type="hidden" name="o_name" value="홍길동">
<input type="hidden" name="o_tel" value="02 111 1111">
<input type="hidden" name="o_email" value="aaa@aa.aa.aa">
<input type="hidden" name="o_zip" value="11111">
<input type="hidden" name="o_juso" value="서울 노원구 월계4동">

<input type="hidden" name="r_name" value="홍길동">
<input type="hidden" name="r_tel" value="02 111 1111">
<input type="hidden" name="r_email" value="aaa@aa.aa.aa">
<input type="hidden" name="r_zip" value="11111">
<input type="hidden" name="r_juso" value="서울 노원구 월계4동">
<input type="hidden" name="memo" value="빠른 배송 부탁.">
```

STEP 01 결제정보 만들기

① **order_pay.html ➜ order_pay.php로 만들기** : order_pay.html를 이용하여 order_pay.php를 만든다.

② **order_pay.php include 하기** : order_pay.php의 상단부분에 main_top.php를, 하단부분에는 main_bottom.php로 include한다.

③ **order.php link 수정하기** : order.php에서 다음 결제문서를 호출하는 link인 "order_pay.html"을 "order_pay.php"로 수정한다.

```
<form name="form2" method="post" action="order_pay.php">
```

④ **order.php 작성하기** : 실습이론을 참고하여 order.php를 작성한다.

⑤ **실행 및 결과확인** : 로그인을 한 회원인 경우와 비회원인 경우 모두 실행하여 결과를 확인한다.

7.1.6 주문완료

실습목적

결제과정에서 입력한 모든 정보를 실제 jumun, jumuns테이블에 저장하고 다음 그림과 같이 결제완료 화면을 보여주는 프로그램을 작성하여라.

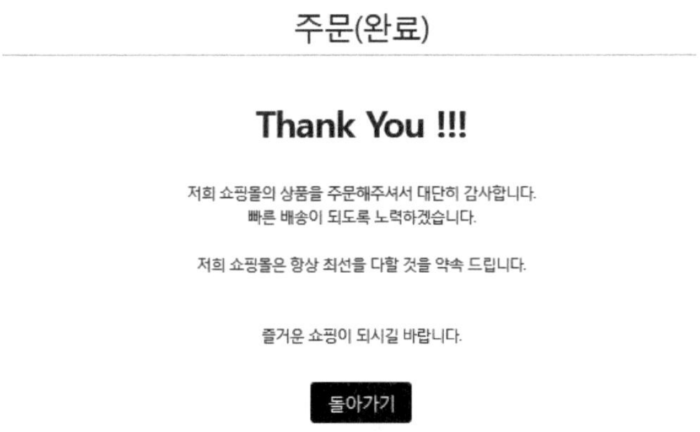

결제완료 화면 (order_ok.html)

실습이론

1 **사용자 주문처리 파일구조** : 최종적인 사용자의 주문 및 결제 처리를 위한 파일구조는 다음과 같다. 따라서 마지막으로 처리할 프로그램은 order_insert.php를 작성하여 모든 상품정보와 주문정보를 jumun과 jumuns테이블에 저장하는 프로그램을 만들어야 한다.

order.php	⇒	order_pay.php	⇒	order_insert.php	⇒	order_ok.php
배송정보		결제정보		주문정보 저장		완료

2 **주문번호 형식** : 주문번호를 만드는 방법은 사이트마다 날짜, 제품정보, 순서 등을 조

합하여 만드는데, 여기서는 간단하게 다음과 같이 날짜와 주문 순서번호를 이용하여 표시하도록 하겠다.

주문번호 형식(10자리) : YYMMDD0000

새로운 주문번호는 다음과 같은 방식으로 프로그램을 작성하여 구하면 된다. 주문번호에서 "-"기호가 없으면서, 2자리 년도를 갖는 오늘 날짜(YYMMDD)는 date("ymd")를 이용하여 쉽게 얻을 수 있으며, 주문번호는 오늘 날짜에서 가장 큰 주문번호를 알아내어 +1 한 값을 이용하면 된다. 따라서 가장 큰 주문번호는 오늘날짜(curdate) 주문 중, 주문번호(id)를 내림차순으로 정렬했을 때 첫 번째 자료가 될 것이다. 첫 주문인 경우에는 단순히 오늘 날짜에 "0001"을 붙이면 되지만, 아닌 경우에는 substr함수를 이용해 뒷 4자리를 뽑은 후, 1을 더해야 한다. 그리고 sprint 함수를 이용해 앞부분이 0으로 채워진 4자리 숫자로 만들어야 한다.

```
jumun 테이블에서 오늘 주문 중, 가장 큰 주문번호 값 조사.
( select id from jumun where jumunday=curdate() order by id desc limit 1; )
if ($count>0)    // 주문번호가 있으면
   새주문번호 = 오늘날짜 . (가장 큰 주문번호 뒤4자리 + 1);
else
   새주문번호 = 오늘날짜 . "0001";
```

PHP에는 문자열을 잘라내는 substr(문자열, 시작위치, 길이) 함수가 있다. 이 함수를 이용하면 주문번호 앞 6자리 문자열이나 뒤 4자리 문자열을 구할 수 있다.

substr("1401010001",0,6) → "141011"
substr("1401010001",-4) → "0001"

[mysql] curdate( )
시스템 날짜를 알아내는 mysql 함수
예〉 select curdate() as today ;

3 **주문한 제품정보 저장** : 장바구니에 저장된 제품에 대한 쿠키정보를 jumuns테이블에 저장하는 프로그램 처리는 다음과 같다.

```
새주문번호 $jumun_id를 알아낸다.
총금액=0;
$product_nums = 0;
$product_names = "";
for($i=1;$i<=$n_cart;$i++)
{
  if ($cart[$i])        // 제품정보가 있는 경우만
  {
    • 장바구니 cookie에서 제품번호, 수량, 소옵션번호1,2 알아내기
      list($product_id, $num, $opts_id1, $opts_id2)=explode("^", $cart[$i]);
    • 제품정보(제품번호, 단가, 할인여부, 할인율) 알아내기
      (select * from product where id=$product_id;)
    • insert SQL문을 이용하여 jumuns테이블에 저장.
      (주문번호, 제품번호, 수량, 단가, 금액, 할인율, 소옵션번호1,2)
    • 장바구니 cookie에서 제품 정보 삭제.
    • 총금액 = 총금액 + 금액;
    • $product_nums = $product_nums + 1;
    • if ($product_nums==1) $product_names = 제품이름;
  }
}
if ($product_nums>1)  // 제품수가 2개 이상인 경우만, "외 ?" 추가
{
  $tmp = $product_nums;
  $product_names = $product_names . " 외 " . $tmp;
}
```

$product_nums, $product_names는 주문한 제품의 개수와 주문한 "첫번째 제품이름 외 몇 개"와 같은 형식의 문자열로 저장하기 위한 변수로 사용한다. 예를 들어 브라우스, 반바지, 청바지를 구입했다면, $product_nums=3이 되며, $product_names="브라우스외 2"가 된다. 이 값들은 전체주문정보 jumun테이블에 product_nums, product_names 필드에 저장될 값들이다.

4 **배송비 처리** : 배송비가 발생하는 경우, 배송비도 하나의 제품정보로 취급하여 jumuns 테이블에 저장한다.

```
if (총금액 < 최대배송비)    // 배송비가 있는 경우
{
    •insert SQL문을 이용하여 jumuns테이블에 배송비 정보 저장.
     (주문_번호, 0, 1, 배송비, 배송비, 0, 0, 0,)
    •총금액 = 총금액 + 배송비;
}
```

5 **회원 및 비회원 구분하기** : 주문정보를 저장하기 전에 먼저 주문자가 회원인지 비회원인지를 먼저 조사한다. 이 처리는 아래와 같이 $cookie_id 값을 이용하면 쉽게 처리할 수 있으며, 비회원인 경우에는 회원번호를 0으로 저장한다.

```
주문자가 회원인지 비회원인지 조사 ($cookie_id).
if ($cookie_id)
  회원번호=$cookie_id;
else
  회원번호=0;
```

6 **전체 주문 정보 저장** : 주문번호, 주문지, 배송지, 결제 및 총금액에 대한 주문 전체에 대한 정보는 jumun테이블에 저장한다. 이때 주문상태 state는 주문신청이므로, 1을 저장해야 한다. 그리고 product_names, product_nums은 실습이론 3에서 구한 값을 이용하여 저장하면 된다.

```
insert SQL문을 이용하여 jumun 테이블에 주문 전체정보 저장.
( id, member_id, jumunday, product_names, product_nums,
  o_name, o_tel, o_email, o_zip, o_juso,
  r_name, r_tel, r_email, r_zip, r_juso, memo,
  pay_kind, card_okno, card_halbu, card_kind, bank_kind, bank_sender,
  totalprice, state)
```

카드결제인 경우 카드승인번호 card_okno는 카드결제회사에서 제공하는 값이므로, 여기에서는 처리할 수 없다. 대신에 주문번호와 같은 임의의 값을 저장하길 바라며, state는 주문신청인 1로 지정해야 한다. 여기서 주의할 점은 개인정보에 관련된 카드정보(카드번호, 카드기간, 카드암호)를 테이블에 저장하지 말아야 하며, 카드대행업체에 값을 전달하기만 해야 한다.

STEP 01 주문완료 만들기

① **order_ok.html ➜ order_ok.php로 만들기** : order_ok.html를 복사하여 order_ok.php를 만든다.

② **order_ok.php include 하기** : order_ok.php의 상단부분에 main_top.php를, 하단부분에는 main_bottom.php로 include한다.

③ **order_pay.php link 수정하기** : order_pay.php에서 다음 결제문서를 호출하는 link인 "order_ok.html" 대신에 "order_insert.php"로 수정한다.

```
<form name="form2" method="post" action="order_insert.php">
```

④ **order_insert.php 프로그램 작성하기** : 실습이론을 참고하여 order_insert.php를 작성한다.

⑤ **실행 및 결과확인** : 실행하여 결과를 확인한다.

7.2 관리자 주문관리

이번에는 관리자가 고객이 주문한 제품에 대한 관리를 할 수 있는 주문관리 프로그램에 대해 알아보자.

7.2.1 주문 목록

실습목적

아래 그림과 같이 관리자가 고객이 주문한 목록을 볼 수 있는 프로그램을 만들어라.

주문 목록화면(jumun.html)

실습이론

1 **주문목록 파일구조** : 관리자용 주문목록 프로그램 구성은 다음과 같다.

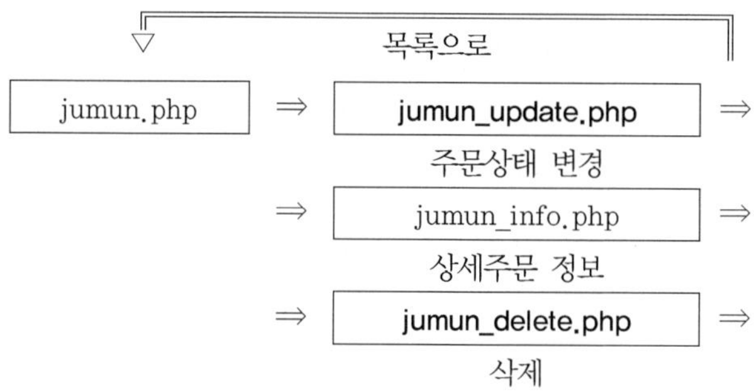

관리자 주문관리에서는 쇼핑몰에서 고객이 주문한 정보를 확인하고, 주문진행과정에 맞추어 주문상태를 변경하여 고객에게 주문 진행상황을 알릴 수 있어야 한다. 또한 주문한 제품에 대한 정보, 주문지, 배송지 등 주문정보를 쉽고 상세하게 볼 수 있는 기능이 필요하다.

2 **주문상태 전역변수 선언** : 주문상태를 나타내는 값들을 선언하기 위하여 common.php 파일에 아래와 같이 전역변수로 선언한다.

```
$a_state=array("전체","주문신청","주문확인","입금확인","배송중","주문완료","주문취소");
$n_state=count($a_state);
```

3 **주문상태에 따른 글자색표시** : 주문상태에 따라 아래 그림과 같이 글자색을 다르게 표시하면 구분하기가 편리하다. 여기서는 주문완료는 파란색(blue), 주문취소는 빨강색(red), 나머지는 검은색(black)으로 표시하였는데,

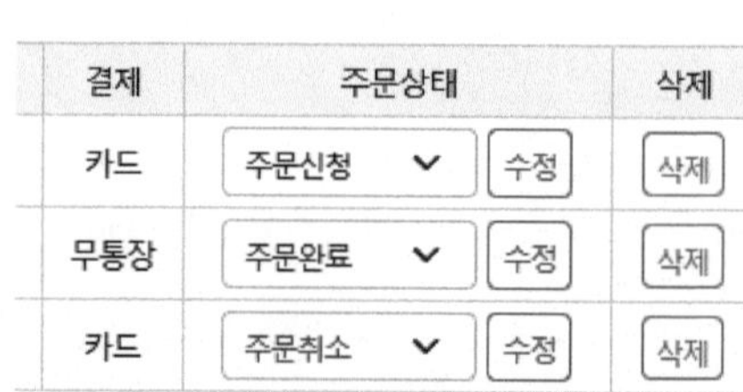

이 처리는 아래와 같이 콤보박스의 style에서 지정한 $color 값을 주문상태에 따라 다르게 지정하면 쉽게 처리할 수 있다.

```
$state=$row["state"];

$color="black";
if ($state==5) $color="blue";
if ($state==6) $color="red";
echo("<select name='state' style='font-size:9pt; color:$color'>");
...
```

4 **기간 및 멀티검색** : 주문목록 상단의 멀티검색 기능은 제품목록에서 이용한 검색방법을 이용해야 하며, 시작날짜, 종료날짜를 지정하는 기간검색인 경우 시작날짜(day1), 그리고 종료날짜(day2), 주문상태($sel1), 검색어($sel2, $text1)들은 검색할 때 계속해서 가지고 가야 할 값들이다.

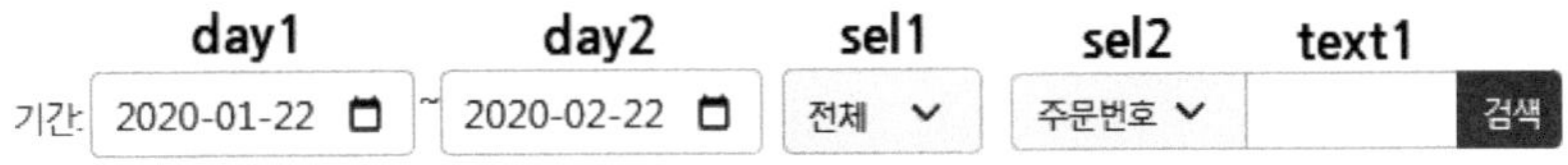

따라서 $arg 변수를 이용하여 다음과 같이 사용해야 하며,

```
$args="day1=$day1&day2=$day2&sel1=$sel1&sel2=$sel2&text1=$text1";
```

day1과 day2는 한달전 날짜와 오늘날짜로 초기값을 지정하기 위해서 다음과 같이 사용해야 한다.

```
$day1=$_REQUEST["day1"] ? $_REQUEST["day1"] : date("Y-m-d", strtotime("-1
month"));
$day2=$_REQUEST["day2"] ? $_REQUEST["day2"] : date("Y-m-d");
```

그리고 정렬은 최근 주문이 먼저 나오도록 주문번호를 내림차순으로 정렬해야 한다.

```
$sql = "select * from jumun where  …  order by id desc;"
```

STEP 01 주문목록(jumun.php) 만들기

① **common.php에 전역변수 선언하기** : 실습이론 [2]의 내용을 참고하여 common.php에 전역변수를 선언한다.

② **jumun.php 수정하기** : 주문 목록을 확인할 수 있는 jumun.php를 작성한다.

③ **jumun.php link 수정하기** : js폴더의 my.js 파일에서 주문관리의 A tag에 있는 "jumun.html"을 "jumun.php"로 수정한다.

④ **실행 및 결과확인** : 실행하여 결과를 확인한다.

7.2.2 주문상태 수정

실습목적

아래 그림과 같이 주문목록에서 콤보박스에서 준문상태를 선택하고, 수정 버튼을 클릭하면, 주문상태를 변경할 수 있는 프로그램을 작성하여라.

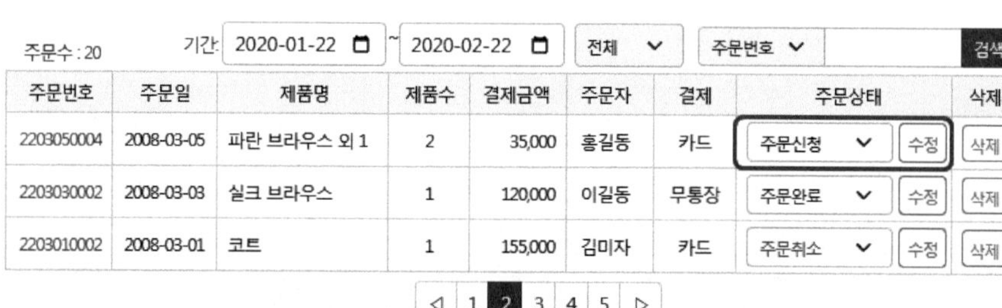

주문번호	주문일	제품명	제품수	결제금액	주문자	결제	주문상태	삭제
2203050004	2008-03-05	파란 브라우스 외 1	2	35,000	홍길동	카드	주문신청 수정	삭제
2203030002	2008-03-03	실크 브라우스	1	120,000	이길동	무통장	주문완료 수정	삭제
2203010002	2008-03-01	코트	1	155,000	김미자	카드	주문취소 수정	삭제

실습이론

[1] **주문상태 변경 파일구조 및 원리** : 주문상태를 변경하는 프로그램의 구성은 다음과 같다.

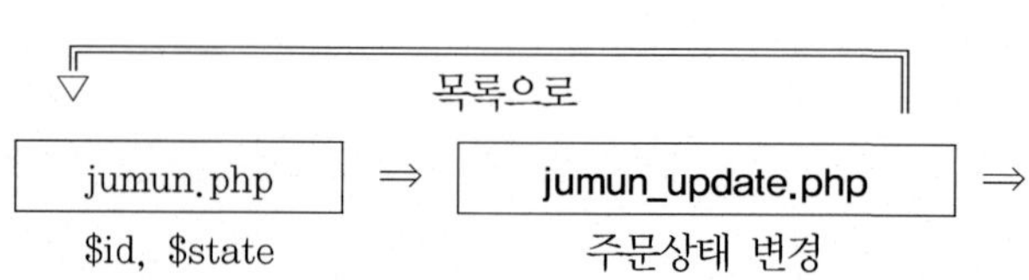

주문상태를 변경하려면 클릭한 줄의 주문번호($id)와 주문상태($state)를 알아내어 jumun_update.php에 넘겨주고, 다음과 같은 update SQL문을 이용하여 변경처리를 하면 된다.

```
$sql="update jumun set state=$state where id='$id';";
```

[2] **주문상태 state값 알아내기** : 아래 html 소스를 보면, 자바스크립트 go_update(id, pos) 함수는 jumun_update.php에 주문번호 $id, 위치번호 pos의 주문상태 $state (=form1.state[위치번호].value)값을 알아내어 수정하도록 되어 있다. 그런데 콤보박스의 state변수는 여러번 나올 수 있지만, 1번 나올 수도 있다.

```
...
function go_update(id,pos)
{
    form1.state[pos].value;
    location.href="jumun_update.html?id="+id+"&state="+state+"&page="+
            form1.page.value+"&sel1="+form1.sel1.value+"&sel2=" … ;
}
...
<select name="state" style="font-size:9pt; color:blue">  // 0번째 state
  <option value="1" selected>주문신청</option>
   ...
</select> 
<a href="javascript:go_update('0803030002',0);">
  <img src="images/b_edit1.gif" border="0">
</a>
...
<select name="state" style="font-size:9pt; color:blue">  // 1번째 state
  <option value="1">주문신청</option>
   ...
</select> 
<a href="javascript:go_update('0803030006',1);">
  <img src="images/b_edit1.gif" border="0">
</a>
...
```

```
</table>

<input type="hidden" name="state">    // state참조를 배열로 만들기 위해 추가
...
```

Form tag에서 state가 1번 나오는 경우는 다음과 같이 state 값을 알아낼 수 있다.

```
form1.state.value
```

그러나 state가 여러 번 나오면, 배열로 변환되면서 위 프로그램은 에러가 난다. 이 경우는 해당 위치의 state 값은 다음과 같이 배열첨자로 그 값을 알 수 있다.

```
form1.state[위치번호].value
```

따라서 state가 한번 나올 때도 에러가 나지 않으려면, 아래와 같이 state를 hidden으로 한번 더 추가하여 배열이 되도록 강제로 만들면 이 문제를 해결할 수 있다.

```
...
<script>
  a=form1.state[pos].value;
</script>
...

...
<input type="text" name="state">
<input type="text" name="state">
<input type="text" name="state">
...

<input type="hidden" name="state">
```

STEP 01 주문 상세 수정 만들기

① **jumun.php link 수정하기** : jumun.php를 읽어 A tag의 "jumun_update.html"를 "jumun_update.php"로 수정한다.

② **jumun_update.php 만들기** : 주문상태를 변경할 수 있는 jumun_update.php를 작성한다.

③ **실행 및 결과확인** : 실행하여 결과를 확인한다.

7.2.3 주문 삭제

실습목적

아래 그림과 같이 주문목록에서 삭제 버튼을 클릭하여 주문을 삭제하는 프로그램을 작성하여라.

실습이론

1 **주문삭제 파일구조** : 주문을 삭제하는 프로그램의 구성은 다음과 같다.

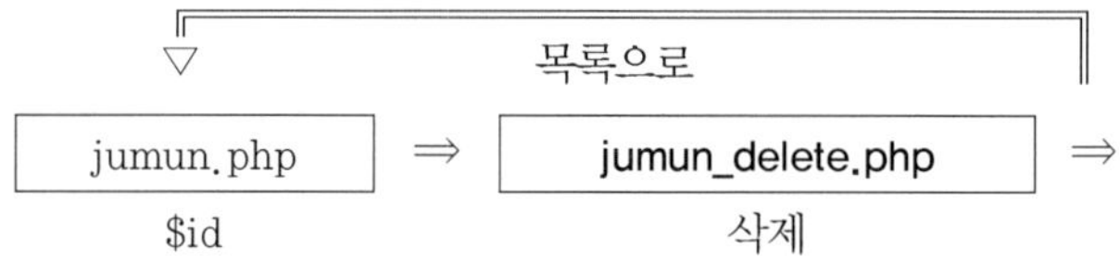

2 **jumu, jumuns 삭제** : 주문에 관련된 테이블은 주문 일반정보가 있는 jumun과 주문 상세정보가 있는 jumuns테이블이다. 따라서 주문을 삭제하려면 주문번호를 이용하여 두 테이블에서 해당 주문내용을 모두 삭제해야 한다. 따라서 아래와 같은 delete문을 실행해야 한다.

```
$sql="delete from jumun where id='$id' ";

$sql="delete from jumuns where jumun_id='$id' ";
```

STEP 01 주문상세 삭제 만들기

① **jumun.php link 수정하기** : jumun.php 파일에서 주문 삭제에 관련된 A tag의 "jumun_delete.html"을 "jumun_delete.php"로 수정한다.

② **jumun_delete.php 작성하기** : 주문내용을 삭제할 수 있는 jumun_delete.php 프로그램을 작성한다.

③ **실행 및 결과확인** : 실행하여 결과를 확인한다.

7.2.4 주문 상세정보

실습목적

아래 그림과 같이 주문목록에서 주문번호를 클릭한 경우, 해당 주문의 상세내역을 확인하고 프린트할 수 있는 프로그램을 작성하여라.

주문 상세정보 화면(jumun_info.html)

실습이론

1 **주문 전체 내용** : 화면의 내용 중 주문번호부터 결제내역까지는 jumun테이블의 내용들이므로, 주문번호 id를 이용하여 자료를 검색하여 출력하면 된다.

```
$sql="select * from jumun where id='$id' ";
```

2 **as 절** : SQL문에서는 필드나 테이블이름, 그리고 계산식은 as절을 이용하면 다른 이름으로 사용할 수 있다.

필드이름 혹은 테이블이름 혹은 계산식 **as 다른 이름**

예제 1 필드 이름: select no, **name as aaa**, tel, …
테이블이름: select * from **member as bbb** where …
계 산 식: select no, **num*price as ccc** where …

3 **관계 표시 방법** : SQL에서 관계형을 표현하는 문법은 where절을 이용하는 방법과 from절에서 join을 이용하는 2가지 방법이 있다. 아래 예제를 통하여 관계를 표현하는 2가지 방법에 대하여 알아보자.

예제 1 다음 그림과 같이 테이블 A와 B에서 a1칼럼과 b2칼럼이 관계를 맺은 경우, SQL문으로 표현하면 다음과 같이 쓸 수 있다.

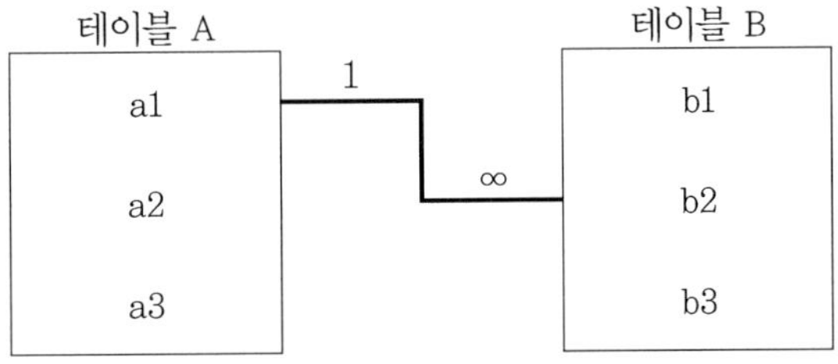

1) where 절인 경우 : from A, B where A.a1=B.b2
2) from 절인 경우 : from A join B on A.a1=B.b2

예제 2 테이블 A, B, C에서 다음과 같이 관계를 맺은 경우, SQL문으로 표현하면 다음과 같이 쓸 수 있다.

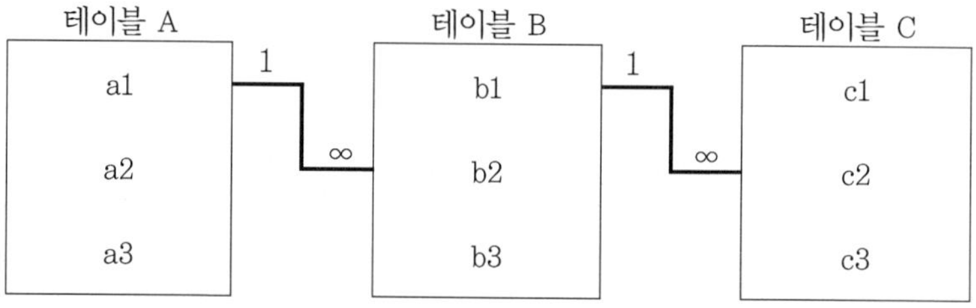

1) where 절인 경우 : from A, B, C where A.a1=B.b2 and B.b1=C.c1
2) from 절인 경우 : from (A join B on A.a1=B.b2) join C on B.b1=C.c2

예제 3 테이블 A, B에서 다음과 같이 B테이블이 A테이블에 2번 관계를 맺은 경우 SQL문으로 표현하면 다음과 같이 쓸 수 있다.

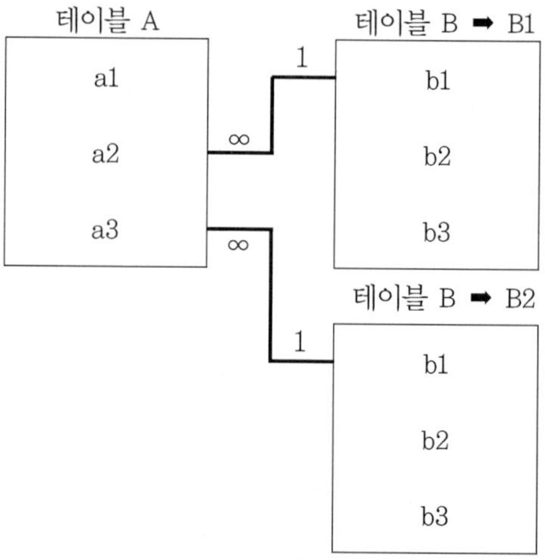

1) where 절인 경우 : from A, B as B1, B as B2
where A.a2=B1.b1 and A.a3=B2.b1
2) from 절인 경우 : from (A join B as B1 on A.a2=B1.b1)
join B as B2 on A.a3=B2.b2

그밖에 join에는 left join, right join이 있는데, 다음과 같은 경우를 생각해보자.

관계 설정

번호	고객명	우편번호_번호	…
1	홍길동		…
2	이길동	1	…
…	…	…	…

고객 테이블

번호	우편번호	주소1	…
1	111-123	서울	…
2	111-124	서울	…
…	…	…	…

우편번호 테이블

이 경우 다음과 같은 SQL문을 실행하면 이길동의 자료는 나와도 홍길동의 자료는 표시되지 않는다.

```
select 고객.고객명, 우편번호.우편번호, 고객.주소
  from 우편번호 join 고객 on 우편번호.번호=고객.우편번호_번호;
```

그 이유는 join인 경우는 정확하게 관계가 일치하는 자료만 표시되기 때문에, 고객우편번호가 비어 있는 홍길동의 자료는 표시되지 않는다. 만약 이러한 자료를 표시하고 싶으면 고객테이블의 자료를 모두 포함시키는 관계형식을 지정해야 한다. 따라서 SQL문은 다음과 같이 수정되어야 한다.

```
select 고객.고객명, 우편번호.우편번호, 고객.주소
  from 우편번호 right join 고객 on 우편번호.번호=고객.우편번호_번호;
```

혹은

```
select 고객.고객명, 우편번호.우편번호, 고객.주소
  from 고객 left join 우편번호 on 우편번호.번호=고객.고객우편번호;
```

join 앞에 붙는 left와 right는 포함시킬 테이블의 위치에 따라 결정된다. 첫 번째 select문인 경우는 고객 테이블이 join을 기준으로 오른쪽에 있으므로 right join이라고 썼지만, 2번째 SQL문인 경우는 왼쪽에 있으므로 left join이라고 써야 한다.

4 **주문 상세 내용** : 주문한 제품의 상세내역은 jumuns테이블에 내용이 있으므로, 주문번호 no를 이용하여 자료를 검색하면 된다. 그리고 제품명, 옵션명 등은 product테이블과 opts테이블에 내용들이므로, 실습이론 2와 3의 관계를 이용하면 원하는 값을

표시할 수 있다.

```
$sql="  …   from jumuns, product, opts as opts1, opts as opts2
            where jumuns.product_id=product.id and
                  jumuns.opts_id1=opts1.id and jumuns.opts_id2=opts2.id
                  and jumuns.jumun_id='$id' ";
```

혹은

```
$sql=" … from ((jumuns left join product on jumuns.product_id=product.id)
                left join opts as opts1 on jumuns.opts_id1=opts1.id)
                left join opts as opts2 on jumuns.opts_id2=opts2.id
         where jumuns.jumun_id='$id' ";
```

주문제품을 출력할 때 주의할 점은 jumuns.product_id=0 인 경우는 택배비이므로 제품명 출력 할 때 "택배비"라고 출력해야 한다.

제품명	수량	단가	금액	할인	옵션
파란 브라우스	1	20,000	20,000	10%	파랑 / Large
티셔츠	1	10,000	10,000		흰색 / Large
택배비	1	2,500	2,500		
총금액	32,500 원				

프린트 돌아가기

product_id=0인 경우, 택배비 표시

5 **상품의 소옵션 이름 표시** : 고객이 주문한 제품의 소옵션 이름을 표시하는 경우, 4를 이용하여 SQL문을 작성하면 다음과 같이 name이라는 같은 이름을 갖게 된다.

```
$sql="select  … , opts1.name, opts2.name, …   from jumuns, product,
              opts as opts1, opts as opts2 where …";
```

옵션1의 이름은 $row["name"]이며, 옵션2의 이름도 $row["name"]이 되어 잘못된 출력을 하게 된다. 따라서 이 경우는 다음과 같이 row배열에서 필드이름과 첨자를 이용하는 2가지 방법 중 하나를 이용하여 처리하면 된다.

1) **필드이름을 이용하는 방법** : as절을 이용하여 다른 이름으로 지정하여 사용하는 방법. 아래 예제의 경우, opts1.name, opts2.name은 $row["name1"], $row["name2"]와 같이 사용할 수 있다.

```
$sql="select  … , opts1.name as name1, opts2.name as name2, …
             from jumuns, product, opts as opts1, opts as opts2 where …";
```

2) **배열첨자를 이용하는 방법** : $row 배열에서 필드이름을 이용하는 것이 아니라, select문에서 표시한 순서에 따라 배열첨자로 사용하는 방법. 아래 예제의 경우, opts1.name, opts1.name은 $row[1], $row[2]로 사용할 수 있다.

```
                 0        1            2
$sql="select id, opts1.name, opts2.name, …
             from jumuns, product, opts as opts1, opts as opts2 where …";
```

STEP 01 주문 상세정보 jumun_info.php 만들기

① **jumun.php link 수정하기** : jumun.php를 읽어 A tag의 "jumun_update.html"를 "jumun_update.php"로 수정한다.
② **jumun_update.php 만들기** : 주문상태를 변경할 수 있는 jumun_update.php를 작성한다.
③ **실행 및 결과확인** : 실행하여 결과를 확인한다.

7.3 주문조회

7.3.1 주문조회 개요

1 **주문조회 메뉴** : 일반적으로 모든 쇼핑몰화면에는 주문정보를 확인하는 기능이 있다. 이 책의 쇼핑몰 화면에서도 상단 우측에 주문조회 메뉴가 있으며, 이 메뉴를 이용하여 주문내용을 조회할 수 있다.

2 **회원 및 비회원 주문 조회** : 주문자가 회원인 경우에는 고객번호를 이용하여 주문내역을 쉽게 조회할 수 있지만, 비회원인 경우에는 회원번호가 없기 때문에 다른 방법을 이용해야 한다. 물론 주문번호를 이용하여 검색이 가능하지만, 대부분 주문번호를 기억하는 사람은 드물 것이다. 따라서 비회원인 경우에는 주문할 때 입력했던 내용 중 고객이 항상 기억하고 있는 내용으로 조회를 할 수 있도록 만들어야 한다. 여기서는 주문자의 이름과 주문자 E-Mail을 이용하도록 구성하였다. 아래 화면은 비회원 주문조회를 위한 인증 화면이다.

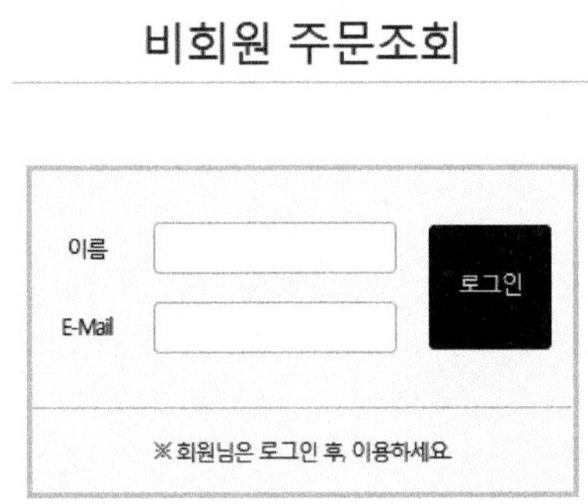

주문조회용 비회원 로그인(jumun_login.html)

만약 회원이 로그인을 한 경우에는 바로 다음과 같이 주문정보를 표시하는 화면으로 전환되어야 한다. 이 화면에서 주문번호를 클릭하면 주문에 대한 자세한 내용을 볼 수 있다.

주문조회

주문일	주문번호	제품정보	결제금액	주문상태
2022-02-05	2201010001	제품명1 (외 1)	280,000	주문신청
2022-02-01	2202010005	제품명2	80,000	배송중
2022-01-21	2201210004	제품명3 (외 2)	380,000	주문취소
2022-01-13	2201130001	제품명4	45,000	주문완료

주문조회 목록(jumun.html)

주문 상세내역(jumun_info.html)

7.3.2 주문조회 비회원 로그인

실습목적

만약 로그인을 한 회원이 주문조회 메뉴를 클릭한 경우에는 바로 주문조회 화면인 jumun.php로 이동되지만,

비회원이거나 로그인을 하지 않은 경우에는 주문자 확인 화면인 jumun_login.html로 이동되도록 프로그램을 작성하여라. 그리고 개인정보가 맞는 경우에는 주문조회 화면 jumun.php로 이동시키는 프로그램을 작성하여라.

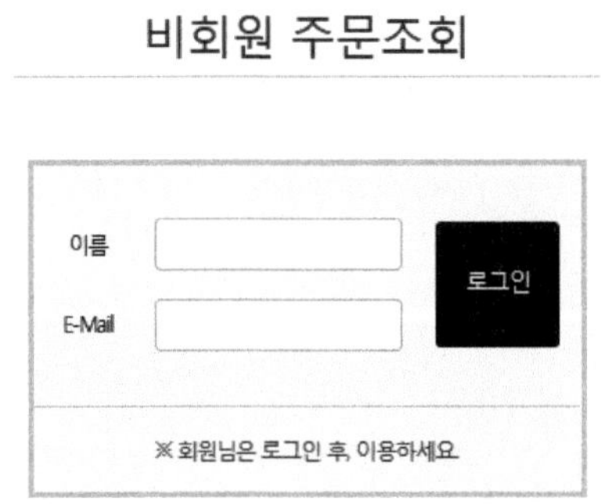

주문조회용 비회원 로그인(jumun_login.html)

실습이론

1 **주문 파일구조** : 주문조회 메뉴를 클릭한 경우, 만약 회원인 고객이 로그인을 한 경우에는 아래 그림과 같이 바로 주문조회 화면이 jumun.php로 이동하면 된다.

main_top.php ⇒ jumun_login.php ⇒ jumun.php

메뉴 클릭

비회원
$name, $email

⇘ 로그인한 회원 $cookie_id ⇗

이 처리는 로그인을 한 경우는 저장된 회원번호 $cookie_id값을 조사하면 쉽게 처리할 수 있다. 그러나 비회원인 경우에는 주문자확인을 위한 jumun_login.pgp를 호출해야 한다. 그리고 주문자 이름(name)과 주문자 메일주소(email)를 입력한 후, jumun.php로 이동하도록 처리하면 된다.

STEP 01 주문조회 비회원 로그인 만들기

① **main_top.php에 수정하기** : 실습이론 2의 내용을 참고하여 프로그램을 수정한다.

② **jumun_login.html → jumun_login.php로 만들기** : jumun_login.html를 복사하여 jumun_login.php를 만든다.

③ **jumun_login.php include 하기** : jumun_login.php의 상단부분에 main_top.php를, 하단부분에는 main_bottom.php로 include한다.

④ **main_top .php link 수정하기** : main_top.php에서 실습이론 [2]의 내용을 참고하여 프로그램을 수정한다.

⑤ **실행 및 결과확인** : 실행하여 결과를 확인한다.

7.3.3 주문 목록

실습목적

다음 그림과 같이 고객이 주문한 전체 정보를 확인할 수 있는 프로그램을 작성하여라.

주문조회

주문일	주문번호	제품정보	결제금액	주문상태
2022-02-05	2201010001	제품명1 (외 1)	280,000	주문신청
2022-02-01	2202010005	제품명2	80,000	배송중
2022-01-21	2201210004	제품명3 (외 2)	380,000	주문취소
2022-01-13	2201130001	제품명4	45,000	주문완료

◀ ◁ 1 2 3 4 5 ▷ ▶

주문조회 목록(jumun.html)

실습이론

[1] **회원/비회원 주문목록** : 목록화면에 표시된 내용은 jumun테이블에 있는 주문정보들이다. 이 주문정보는 아래와 같이 회원과 비회원인 경우 자료를 검색하는 방법이 다르다. 회원인 경우는 $cookie_id와 주문 테이블의 회원번호(member_id)를 이용하여 조건을 지정하면 되며, 비회원인 경우는 주문자이름(o_name)과 주문자 E-Mail(o_email)을 이용하여 검색해야 한다.

```
$cookie_id=$_COOKIE["cookie_id"];
$name=$_REQUEST["name"];
$email=$_REQUEST["email"];

if ($cookie_id || ($name && $email))
```

```
{
   if ($cookie_id)      // 로그인을 한 회원인 경우
      $sql="select * from jumun where member_id=$cookie_id
              order by id desc";
   else            // 비회원이거나 로그인을 하지 않은 회원인 경우
      $sql="select * from jumun where o_name='$name' and o_email='$email' "
              order by id desc";
   $args = "name=$name&email=$email";
   $result = mypagination($sql, $args, $count, $pagebar);
}
else
   jumun_login.php 로 이동.    // 로그인 실패인 경우
```

2 **주문상태별 글자색** : 주문상태에 따라 글자를 각기 다른 색으로 지정하기 위해서는 다음과 같이 처리하면 된다.

```
$state=$row["state"];
$color="black";
if ($state==5) $color="blue";   // 주문완료인 경우
if ($state==6) $color="red";    // 주문취소인 경우
…
<font color='$color'>$a_state[$state]</font>
```

STEP 01 주문목록 만들기

① **jumun.html → jumun.php로 만들기** : jumun.html를 복사하여 jumun.php를 만든다.

② **jumun.php include 하기** : jumun.php의 상단부분에 main_top.php를, 하단부분에는 main_bottom.php로 include한다.

③ **jumun.php에 수정하기** : 실습이론 1, 2의 내용을 참고하여 프로그램을 수정한다.

④ **실행 및 결과확인** : 실행하여 결과를 확인한다.

7.3.4 주문 상세정보

실습목적

주문조회에서 주문번호를 클릭한 경우, 아래 그림과 같이 해당 주문에 대한 상세주문내역을 보여주는 프로그램을 작성하여라.

주문 상세내역(jumun_info.html)

실습이론

1 **주문 상세내역** : 주문 상세내역은 표시하기 위해서는 여러 테이블들의 관계를 이용하여 표시해야 한다. 주문한 제품에 대한 정보는 jumuns테이블에, 제품명, 제품사진과 같은 정보는 product 테이블, 옵션사항들은 opts테이블이 필요하다. 따라서 jumuns테이블을 기준으로 다음과 같이 3 테이블의 관계를 복잡하게 정의하여 작성해야 한다.

```
$sql="…
   from ((jumuns left join opts as opts1 on jumuns.opts_id1=opts1.id)
        left join opts as opts2 on jumuns.opts_id2=opts2.id)
        left join product on product.id=jumuns.product_id
   where jumuns.jumun_id='$id';";
```

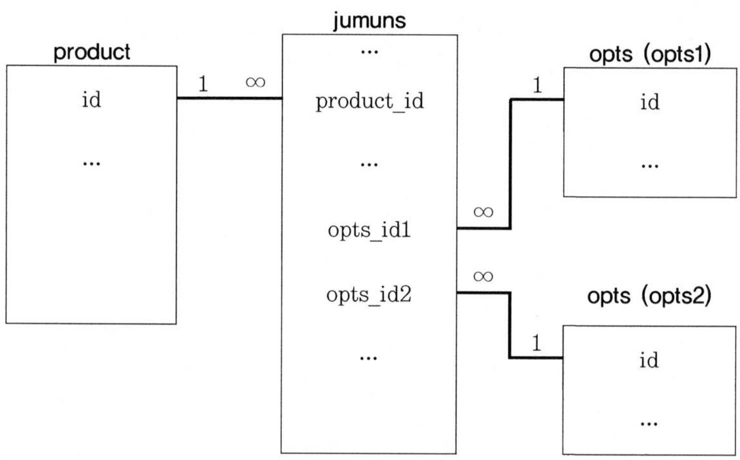

[2] **결제방식** : pay_kind를 이용하여 결제방식이 카드(=0)냐, 무통장(=1)이냐에 따라 결제내용을 다르게 출력해야 한다.

```
if ($row["pay_kind"]==0)
  카드 내용출력(카드승인번호, 할부, 카드종류).
else
  무통장 내용출력(계좌번호, 보낸 사람).
```

STEP 01 주문상세내역 만들기

① **jumun_info.html → jumun_info.php로 만들기** : jumun_info.html를 복사하여 jumun_info.php를 만든다.

② **jumun_info.php include 하기** : jumun_info.php의 상단부분에 main_top.php를, 하단부분에는 main_bottom.php로 include한다.

③ **jumun_info.php에 수정하기** : 실습이론 [1], [2]의 내용을 참고하여 프로그램을 수정한다.

④ **실행 및 결과확인** : 실행하여 결과를 확인한다.

Chapter 08

게시판

8.1 QA 게시판

8.1.1 응답형 게시판 개요

이번에는 쇼핑몰에서 고객과 관리자가 글로 대화를 할 수 있는 응답형 게시판을 만드는 방법에 대하여 알아보자.

[1] **게시판 화면** : 게시판은 아래와 그림과 같이 크게 게시판 목록에서 글쓰기, 읽기, 수정하기와 읽은 글에 대한 답변하기와 같은 화면으로 구성되어 있다.

Q & A

번호	제목	작성자	작성일	조회
3	새소식3	홍길동	2022-02-02	32
4	↳ Re:새소식3	박나리	2022-02-05	16
5	↳ Re:새소식3	이길동	2022-02-06	14
2	새소식2	박인규	2022-02-01	23
1	새소식1	이미자	2022-02-01	43

게시판 목록화면(qa.html)

새글 버튼을 클릭하면 새 글을 쓸 수 있는 화면으로 전환되며,

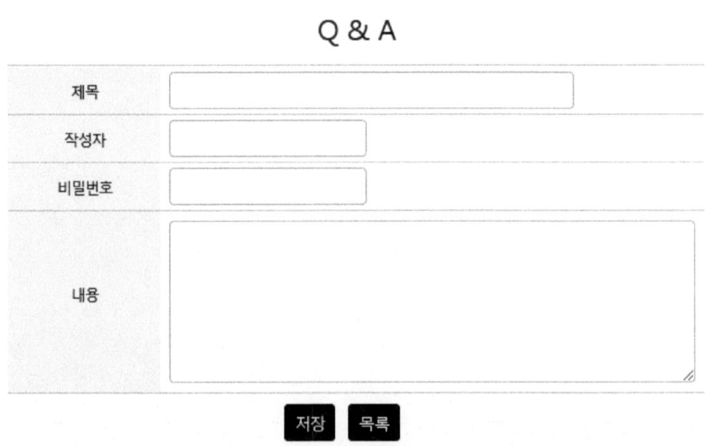

게시판 쓰기화면(qa_new.html)

글 제목을 클릭하면 아래 그림과 같은 읽기화면으로 전환된다.

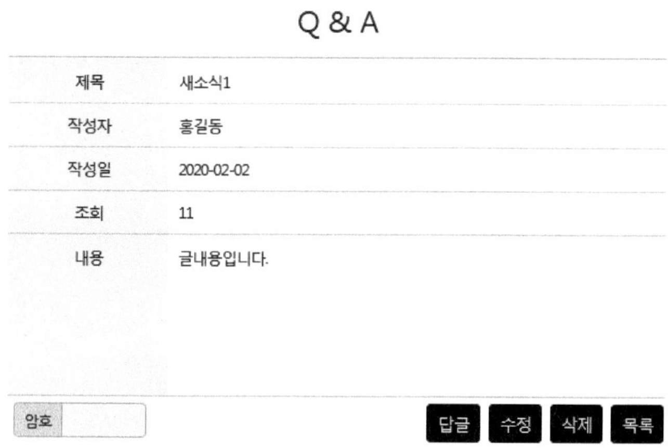

게시판 읽기화면(qa_read.html)

읽기 화면에서는 수정, 삭제, 답글 버튼을 클릭함으로서 다음 그림과 같이 수정, 삭제, 답글 처리를 할 수 있는 화면으로 이동할 수 있다. 이때 수정과 삭제인 경우는 아무나 처리할 수 없도록 암호를 입력하여 본인의 글인지를 확인하는 처리를 해야 한다.

게시판 수정화면(qa_modify.html)

게시판 답변화면(qa_reply.html)

[2] **게시판 파일 구성** : 앞에서 본 게시판의 각 화면들을 처리할 파일들의 구성은 아래와 같다.

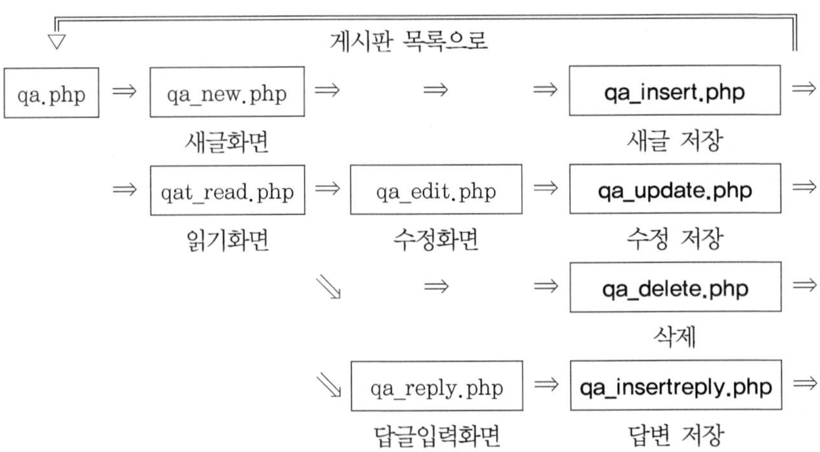

8.1.2 게시판 테이블

실습목적

게시판의 글 정보를 저장할 수 있는 qa테이블을 만들어라.

실습이론

[1] **qa 테이블 구조** : 게시판을 위한 테이블 구조는 다음과 같다.

		필드명	자료형	Null	비고
1	번호	id	int	☐	auto_increment, 기본키
2	위치1	pos1	int	☑	
3	위치2	pos2	varchar(20)	☑	
4	제목	title	varchar(255)	☑	
5	글쓴이	name	varchar(30)	☑	
6	암호	passwd	varchar(20)	☑	
7	작성일	writeday	date	☑	
8	조회수	count	int	☑	
9	내용	contents	text	☑	

qa 테이블

1) **pos1** : 현재 글이 몇 번째 글의 답변인지를 표시하는 필드.
2) **pos2** : 현재 글이 답변 글 중 어느 위치에 있는 글인지를 저장하는 필드.
3) **contents** : 글 내용은 많은 문자를 저장해야하므로, text(long varchar)자료형을 이용해야 한다.

[2] **응답형 게시판의 원리** : 응답형 게시판을 만들기 위해서는 답변글이 어떤 글에 대한 답변글인지를 표시하기 위한 2개의 pos1, pos2 필드가 필요하다. pos1 필드는 어떤 글에 대한 답변글인지를 표시해야 하는데, 이 문제는 글의 번호(no) 값을 해당 답변글에 저장함으로서 해결할 수 있다. 다음 표를 보자.

no	title	pos1	pos2
6	제목2	6	A
7	⇨ 답변5	6	AA
8	⇨ 답변6	6	AB
9	⇨ 답변7	6	AC
10	⇨ 답변8	6	ACA
1	제목1	1	A
2	⇨ 답변1	1	AA
3	⇨ 답변2	1	AAA
4	⇨ 답변3	1	AAAA
5	⇨ 답변4	1	AB

응답 게시판 예

답변 1, 2, 3, 4가 제목1에 대한 답변임을 표시하는 방법은 pos1 필드에 제목1의 no값인 1값을 저장함으로서 표시할 수 있다. 마찬가지로 답변 5, 6, 7, 8 역시 제목2의 답변임을 표시하기위하여 제목2의 no값인 6을 저장한 것을 알 수 있다.

그리고 답변에 대한 답변이 있는 경우 각 답변의 순서를 작성한 순서에 맞게 입체적으로 출력할 수 있도록 어떤 정보를 pos2 필드에 저장해야 한다는 점이다. 이 문제는 표와 같이 pos2 필드에 저장되는 문자열의 길이와 값의 종류(A,B,C…)를 이용하여 해결할 수 있다. 답변에 대한 답변의 위치 표시는 알파벳의 위치로 표시한다. 예를 들어 제목1의 pos2는 "A"이고, 제목1에 대한 첫 번째 답변인 답변1의 표시는 "AA" 로 표시한다. 따라서 답변 1에 대한 답변 2는 "AAA"가 된다. 그러나 만약 답변4와 같이 제목글1에 대해 답변1(AA)이외에 또 다른 답변4가 있다면, 답변4는 제목1에 대한 2번째 답변이므로 "AB"가 된다. 이와 같은 방식으로 pos2를 저장한 후, 출력할 때 pos1은 내림차순, pos2는 오름차순으로 정렬하여 출력하고, pos2의 문자열 길이만큼 제목글을 뒤로 밀리게 출력하면, 표와 같은 출력을 얻을 수 있다. 설명이 잘 이해가 되지 않으면, 표의 pos1과 pos2의 값을 가지고 잘 생각해보길 바라며, 답글을 만드는 과정에서 다시 설명하도록 하겠다.

8.1.3 게시판 목록

실습목적

아래 그림과 같이 게시판의 글 제목을 볼 수 있는 게시판 목록화면을 만들어라.

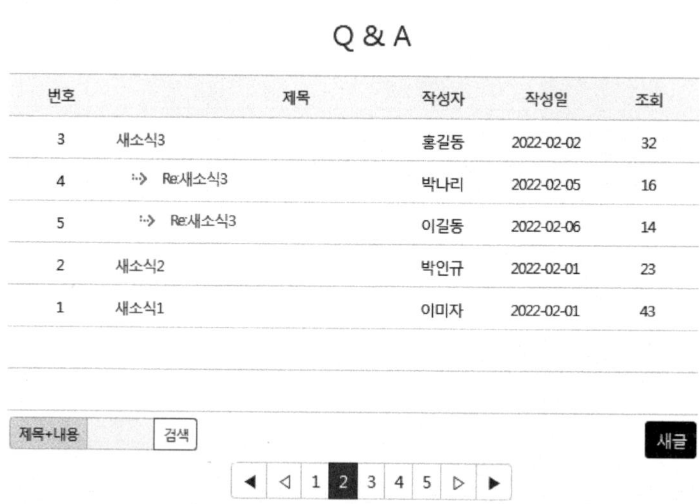

게시판 목록화면(qa.html)

실습이론

[1] **검색을 위한 쿼리** : 게시판 하단을 보면 글제목과 글내용을 이용하여 검색할 수 있는 텍스트박스 text1이 있다. 따라서 검색단어 일부로 검색할 수 있도록 필드이름 like '%$text1%' 형식으로 조건을 지정해야 한다.

```
$text1=$_REQUEST["text1"] ? $_REQUEST["text1"] : "";
$page=$_REQUEST["page"] ? $_REQUEST["page"] : 1;

$sql="select * from qa where title like '%$text1%' or contents like '%$text1%'
        order by pos1 desc, pos2;";
$args = "text1=$text1";
$result = mypagination($sql, $args, $count, $pagebar);
```

[2] **응답게시판을 위한 정렬** : 응답게시판인 경우 앞에서 설명했지만, 자료출력은 pos1, pos2에 의해 결정된다. 따라서 자료출력을 위한 정렬은 반드시 다음과 같이 pos1은 내림차순, pos2는 오름차순으로 복합정렬로 지정해야 한다.

```
… order by pos1 desc, pos2
```

[3] **글제목 출력** : 글제목이 출력되는 위치는 pos2의 문자열 길이에 따라 결정된다. 문자열 길이가 1인 경우는 답변글이 아니므로, 정상적으로 출력되어야 한다.

```
$n=strlen($row["pos2"]);  // 문자열길이 계산
if ($n==1)    // 정상 글인 경우
  echo(" 글제목 출력");
else                      // 답변글인 경우
{
  for($j=0;$j<$n-2;$j++) echo("  ");
  echo(" ↳ 이미지 및 글제목 출력");
}
```

STEP 01 게시판 목록 만들기

① **qa.html ➜ qa.php로 복사하기** : qa.html을 복사하여 qa.php로 저장한다.

② **qa.php include 하기** : qa.php에서 상단부분은 main_top.php를 include하고, 하단 부분에는 main_bottom.php로 include한다.

③ **qa.php link 수정하기** : main_top.php에서 게시판화면을 호출하는 A tag link의 "qa.html"을 "qa.php"로 수정한다.

④ **qa.php에 수정하기** : 실습이론 [1], [2], [3]의 내용을 참고하여 프로그램을 작성한다.

⑤ **실행 및 결과확인** : 실행하여 결과를 확인한다.

8.1.4 게시판 새글

실습목적

아래 그림과 같이 게시판의 새 글을 작성할 수 있는 프로그램을 만들어라.

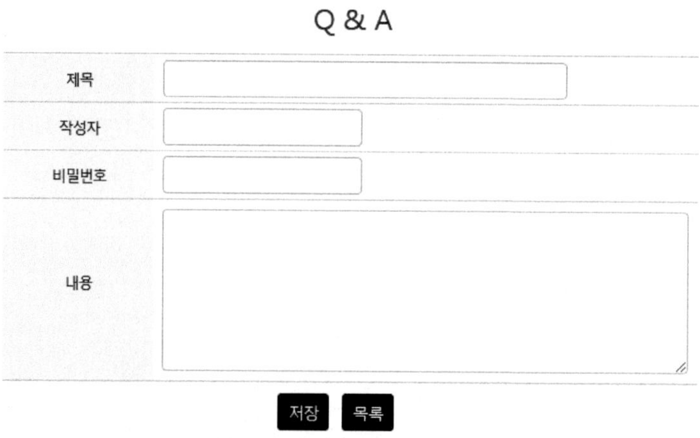

게시판 쓰기화면(qa_new.html)

실습이론

[1] **파일구조** : 새글을 추가하는 파일구조는 다음과 같다.

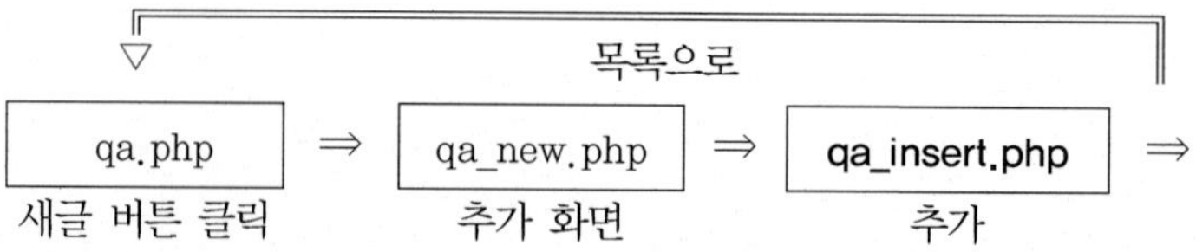

2 **pos1값 알아내기** : 새로 추가되는 새 글의 pos1값은 자신의 레코드 번호 id값과 같은 값으로 저장해야 한다. 그러나 id값은 auto_increment로 지정되어 있어, 일단 레코드를 저장해야 알 수 있다. 따라서 pos1과 pos2 값은 빼고, 일단 새 글을 저장해야 한다. 그리고 방금 추가된 레코드의 id값은 방금 추가된 id값을 알아낼 수 있는 mysqli_insert_id() 함수를 이용하면 쉽게 구할 수 있다. 따라서 알아낸 id값과 update SQL문을 이용하면 pos1과 pos2값을 수정할 수 있다. 이 처리는 다음과 같이 해결할 수 있다.

1) pos1, pos2를 제외한 정보를 insert문을 이용하여 글을 추가한다.
2) mysqli_insert_id()를 이용하여 방금 추가된 id값을 구한다.
3) 알아낸 id값을 이용하여 pos1과 pos2값을 update SQL문을 이용하여 수정한다. (pos2값은 새로 추가된 글이므로 항상 "A"임)

[php] mysqli_insert_id(mysqli $link)
insert SQL문을 이용하여 방금 추가된 레코드의 ID 값을 돌려주는 함수로서, ID는 auto_increment로 생성된 필드여야 한다.

3 **글 제목과 내용** : 글 제목 title 과 내용 contents 에는 특수기호나 html문자가 포함되어 있을 수 있으므로, 함수 addslashes()와 stripslashes() 함수를 이용하여 처리해야 한다.

STEP 01 게시판 새글 만들기

① **qa_new.html → qa_new.php로 복사하기** : qa_new.html을 복사하여 qa_new.php로 저장한다.
② **qa_new.php include 하기** : qa_new.php에서 상단부분은 main_top.php를 include하고, 하단부분에는 main_bottom.php로 include한다.
③ **qa.php link 수정하기** : qa.php에서 새글 버튼의 A tag link의 "qa_new.html"을 "qa_new.php"로 수정한다.
④ **qa_insert.php 만들기** : 실습이론 내용을 참고하여 프로그램을 작성한다.
⑤ **실행 및 결과확인** : 실행하여 결과를 확인한다.

8.1.5 게시판 읽기

실습목적

아래 그림과 같이 게시판의 글을 읽을 수 있는 프로그램을 만들어라.

게시판 읽기화면(qa_read.html)

실습이론

1 **조회수** : 글을 읽을 때마다 읽은 회수를 1 증가하는 처리는 update SQL문에서 count=count+1을 이용하면 간단하게 처리할 수 있다.

2 **글 제목 및 내용 출력** : 글 목록에서 제목 표시할 때와 마찬가지로 글 내용에 특수문자나 html기호가 삽입되어 있을 수 있다. 따라서 글 저장할 때 addslashes() 함수로 코드화한 글제목과 내용을 stripslashes() 함수를 이용하여 원상 복구하여야 한다. 입력된 글 내용중에 줄바꿈 처리를 위해 contents는 nl2br함수를 이용해 줄바꿈기호를 "<br>"로 변경처리한다.

```
$title = stripslashes( $row["title"] );
$contents = stripslashes( $row["contents"] );
$contents = nl2br( $contents );
```

[php] htmlspecialchar(문자열)
문자열에서 html 태그에 관련된 특수기호들을 포함한 경우, 해당 기호를 다른 방식으로 변환시키는 함수. 예〉 & ➜ &　　" ➜ "　　' ➜ ' 〈 ➜ <　　〉 ➜ >

STEP 01 게시판 읽기 만들기

① **qa_read.html ➜ qa_read.php로 복사하기** : qa_read.html을 복사하여 qa_read.php로 저장한다.

② **qa_read.php include 하기** : qa_read.php에서 상단부분은 main_top.php를 include하고, 하단부분에는 main_bottom.php로 include한다.

③ **qa.php link 수정하기** : qa.php에서 글 제목의 A tag link의 "qa_read.html"을 "qa_read.php"로 수정한다.

④ **qa_read.php 만들기** : 실습이론 [1], [2], ③의 내용을 참고하여 프로그램을 작성한다.

⑤ **실행 및 결과확인** : 실행하여 결과를 확인한다.

8.1.6 게시판 수정 및 삭제

실습목적

아래 그림과 같이 게시판의 글을 수정 및 삭제할 수 있는 프로그램을 만들어라.

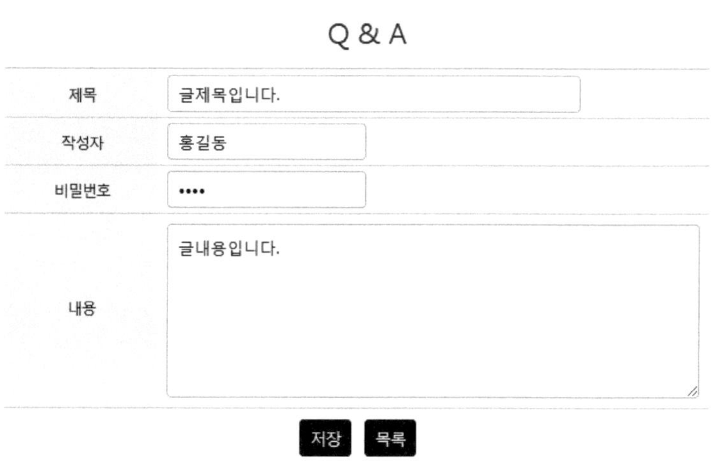

게시판 수정화면(qa_edit.html)

실습이론

1 **파일구조** : 글을 수정 및 삭제하는 처리의 파일구조는 다음과 같다.

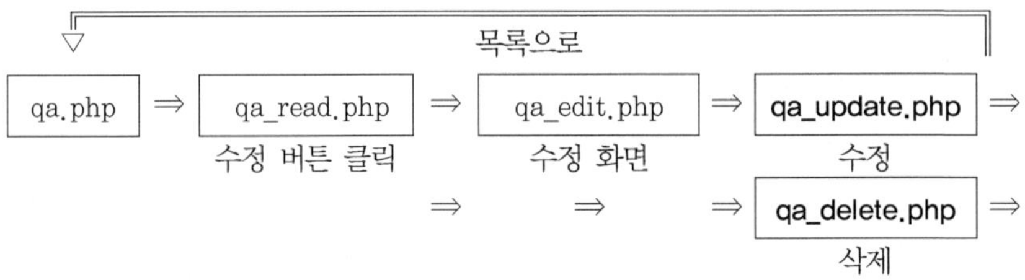

2 **암호 확인** : 글을 수정하거나 삭제를 하는 경우는 아무나 수정, 삭제를 하지 못하도록 글을 쓸 때 입력했던 암호를 확인할 필요가 있다. 만약 틀리는 경우에는 다시 암호를 입력하도록 글 읽기화면을 보여주어야 한다.

```
번호 id가 $id인 자료에서 passwd 암호를 알아낸다.
if ( 입력한 암호 <> 알아낸 암호 ) echo("<script>history.back();</script>");
```

수정을 하는 경우에는 qa_modify.php에 자료를 표시하기 전에 먼저 확인을 해야 하며, 글을 삭제하는 경우에는 qa_delete.php에서 글을 삭제하기 전에 확인하도록 프로그램을 작성하여야 한다.

3 **글수정** : 글 수정의 경우 pos1, pos2, writeday, count 필드는 저장할 필요가 없으며, 수정프로그램은 $id번째 자료를 update SQL문을 이용하여 글 제목, 내용 등을 저장하는 처리를 하면 된다.

4 **글삭제** : 글삭제의 경우 역시 $id번째 자료를 delete SQL문을 이용하여 삭제하도록 프로그램을 작성하면 된다.

STEP 01 게시판 글 수정하기

① **qa_edit.html → qa_edit.php로 복사하기** : qa_edit.html을 복사하여 qa_edit.php로 저장한다.

② **qa_edit.php include 하기** : qa_edit.php에서 상단부분은 main_top.php를 include 하고, 하단부분에는 main_bottom.php로 include한다.

③ **qa_read.php link 수정하기** : qa_read.php에서 수정 버튼의 A tag link의 "qa_update.html"을 "qa_update.php"로 수정한다.

④ **qa_update.php 만들기** : 실습이론의 내용을 참고하여 프로그램을 작성한다.

⑤ **실행 및 결과확인** : 실행하여 결과를 확인한다.

STEP 02 게시판 글 삭제 만들기

① **qa_delete.php 만들기** : 실습이론의 내용을 참고하여 프로그램을 작성한다.

② **qa_read.php link 수정하기** : qa_read.php에서 삭제 버튼의 A tag link의 "qa_delete.html"을 "qa_delete.php"로 수정한다.

③ **실행 및 결과확인** : 실행하여 결과를 확인한다.

8.1.7 게시판 답글

실습목적

아래 그림과 같이 게시판의 답글을 쓸 수 있는 프로그램을 만들어라.

게시판 답변화면(qa_reply.html)

실습이론

1 **파일구조** : 답글을 추가하는 파일구조는 다음과 같다.

목록으로

qa.php ⇒ qa_read.php ⇒ qa_reply.php ⇒ qa_insertreply.php ⇒

답글버튼 클릭 / 답글입력화면 / 추가

2 **답변글 제목 및 내용** : 답변글인 경우에는 보통 글제목과 내용만 보아도 답변글이라는 것을 표시하기 위하여 글제목에는 "Re:" 라는 글자를, 글 내용에는 매 줄 앞에 "::"와 같은 문자를 붙여 표시한다. 이러한 처리는 아래와 같이 문자연결 연산자 . 과 eregi_replace함수를 이용하여 쉽게 처리할 수 있다.

```
$title = "Re:" . stripslashes( $row["title"] );
$contents = stripslashes( $row["contents"] );

// 원글과 답변글을 구분하기 위해 원 글의 각 줄앞에 콜론(::)을 추가한다.
$contents = ":: ++ " . $row["name"] . " 님의 글 ++₩n::₩n:: " .
        eregi_replace("₩n", "₩n:: ", $contents) . "₩n::₩n";
```

[php] eregi_replace(찾을 문자열1, 대치할 문자열2, 문자열3)

문자열3에서 문자열1을 찾아 문자열2로 대치시키는 함수로서, 대소문자 구분을 하지 않는다.

3 **답변글 저장** : 답변글을 처리하기 위해서는 답변글에 대한 위치정보 pos1, pos2값을 결정해야 한다. 현재 읽은 글에 대한 pos1과 pos2 값은 qa_replay.php문서에 hidden으로 저장되어 있다. 따라서 qa_insertreply.php에서 이 값들은 $pos1, $pos2값이 된다. 이 경우 아래의 그림과 같은 경우를 생각해보자.

no	title	pos1	pos2
1	제목1	1	A
	...		

답변이 없는 경우

no	title	pos1	pos2
1	제목1	1	A
2	⇨ 답변1	1	AA
	...		

답변이 있는 경우

먼저 현재 작성중인 글이 제목1에 대한 답글인 경우를 생각해보자. 이 경우 제목1에 대해 답변이 없는 경우(왼쪽 그림)와 있는 경우(오른쪽 그림)를 생각할 수 있다. 따라서 먼저 답변이 있는지 없는지를 조사할 필요가 있다. 이 조사는 제목1의 pos2의 문자열길이(길이:1)보다 1 더 긴 pos2(길이:2)값을 갖는 자료가 있는지를 조사하면 알 수 있다.

length(pos2) = length(답글1의 pos2)+1 인 자료 조사

왼쪽 그림인 경우는 답변이 없으므로, 답변1은 제목1에 대한 첫번째 답글(pos2=AA)이 된다. 반면에 오른쪽 그림과 같이 다른 답변(답변1)이 있는 경우에는 답변글 pos2(AA)에서 끝 자리값(A)을 다음 자리값(B)으로 바꾼 pos2 값(AB)을 저장해야 한다.

no	title	pos1	pos2
1	제목1	1	A
2	⇨ **답변1**	**1**	**AA**
3			

답글이 없는 경우 결과

no	title	pos1	pos2
1	제목1	1	A
2	⇨ 답변1	1	AA
3	⇨ **답변2**	**1**	**AB**

답글이 있는 경우 결과

만약 아래와 같이 답글이 여러 개인 경우에는 pos2를 내림차순으로 정렬하여 가장 끝 pos2를 갖는 첫 번째 자료를 찾아 끝자리를 다음 알파벳으로 변경해야 할 것이다.

no	title	pos1	pos2
1	제목1	1	A
2	⇨ 답변1	1	AA
3	⇨ 답변2	1	AB
4	⇨ **답변3**	**1**	**AC**
	...		

제목1에 대해 답변이 여러 개인 경우

title	pos2
⇨ **답변3**	**AC**
⇨ 답변2	AB
⇨ 답변1	AA
제목1	A
...	

pos2 내림차순 정렬

마지막으로 고려해야 할 사항은 답변에 대한 답변인 경우이다. 아래 그림에서 답변7인 경우 답변9의 pos2값을 생각해보자. 답변7의 경우는 pos2가 "AB"로 시작된다. 이 말은 앞의 답변 중 "AB"로 시작하지 않는 답변은 아무 상관이 없다는 것을 의미한다.

no	title	pos1	pos2
6	제목2	6	A
7	⇨ 답변5	6	AA
8	⇨ 답변6	6	AAA
9	⇨ 답변7	6	AB
10	⇨ 답변8	6	ABA
11	**⇨ 답변9**	**6**	**ABB**

응답 게시판 예

따라서 답변7의 pos2값으로 시작하는 자료만 추출하기 위해서는 다음과 같이 조건을 지정해야 한다.

현재 글의 pos2 값 = pos2의 앞부분 값 인 자료

지금까지 모든 조건을 종합한 경우 최종적인 자료를 추출할 수 있는 select문은 다음과 같다.

```
$sql = "select pos2, right(pos2,1) from qa
        where pos1=$pos1 and length(pos2)=length('$pos2')+1 and
            locate('$pos2',pos2)=1
        order by pos2 desc limit 1";
$count=레코드개수;
if ($count > 0)
{
  $row=mysqi_fetch_array($result);
  $new_pos2 = $row["pos2"]의 맨 끝자리 값을 다음 알파벳으로 수정한 값;
}
else
  $new_pos2 = 기존 pos2값에 A를 붙인 값.
```

이 과정에서 다음 알파벳을 알아내는 방법은 다음 프로그램과 같이 ASCII code값을 이

용하면 원하는 값을 얻을 수 있다.

```
$a = "A";
$b = ++$a;     // $b ➜ "B"
```

[mysql] right(문자열,길이)
문자열에서 오른쪽부터 길이 만큼의 문자열을 잘라 돌려주는 함수.
예〉 right('abcde',3) ➜ 'cde'

[mysql] length(문자열)
문자열길이를 돌려주는 함수.
예〉 length('abcde') ➜ 5

[mysql] locate(문자열1,문자열2)
문자열1에서 문자열2가 몇 번째 위치에 잇는지 돌려주는 함수
예〉 locate('abcde','bc') ➜ 2

STEP 01 게시판 답글 만들기

① **qa_reply.html ➜ qa_reply.php로 복사하기** : qa_reply.html을 복사하여 qa_reply.php로 저장한다.

② **qa_reply.php include 하기** : qa_reply.php에서 상단부분은 main_top.php를 include 하고, 하단부분에는 main_bottom.php로 include한다.

③ **qa_reply.php link 수정하기** : qa_read.php에서 답변 버튼의 A tag link의 qa_reply.html을 qa_reply.php로 수정한다.

④ **qa_insertreply.php 만들기** : 이론 [1], [2], [3]의 내용을 참고하여 프로그램을 작성한다.

⑤ **실행 및 결과확인** : 실행하여 결과를 확인한다.

8.2 FAQ 게시판

8.2.1 FAQ 게시판

실습목적

지금까지 프로그램을 만드는 방법을 이용하여 다음과 같은 자주 묻는 질문들을 보고 관리할 수 있는 faq 테이블과 쇼핑몰 화면과 관리자용 화면들을 만들어라.

FAQ

번호	제목
1	배송 진행상황은 어디서 조회하나요?
2	결제방법의 종류를 알고 싶어요.

쇼핑몰용 FAQ 화면 (faq.html)

FAQ

배송 진행상황은 어디서 조회하나요?

주문하신 상품의 현재 배송상태는 아래 경로를 통해서 확인하실 수 있습니다.

1) PC : 마이페이지 - 주문내역/배송현황 - '출고완료' 상태 - 배송추적
2) 모바일 : 모바일 하단 '트럭'이미지 클릭(주문/배송조회) - '출고완료' 상태 - 배송추적

단, 당일 출고한 운송장은 택배사의 작업 시간에 따라 익일부터 조회되는 경우가 있으니 참고 부탁드립니다.

돌아가기

쇼핑몰용 FAQ 보기 화면 (faq_read.html)

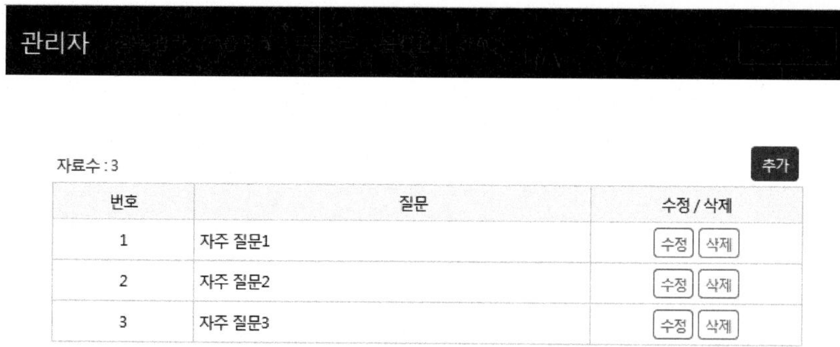

관리자용 FAQ 목록화면 (faq.html)

관리자용 FAQ 입력화면 (faq_new.html)

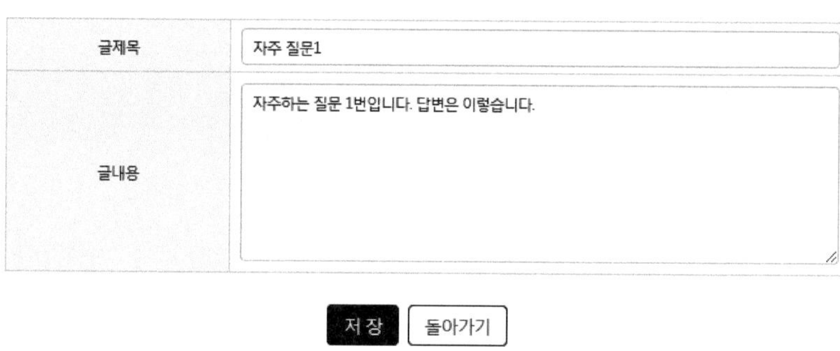

관리자용 FAQ 수정화면 (faq_edit.html)

이번 예제는 마지막으로 독자들이 faq 테이블부터 모든 화면들을 직접 만들어 보길 바란다.

저자 **윤형태**

- 성균관대학교 전자공학과 공학박사
- 인덕대학교 컴퓨터소프트웨어학과 교수

〈저서〉

- ACCESS 2010 실무 따라하기
- 파워빌더 12.5 실무 따라하기
- PHP, ASP 쇼핑몰 실무 따라하기
- Codeigniter와 Bootstrap을 이용한 PHP 프레임워크 실무 따라하기
- Laravel 실무 따라하기

저자 **강미경**

- 고려대학교 영어교육과
- 전) 안양예술고등학교 교사

〈저서〉

- Codeigniter와 Bootstrap을 이용한 PHP 프레임워크 실무 따라하기
- Laravel 실무 따라하기

내 손으로 만드는 PHP 쇼핑몰

2024년 2월 20일 1판 1쇄 인쇄
2025년 2월 20일 1판 2쇄 발행

저　　자 • 윤형태 · 강미경
발 행 자 • 이영애
발 행 처 • 공감북스
주　　소 • 02011 서울시 중랑구 중랑천로 256
전　　화 • 02-971-9683
팩　　스 • 02-972-9683
등　　록 • 제 25100-2015-18호
등 록 일 • 2015년 7월 15일
e-mail • sympathybook@naver.com

ISBN 979-11-86898-74-1(93560)
정　가 29,000원